고려 대장군 신집평과 조선 실학자 신후담

고려 대장군 신집평과 조선 실학자 신후담

신 용 하

경인문화사

책 머리말

이 책은 우리나라의 거창 신(愼)씨가 낳은 걸출한 두 인물에 대한 연구 논문을 모은 것입니다.

첫째 논문은 고려의 신호위 대장군(神虎衛大將軍) 신집평(愼執平)이 13세기 몽골의 고려 침입 때 고려 국가를 지키기 위한 항몽전선에서 위대한 업적을 내고 전사 순국했는데, 고려의 반역도들이 누명을 씌워 역사에서 제외한 것을, 누명을 벗기고 진실을 밝히기 위해 이번에 새로 쓴 연구논문입니다.

몽골의 침략으로 고려 국가와 왕조가 존망의 위기에 처했던 1256년 제6차 몽골침략 시기에 고려군 및 백성들과 함께 신집평 대장군은 한편으로 몽골 침략군에 처절하게 항전하여 대타격을 주면서, 한편으로 몽골침략군 총사령관 차라대(車羅大)와 몽골군 철수의 외교협상에 성공하여 고려 국가 주권 수호와 고려왕조 존속에 결정적 공헌을 하였습니다. 신집평 외교의 성공의 요체는 몽골군이 요구하는 소위 '고려국왕친조(高麗國王親朝, 고려 국왕 자신이 직접 몽골 황제를 만나러 가는 것)'가 고려국왕을 납치하여 고려의 완전멸망을 의미하므로 대신 '태자입조(太子入朝)'로 교체하여 강화를 실현하는 것이었습니다. 고려 군대와 백성들의 완강한 저항에 당황한 몽골 측은 신집평의 한편으로 굳게 싸우고 한편으로 당시 합리적 '태자입조' 제의에 설득당하여 강화를 맺고 철수하였습니다. 신집평은 몽골침략군 사령부에 23일간이나 체류하면서 끈질기게 협상하고 설득하여 몽골군 철수 외교에 성공한 것입니다. 그 결과 세계사에서 몽골 징기스칸의 세계정복 권역 안의 모든 왕국들이 멸망했었는데 오직 고려만이 국가의 주권과 왕실을 존속시킬 수 있었습니다.

고려 태자가 입조를 거부하여 '태자입조'가 실행되지 않자 몽골군은 지난해의 '태자입조' 약속의 실행을 요구하면서 1257년 다시 침입하였습니다. 신집평의 협상 외교의 대성공 후에 고려 조정은 서북면과 동북면의 양대 방면 가운데 험지인 동북면 방면의 총사령관에 대장군 신집평을 임명하여 소수의 경군(경별초)과 함께 덕원에 파견하였습니다. 당시 여진족의 동진국(東眞國)도 몽골에 항복하여 몽골군은 징기스칸의 혈족 산길(散吉)의 지휘 아래 여진족 기병부대까지 지휘하면서 약 1만 기가 고려의 동북면을 향했고 그중 약 3,000기가 국경을 넘어 고려 동계를 침략해오고 있었습니다. 신집평 대장군은 몽골·여진 연합군의 대규모 기병부대에 저항하기 위해 고려의 동계(東界) 지역 15개 군현을 지휘하면서 육상에서는 산성을 쌓아 막고, 적의 기마부대가 건너기 어렵게 동북면 사령부는 영흥만의 섬에 설치하였습니다. 몽골군의 공격으로 서북면이 무너지고 강화도에 고립된 고려 국왕의 항복이 예견되자, 동북면에서도 아전 조휘(趙暉)·탁청(卓青) 등이 대세가 이미 기울어졌다고 보고, 일찍이 몽골에 투항하여 부귀영화를 누리는 반역자 홍복원·이안사처럼 되려고, 몽골·여진 측 포지원(布只員)과 밀통하면서 반란의 기회를 엿보고 있었습니다.

1258년 함경도·강원도에 대흉년이 들어 고려군의 군량과 백성들의 식량이 부족하자, 신집평은 부족 군량을 조달하려고 경군 일부를 남으로 보내어 방어군 병력이 약간 약화 되었습니다. 조휘·탁청 등은 이 기회에 반란을 일으키려고 먼저 구질을 만들려고 그나마 부족한 군량을 풀어 민간에 배급하기를 요청했습니다. 도병마사 신집평과 참모들에게 당연히 거절당하자 조휘 등 반역도들은 이를 구실로 만들어서 즉시 몽골군과 여진군을 끌어들여 방어 성문을 열어주고 반란을 일으켜서 죽도(竹島)에 있던 고려군 동북면 병마사 본영을 급습하였습니다. 고려군은 끝까지 항복을 거부하고 완강하게 항전하다가 병마사 신집평, 부사 박인기, 김선보, 다수의 경별초 병사들이 장렬하게 전사하였습니다.

몽골은 빼앗은 영흥만 일대에 '쌍성총관부(雙城摠管府)'를 설치하여 약속대로 총관에 고려 반역도 조휘, 천호에 탁청을 임명하였습니다. 고려 조정은 신집평 전사 약 1개월 후에 지난해의 '태자입조'의 화약조건을 실행 중이라고, 김수강(金守剛)을 사신으로 보내어 몽골군 철수를 요청했으며, 몽골 대칸은 고려태자가 몽골 조정에 도착하자 몽골군을 철수시켰습니다.

그 후 고려 조정을 지배한 친몽파(친원파)들과 고려의 반역도 조휘·탁청 등의 일파는 고려를 위해 최후까지 항전한 신집평 등을 도리어 모함하여 동북면 병미시기 군량을 쌓아두고도 흉년으로 굶주린 백성들에게 군량을 나누어주자는 조휘·탁청의 요구를 거절하여 자연발생적으로 민란을 일으켜서 신집평 등을 살해한 것이라고 누명을 씌우고 자신들의 반역을 정당화하려고 시도하였습니다. 고려 국왕이 강화도에서 나와 개경에 돌아온 후에도 친몽(원)파가 집권하여 당시 고려의 애국적 항몽파들은 친몽파들에게 쫓겨서 개경 부근에서는 연명도 어려운 형편이 되었습니다. 신집평 대장군의 아들 신성(愼成)도 당시 수도 개경에서는 버티지 못하고 친몽(친원) 세력이 크게 미치지 못하는 지리산 부근 거창(居昌)으로 남하하여 이곳을 관향으로 자리잡았습니다.

고려 공민왕의 반원(反元) 정책 시기부터 신집평의 후손들에 대한 압박은 풀렸으나 조선시대에 들어와서도 고려의 역신 이언사의 후손과 조휘의 후손들이 국왕과 개국공신으로 여전히 실권을 장악해왔기 때문에 고려 대장군 신집평에 대한 누명은 벗겨지지 않고,『고려사』열전에서도 빠지게 되었습니다. 이 기회를 노려 신집평의 '국왕친조'를 '태자입조'로 교체한 획기적 외교협상에 성공하여 고려의 국가주관과 왕실존속을 보장하고 몽골군을 철수시킨 공로도, 그 1년 후에 김수강의 '태자입조' 실행을 알리러 다녀온 일과 합쳐져 김수강의 공로로 왜곡 서술하는 일까지 일어나게 되었습니다.

이 책의 첫째 논문은 이러한 역사왜곡을 실증적으로 바로 잡아서, 세계사에서 징기스칸의 정복권역 범위 안에서 모든 중세 왕국들이 멸망했는데 오직 고려왕국만이 존속한 것은 당시 대장군 신집평이 한편으로 처절한 무력항전을 감행하여 몽골침략군을 궁지에 몰면서 다른 한편으로 고려 멸망을 가져오는 '국왕친조'를 '태자입조'로 교체하는 획기적 외교협상에 성공했기 때문임을 상세히 밝혔습니다.

그리고 이 논문은 서북면은 붕괴되고 동북면만 남았을 때, 동북면 병마사로서 군량을 쌓아두고서도 지방 아전 조휘·탁청의 군량을 굶주린 백성들에게 분급하자는 요청을 신집평 병마사가 거절하여 자연발생적으로 반란이 일어나서 살해당한 것이라는 주장이나 기록은 사실이 아니고, 조휘·탁청 등과 그의 후손들이 신집평 대장군에 씌운 누명임을 실증적으로 밝혔습니다. 그것은 서북면 붕괴 후 고려의 항복을 예견한 조휘·탁청의 무리들이 반역의 흑심을 품고 사전에 몽골·여진군과 밀통을 하면서 몽골에 투항 후의 입신양명을 약속받은 다음 기회를 엿보다가 신집평이 흉년으로 군량 부족을 메우려 일부 경초군을 남하시킨 틈새를 타서 반란을 일으켜 몽골·여진군을 성문을 열어 끌어들인 반역행위였으며, 군량 불분급은 반역자들이 자기 정당화를 위해 병마사 신집평에게 씌운 누명이라는 사실을 밝혔습니다. 또한 이미 대세가 기울어져 승리하기 어려운 험지 동북면에서 최후의 순간까지 항전하다가 끝까지 항복하지 않고 전사 순국한 고려의 고결한 애국자 대장군 신집평이 열전에 오르지 못한 것은 고려의 반역자 조휘 등의 자손들이 『고려사』「열전」을 편찬한 조선왕조 초기에도 개국공신으로 실권을 장악했었기 때문임도 밝혔습니다.

이 논문을 시작할 때 일부 친우는 필자가 신집평 대장군에 대해 글을 쓰면 씨족 종문의 일을 하여 필자의 객관적 입지에 손상이 온다고 다른 학자가 써줄 때까지 기다리라고 말렸습니다. 그러나 한국의 실정이 고려사 연구자와 그 가운데 항몽전쟁 연구자는 몇 분밖에 안 되므로 기다릴 처지가 아니라고 생각되어 혹시 있을 세상의 오해를 무릅쓰고 객관적 입장을 굳게 견지하면서 이 논문을 썼습니다. 필자는 우리 역사에서 왜곡된 것은 발견되는 대로 바로잡으려고 다수의 글을 써왔는데, 하물며 조상인 신집평 대장군의 억울한 누명과 왜곡기술을 바로잡아서 진실을 밝히지 않아서는 참 학도가 되지 않는다고 생각했습니다.

둘째의 논문은 조선왕조시대 실학자 신후담(愼後聃)의 23세 때의 저작 『서학변(西學辨)』의 내용 분석을 통해 17-18세기 서양문명이 동양에 들어오기 시작할 때 동양문명이 어떻게 대응했는가를 밝힌 것으로, 2018년 '하빈학 학술회의'에서 발표한 논문입니다. 종래 실학자로서의 신후담은 늦게 발견되었을 뿐 아니라 『서학변』이 유학의 입장에서 천주교를 비판했기 때문에 서학을 배척한 조선 '위정척사론' 효시로 평가되어 왔습니다.

이 논문에서는 종래와 달리 '문명사론'의 입장과 방법으로 『서학변』을 검토하였습니다. 17-18세기 서양문명과 동양문명의 접촉 초기에 서양문명의 동양전파의 전위를 담당한 예수회의 선교사(신부)들은 선교 방법으로 동양 지식인이 거부하지 않는 서양의 선진적 수학·천문학·과학기술 지식과 천주교 교리를 통합하여 '서학(西學)'을 설정해서 현지인과 친화력을 높여 서학(西學)을 선교하는 방식을 택하면서 이를 '적응주의(adaptationism)' 방식이라고 하였습니다. 동아시아 문명의 당시 유교문화권인 중국·조선·일본·베트남의 유학자들 가운데 중국 유학자들은 서학이 가르쳐주는 선진적 수학·천문학·자연과학기술에 매혹되어 천주교 교리도 유학보다 우수한 것으로 생각하며 서학에 대한 비판을 하지 못하였습니다.

오직 조선에서 23세의 청년 유학자 신후담이 1724년에 『서학변』을 지어 도(道)와 기(器, 技)를 엄격히 구분하면서, 서양문명이 선진한 것은 수학·천문학·자연과학기술 등 기(器)이고, 도(道)는 유학(儒學)이 천주교보다 우수함을 항목을 설정하여 조목조목 비교하면서 예리하게 논증하였습니다. 그의 시대 전후 동양 어디에서도 서학에 대한 유학의 우수성을 교리 항목별로 예리하게 비교분석하면서 논증한 저서는 신후담의 『서학변』 이외에는 나오지 않았습니다. 신후담의 『서학변』은 서양문명이 동양에 들어오던 17·18세기에 동양문명의 유학이 반응한 동양의 '대표작'입니다.

신후담은 '서학' 내에서 동양문명보다 우수한 수학·천문학·자연과학기술 등 서기(西器, 서양 기술)는 동양과 조선이 도입하여 배우고, 동양문명의 '도(道)'인 유학(儒學) 즉, 동도(東道)는 서양의 서교(西敎)보다 우수하므로 서교는 도입할 필요가 없고 배척하는 것이 마땅하다고 하였습니다. 이러한 신후담의 주장은 조선의 동도서기(東道西器)론의 효시가 되었습니다. 1724년은 서양에서도 아직 산업혁명 이전이어서 서양 자연과학의 우수성이 아직 동양인의 가시권 안에 들어오기 이전임에도 일찍이 예수교 서양 신부들의 저서만 읽고서도 서양의 수학·천문학·자연과학기술의 선진성을 인정하고 동양도 이를 도입하여 배우되 도(道)는 유학이 천주교 교리보다 우수하니 유학을 지켜야 한다는 동도서기론을 입론한 데서 신후담의 선각적 실학자의 특성이 잘 드러난다고 말할 수 있습니다.

이 책은 독자 수의 제한으로 출판이 어려운 책인데 신창회와 신창교육문화재단이 이 책 초판 전부를 구입하는 방식으로 출판을 지원해주었습니다. 깊이 감사드립니다.

또한 출판 환경이 어려운데도 이 책 출판을 맡아주신 경인문화사 한정희 사장님과 성실하게 편집 교정을 보아주신 직원 여러분께도 깊이 감사드립니다. 그리고 이 책 원고 타자와 교정에 정성을 기울여준 서울대학교 대학원 사회학과 김종훈 조교에게도 깊이 감사하는 바입니다.

이 책이 고려 신집평 대장군의 고려 국가 수호를 위한 커다란 획기적 업적의 진실을 이해하고 누명을 벗기기 시작하는 계기의 하나가 되며, 신후담 실학자의 학문 재평가에 조금이라고 도움이 되기를 간절히 바랍니다.

2023년 11월 1일
저자 신용하 삼가 씀

목 차

책 머리말

제1부
신집평(愼執平) 대장군의 고려 국가주권 수호활동과 순국

제2부
하빈(河濱) 신후담(愼後聃) 『서학변(西學辨)』의 문명론적 연구

제1부

신집평(愼執平) 대장군의
고려 국가주권 수호활동과 순국

Ⅰ. 머리말 : 문제의 제기

전근대 시기에는 아직 객관적 과학적 실증주의 역사학이 발전되지 않았기 때문에 문헌기록과 역사해석이 사실대로 기록되어 객관적으로 평가되지 않고, 왕이나 권세가들에 의해 사실이 왜곡되거나 진실이 뒤집혀 기록된 경우가 많았다.

이 때문에 오늘날의 사회과학과 역사과학에서는 철저한 문헌자료 비판과 함께 진실을 찾아내어 사실에 일치하도록 왜곡된 역사해석을 바로잡고 엄정하게 새로운 평가를 내려야 할 경우가 많이 있게 된다.

13세기 몽골의 고려 침략 시기에 이에 맞서서 항전과 외교에 큰 성과를 내고 순국한 고려 고종 때의 대장군 신집평(愼執平)의 활동도 그러한 경우의 하나이다.

13세기 몽골 징기즈칸 휘하의 기병부대들이 세계정복에 나서서 정복지역 기존왕국들을 모두 부정 소멸시키면서 세계최대 몽골제국을 형성해 나갈 때, 몽골 기병부대의 침략지역에서 몽골이 기존 왕국의 국가주권의 존속을 만부득이 인정한 나라는 세계사에서 고려(高麗)가 유일한 나라였다. 동북아시아의 고려를 제외하고는 아시아와 유럽의 몽골군 정복지역의 모든 왕조국가들은 멸망하여 징기즈칸과 그 혈족 후손들의 직접 통치 아래 들어갔었다.

몽골의 침략으로 고려가 국가와 왕조 존망의 위기에 처했던 제6차 몽골 침략 시기에, 한편으로 몽골침략군에 처절하게 항전하여 대 타격을 주면서, 한편으로 몽골군 철수의 외교 협상에 성공하여 고려의 왕조와 국가주권 수호에 결정적 공헌을 한 후, 동북면에서 항전하다가 전사 순국한 애국적 지장(智將)이 바로 동북면 병마사 신집평 대장군이었다.

그러나 이 객관적 사실이 신집평 전사 후 친몽골(元)파의 득세와 동북면 반역세력 후손의 새 왕조 개창 및 집권 영향으로『고려사』『고려사절요』 등의 편찬 때 기록에서 흔적만 남고 거의 지워져서 묻혀버리고 말았다. 세월이 지나자 광복 후 한국에서는 심지어 몽골군 철수의 신집평 외교협상의 성공을 타인의 성과로 기록하는 왜곡까지 나오기 시작하였다.

그 결과 오늘날에도 세계사에서 왜 그리고 어떻게 하여 몽골 징기스칸의 정복권역 안에서 모든 왕국들이 멸망했는데 오직 '고려'만이 국가의 주권과 왕조를 존속시킬 수 있었는가의 기이한 사실을 제대로 설명하지 못하고 모호하게 넘어가고 있다. 이것은 매우 중요한 문제에 대한 답변 회피이다.

이 글에서는, 자료도 부족하고 필자의 능력도 부족하지만, 제한된 자료를 최대로 활용하면서 세계사와 한국민족사에 매우 중요한 문제의 하나인 이 문제를 밝히는데 약간이라도 도움이 될 수 있다고 생각하여, 진실의 일단을 밝혀쓰기로 한다.

II. 신집평 대장군의 가계와 신분

몽골 침입기에 고려의 항몽전선에서 활동한 대장군 신집평의 가계를 보면, 그는 1068년 (고려 문종 22년) 중국 송(宋)나라에서 고려에 귀화하여 거창(居昌) 신(愼)씨의 시조가 된 신수(愼修)의 7세손(거창 신씨 7대조)이다. 중국 송 황제 신종(神宗)이 북방세력의 압력으로 일시 끊어진 고려와의 국교 재개와 친선 강화를 위해 외교사절단을 고려 개경(開京)에 파견했을 때, 황신(黃愼), 신수(愼修), 진잠고(陳潛古), 제원빈(諸元賓) 등 관인과 상인들이 배편으로 고려에 들어왔다.

원래 고려와 송은 고려왕조 개창 이래 가장 친한 이웃나라로 활발한 외교통상·문화교류를 하던 관계에 있었다. 그러다가 북방에서 거란(契丹)이 11세기 초부터 크게 발흥하여 송과 고려에도 여러 차례 대규모 침입을 자행하고, 송과 고려의 육로 교역과 교류를 차단하였다. 거란은 1066년에는 나라 이름을 요(遼)라고 개명하였다. 뒤이어 11세기 후반에는 여진족이 크게 발흥하여 고려와 송에 압력을 가하였다. 여진은 1115년에는 나라 이름을 금(金)이라고 개명하였다. 송은 고려와 동맹해서 요와 금에 대항코자 하였다. 그러나 고려는 국가의 안전을 위해 중립적 입장을 취하지 않을 수 없게 되었고, 송과 고려의 외교관계는 거의 단절되어 소원하게 되었다. 1067년 송의 황제 영종(英宗)이 타계하고 신종이 즉위하자, 새 황제 신종은 이듬해 1068년 7월 황신 등 사신단을 파견하여 국교 회복을 요청한 것이었다.[1) 『고려사』에는 신수(愼修)와 그 아들 신안지(愼安之)에 대해 다음과 같이 기록되어 있다.

　　"문종 22년(서기 1068) 무신(戊申) 8월 丁巳(정사)에 국왕이 태자에게
　　명하여 宋나라 進士 慎修와 陳潛古와 諸元賓 등을 불러 玉燭亭(옥촉
　　정)에서 詩賦(시부)를 시험하였다."[2]

　　"문종 29년(1075) 을묘 12월 정미에 慎修와 盧師象이 함께 侍御使(종
　　5품)가 되었다."[3]

　　"숙종 6년(1101) 신사 2월 병오에 參知政事를 지낸 慎修가 卒하니 국
　　왕이 신하를 보내어 弔祭(조제)하고 시호를 恭獻(공헌)이라 하였다. 修
　　는 원래 宋나라 사람인데 學識이 있고 매우 醫術에도 정통하였다."[4]

　　"慎安之의 字는 元老이다. 또한 宋나라 開封府 사람인 아버지 修는
　　文宗朝에 바닷길(海舶)로 배를 타고 東來했는데 學識이 있고 또한 醫
　　術에 정통하였다. 科擧에 등재하여 관직이 守司徒左僕射參知政事에
　　이르렀다. 시호는 恭獻이다."[5]

　『고려사』에 중국에서의 신수(慎修)공에 대한 더 이상의 상세한 기록은
없다.[6] 오직 송의 진사(進士)이고 수도 개봉부(開封府)사람이라는 사실 뿐

---

1)『高麗史』권8,「世家」8, 文宗 22년 秋 7月조 참조.
2)『高麗史』권8,「世家」8, 文宗 22년 8月 丁巳조,「八月丁巳 命太子 召宋進士慎
　　修·陳潛古·諸元賓 等 試詩賦於玉燭亭.」 참조.
3)『高麗史』권9,「世家」9, 文宗 29年 12月 戊子조,「慎修·盧師象 並爲侍御使」
4)『高麗史』권11,「世家」11, 肅宗 6년 2月 丙午조,「參知政事致仕 慎修卒遣使弔
　　祭 諡恭獻 修 宋人也頗有學識尤精於醫.」 참조.
5)『高麗史』권97,「列傳」10, 劉載·胡宗旦·慎安之조,「慎安之 字元老. 亦宋開封
　　府人 父修 文宗朝隨海舶卒 有學識 且精醫術 登第 官至守司徒左僕射參知政事
　　致任 諡 恭獻.」 참조.

6) 중국에서도 慎氏는 역시 매우 드문 稀姓의 하나이다. 신씨 계통의 학자 또는 관인들이 族譜를 만들면서 제주목사 慎景尹이 편찬한『耽羅譜』(1682년) 및 실학자 慎後聃이 부친 慎龜重의 명을 받고 편찬한『丁巳譜』(1737년)에서부터 오늘날까지 중국에서의 慎氏의 기원을 추적해왔다.『居昌慎氏世譜』(2009)는 그 결과로서 다음과 같이 두 가지 說을 기록하고 있다. "恭獻公께서 본시 宋나라 開封府人으로 東來하여 東國의 慎氏를 創基하였음은 史牒에 이미 了然하지만, 中原에 있어 우리 慎氏는 어떻게 하여 由來되었는지 그 자세한 기록을 오늘날에 찾아보기는 퍽 어렵다. 그러나 明代에 편찬된『尙友錄』은 古記를 상고하여「慎天水徵音戰國禽滑釐字慎子以字爲姓」(慎은 天水이고 5음중 장음으로 발음한다. 전국시대 禽滑釐의 字가 慎子인데, 字를 姓으로 하였다.)이라 하였고,『萬姓統譜』는「慎氏系出天水 戰國禽滑釐字慎子之后以字爲氏」(慎氏는 天水에서 나왔다. 전국시대 禽滑釐의 字인 慎子의 후에 字로 氏를 삼았다.)라 하였으니, 慎은 곧 天水의 땅에서 나왔으며 전국시대 墨子의 제자로 학자이신 禽滑釐가 그의 字인 慎으로써 氏를 하였다 혹은 姓을 하였다는 기록을 살필 수 있으므로 혹시 우리 慎의 起源도 여기에 있지 않을까 생각하여 본다. 그러나 一說에는 楚나라 平王의 世子 建이 모함을 받아 鄭나라로 도망하여 거기에서 죽고 그 아들에 勝이 있어 號가 白公이었는데 吳나라로 가니 이 때 吳나라 사람들이 楚나라의 위협을 두려워 白公을 죽이려하거늘 白公의 長子는 慎縣으로 도망하여 慎으로 姓을 삼으니 이때부터 慎이라는 姓이 시작되었다 하나, 史書에 그 事實을 상고하였다는 말은 아직 듣지 못하였다." (卷1,「姓源」, p.156) 여기에서 둘째 說은 설명이 단순명백하므로 사실을 증명하는 문헌을 기다리면 족하다. 그러나 첫째설은 이미 두 문헌이 제시되어 있으므로 약간의 고찰이 필요할 것이다.

　禽滑釐(금골리)는 중국 전국시대 학자로서 성은 禽이고 이름은 滑釐(골리), 骨釐(골리), 滑黎(골려), 屈釐(굴리) 등 여러 가지 글자로 기록되어 있다. 이름의 여러 가지 한자 기록은 그가 원래 중국인(漢族)이 아니라 외국인의 이름의 한자표기에서 나온 차이여서 주인공이 외국인 이민자임을 시사해준다. 금골리는 처음 子夏에서 배우고 뒤에 墨子의 제자가 되어 그의 학문을 전수하였다. 묵자가 금골리에 명하여 3백명의 제자를 인솔하고 宋(전국시대의 송)을 도와 楚의 공격에 수비하도록 했다고 기록되어 있나. (『墨子』備城門, 備梯, 襍守) 전국시대 宋은 고조선 이주민이 세운 商의 유민들이 세운 나라였다.『漢書』에 禽慶을 北海人이라 했는데, '북해'는 고대 중국인들이 오늘날의 '발해'또는 그 넘어 북방에 있는 孤竹國을 가리킬 때와, 한나라가 산동성에 설치한 현 이름으로 옛 '東夷족의 고을'을 가리키는 용어였다. 그러므로 '禽골리'는 고조선 후국 孤竹國에서 기원하여 산동반도와 중원으로 진출한 '동이족(고조선 이주민)'의 후예로서 전국시대까지도 禽

이다. 여기서 주목할 것은 송(宋)의 〈진사(進士)〉의 지위이다. 송의 진사시(進士試)는 최종의 대과시(大科試)로서, 조선왕조의 소과시(小科試)인 진사시와는 명칭만 같지 등급은 판이하게 다른 것이어서, 그것은 조선왕조의 대과시(大科試)인 〈문과시(文科試)〉에 해당하는 것이다. 중국에서는 소과시(小科試)가 따로 있고, 이에 합격한 사람을 거인(擧人)이라고 불렀으며, 거인들만 수도에 모여 최종대과시(最終大科試)로서 진사시험(進士試驗)에

('새'의 뜻)씨 성을 사용하다가 그 후 금골리의 후손들이 중국에 귀화한 시기에 묵자의 제자인 금골리의 字가 '愼子'이므로 금골리의 字를 취해서 성을 '愼'으로 정한 것으로 보인다. '새(鳥, 禽)'는 '밝달'족·'한(韓)'족의 토템이었고, 그들의 마을공동체에는 '솟대'를 세웠다. 愼씨를 정한 天水는 甘肅省 맨 동남쪽에 황하의 지류인 渭河를 끼고 있는 원래 동이족 거주지였다. 開封도 원래 황하가 범람하여 만든 간척지를 고조선계 이주민들이 '밝'이라는 발음의 여러 가지 한자로 표기된 큰마을 공동체를 만들어 거주하던 지역의 중심지로서, 고조선 이주민들이 세운 商의 중심지의 하나로 성장했다가 마침내 宋의 수도가 된 도시였다. 이로 보아 愼씨는 원래 고조선 후국 고죽국 계열의 '동이족'인 禽씨였다가 중국에 귀화하면서 愼씨가 된 것으로 해석된다.

중국의 愼씨는 희성이지만 뛰어난 학자와 문인들을 다수 배출했는데, 愼到(신도, 서기전 4세기)는 전국시대 趙나라의 대학자로서 『漢書』에는 '愼子'라는 존칭으로 불린 法家로 분류되어있고, 『愼子四十二篇』을 남기었다. 오대십국시대(907~960)시대 吳越의 愼溫其는 詞家에 능하였다. 宋나라 시대에는 愼知體·愼從吉 부자가 詩文으로 유명하였고, 愼東美는 시·문장·그림·글씨에 모두 능하여 이름이 높았다. 宋(南宋) 孝宗의 이름이 '愼'인데, 그가 1162년 南宋의 황제로 즉위하자 황제의 이름을 성명에서 피하는 중국고법에 따라 남송지역 '愼'씨들의 일부는 '眞'씨로 성을 바꾸었다. 그 이후 중국의 '愼'씨와 '眞'씨는 완전히 동일한 씨족이다. 이에 남송의 대 유학자 愼德秀는 眞德秀(1178~1235)로 되었는데, 여러 가지 문관직을 거쳤고 그의 저작은 『眞文忠公全集』(55권 30책)으로 간행되었다. 眞德秀의 저작은 조선에도 수입되어 조선왕조 전 기간에 걸쳐서 그의 『大學衍義』 『讀書記』 『心經附註』 『政經』 『文章正宋』 등이 여러 차례 활자로 간행되어 필독의 도서가 되고, 퇴계 李滉를 비롯하여 우리나라 학자와 사대부들에게 큰 영향을 주었다.

愼修의 1068년 고려에의 귀화는, 그의 조상이 원래 고조선 고죽국계의 고조선 이주민(동이족)으로서 중국 전국시대에 중국에 귀화했다가, 11세기에 다시 고려에 귀화한 것이라고 볼 수도 있다.

합격하면 진사가 되어 바로 고위관직에 나아가게 되는 것이다. 신수(愼修)는 젊은 나이에 송의 진사시에 합격하여, 송 황제 신종의 고려에 파견하는 사신단의 일원이 되어 황신 등과 함께 고려에 온 것이었다.

신수가 고려에 건너 온 해가 1068년이고 타계한 해가 1101년으로서 그 사이가 33년이나 되니, 당시의 평균 수명에 비추어 보건대, 신수는 20대 말~30대 초 젊은 나이에 고려에 파견되어 와서 귀화하게 된 것이라고 추정된다. 송나라 사신단은 귀국했으나 신수는 고려에 남아서 고려인으로 귀화하였다.[7]

신수는 고려에 귀화한 후 고려의 과거를 보는 절차를 밟은 후에 고려국왕 문종(文宗)의 측근이 되어 1075년에 시어사(侍御史)가 되었고, 계속 승진하여 수사도좌복야참지정사(守司徒左僕射參知政事)를 역임하였다. 사도(司徒)는 정일품의 관직으로서 3공(三公)의 하나였다. 신수는 실직으로 참지정사(參知政事, 종2품)와 좌복야(左僕射, 정2품)를 거쳐 최종적으로 수사도(守司徒, 정1품)의 관직을 제수받은 것이었다. 신수가 종세했을 때에는

---

7) 愼修의 고려에의 귀화가 高麗國王 文宗의 요청에 의한 것이었는지, 또는 愼修의 소망에 의한 것이었는지 오늘날에 와서는 정확히 알 길이 없다. 그러나 愼修는 宋나라에서 이미 進士試에 합격한 進士로서 장래가 보장된 신분이었다는 사실과, 귀화 후에 愼修가 高麗國王 측근의 侍御使가 되고 귀화인으로서는 너무 파격적으로 最高位官職을 역임한 것을 보면 高麗國王 文宗의 요청에 의한 것이었을 가능성이 매우 높다고 볼 수 있다.

『高麗史』「世家」에는 다수의 고려 역대 인물들에 대한 기록이 나오지만 특히 學識이 있다는 등의 서술은 거의 없이 행적만 간단히 기록한 것이 대부분인데, 愼修에 대해서는 특히 "學識이 있고 매우 醫術에 精通하였다."고 특기하였다. 이것은 愼修의 學識이 타의 추종을 불허 하도록 탁월했고 또한 醫術이 왕의 측근에 둘만큼 정통해서, 이것이 高麗國王으로 하여금 愼修의 歸化를 요청한 요인이었을 가능성을 더욱 높여준다고 볼 수 있다. 당시 고려국왕 文宗은 역대 국왕들 중에서도 특히 宋의 文物을 좋아했고 宋과의 交流에 열성이었으며 그 자신은 항상 病弱했음을 고려하면, 愼修의 귀화가 高麗國王 文宗의 요청에 의한 것이었을 가능성은 더욱 높아진다고 할 것이다.

국왕이 사신을 보내어 대신 고제(告祭)를 드리고 시호를 "공헌(恭獻)"이라고 내리는 우대를 받았다. 고려시대에 신하의 종세를 당하여 국왕이 특히 사신을 보내어 고제를 드리고 시호를 내린 것은 삼공이나 공신들에게만 행하는 파격적 우대였다. 신수는 1068년에 고려에 귀화하여 고려의 정일품 최고위 귀족으로서의 거창신씨(居昌愼氏)의 시조가 된 것이었다.

신수의 아드님 신안지(愼安之)에 대하여 『고려사』 「열전」에는 "신안지의 자(字)는 원노(元老)이다. … 안지(安之)는 예종과 인종 2조를 섬기었다. 수주부사(水州(지금의 水原-인용자) 府使)를 지낼 때 정사(政事)가 맑고 깨끗하니, 이속(吏屬)들은 경외(敬畏)하고 백성들은 회모(懷慕) 하였다. 여러 차례 관직을 바꾸어 병부상서(兵部尙書, 정3품-인용자) 삼사사(三司使, 정3품)을 거쳐 판각문사(判閣門事, 정3품)를 할 때 졸(卒)하였다. 용의(容儀)가 뛰어나게 아름답고 성품도 도량이 관대하고 넓었으며, 일에 임하면 청렴하고 공평하며, 의약(醫藥)을 잘하고, 한어(漢語)에 밝(曉)아서 남북조(南北朝)에 보내는 문첩(文牒)이 많이 그의 손에서 나왔다"[8]고 기록하였다.

『고려사』 「세가」에는 또 기록하기를, 예종(睿宗) 4년(서기 1109년, 宋大觀 3년-인용자) 기축(己丑) 6월 무인(戊寅)에 "김상우(金尙祐)와 한교여(韓皦如)와 신안지(愼安之) 등이 송나라 황제로부터 조서(詔書)를 받아오니 왕이 선정전(宣政殿)에 나아가서 조서를 받았다."[9]고 하였다.

또한 『고려사』 「세가」에는 인조(仁祖) 11년(1133-인용자) "계축 11월 갑자에 신화지(愼和之)를 금(金)나라에 하정사(賀正使)로 파견하였다"[10]고

---

8) 『高麗史』 권97, 「列傳」 10, 劉載·胡宗旦·愼安之條, 「愼安之字元老 亦宋開封府人 父修 文宗朝隨海舶來 有學識 且精醫術等第 官至守司徒左僕射參知政事致任 諡恭獻 安之事睿仁 二朝 知水州爲政淸肅 吏畏民懷 累遷兵部尙書·三司使·判閣門事卒 容儀秀美 性度寬弘 臨事廉平 善醫藥 曉漢語 凡移南北朝文牒多出其手.」 참조

9) 『高麗史』 권13, 「世家」 13, 睿宗 4年 6月 戊寅條, 「金尙祐와 韓皦如와 愼安之 等 賚詔回自宋 王迎詔於 宣政殿.」 참조

기록하였다.

송의 서긍(徐兢)이 1123년(고려 仁宗 元년, 송 宣和 5년)에 고려에 사신으로 왔다가 돌아가서 이듬해에 쓴『선화봉사고려도경(宣和奉使高麗圖經)』에서는 당시의 고려의 대표적 인물 몇 사람을 들면서「중량대부화각문사 신안지(中亮大夫和閣門事 慎安之)」라고 하여,[11] 신안지(慎安之)를 당시 고려의 대표적 인물의 하나로 들었다.[12]

신안지도 부친에 이어서 고려의 최고위 귀족관료가 되고, 정치행정이 맑고 깨끗하며 하급관리와 백성들의 존경과 흠모를 받았으며, 특히 한문을 잘 했으므로 송·요·금등에 보내는 외교 문서 작성 및 외교관으로 크게 활약한 것을 알 수 있다.

그러나 신안지 이후 신씨 가문에는 두 개의 큰 어려움이 나타났다. 하나는 신안지 별세 직후 고려에 무신정변이 일어나서 문관귀족들에 대한 박해가 대두한 것이었다.

1170년(毅宗 24년) 정중부(鄭仲夫) 등 무신들이 정변을 일으켜서 수많은 문신들을 학살하고 의종(毅宗)을 폐한 다음 명종(明宗)을 세워 정권을 장악한 사건이 일어났다. 이어서 9년 후인 1179년(명종 9년)에는 장군 경대승(慶大升)이 정중부를 살해하고 자신이 집권하였다. 또 뒤이어 1196년(명종 25년)에는 장군 최충헌(崔忠獻)이 이의민(李義旼) 일족을 모두 살해하고 정

---

10) 『高麗史』권16,「世家」16, 仁宗 11年 11月 甲子條,「遣慎和之 如金賀王.」참조. 원문에는 慎‘安’之를 慎‘和’之로 기록했는데, ‘安’자에는 ‘정벌’의 뜻이 포함되어 있으므로 ‘사신’으로 가는 시기만 ‘和’자로 바꾼 것으로 居昌慎氏의 옛 족보들에 기록되어 있다.

11) 徐兢,『宣和奉使高麗圖經』卷8, 人物條, 참조.

12) 『宣和奉使高麗圖經』의 모든 中國版들에서는 卷8의 人物條에 <慎安之>라고 했는데, 日帝治下 서울에서 이를 新活字로 새로 낸 京城版『宣和奉使高麗圖經』에서는 <慎安之>를 <沈安之>라고 誤植을 내었다. 이 京城版의 <沈安之>가 <慎安之>의 誤植임은 모든 中國版들과 대조해 보면 명백한 것이다.

권을 장악한 다음 명종을 폐하고 고종(高宗)을 세웠다. 이때부터 최씨무신정권(崔氏武臣政權)의 지배시대가 시작되었다. 1219년(高宗 26년)에 최충헌이 사망하자 세습하여 그의 아들 최우(崔瑀)가 정권을 장악하였다.

고려의 무신들은 12세기 말엽부터 13세기 초에 걸쳐 문무차별에 오랫동안 불만을 품어 오다가 정변을 일으켜 정권을 장악하자 고려의 오래된 문신세가들을 다수 학살하고 박해하였다.

무신정권 아래서 고려의 역대 문신 권문세가들도 박해를 받았는데, 귀화인으로서의 높은 문관직의 외로운 신수·신안지의 후손이 박해를 받지 않을 수 없었을 것이다. 신수의 손자·증손자의 관직 기록은 없고, 5세손 신익(愼翼)이 태자태보(太子太保, 종1품), 6세손 신세공(愼世功)이 태자소보(太子少保, 종2품)를 지냈다고 기록되어 있을 뿐이다. 태자태보와 태자소보는 모두 왕태자를 교육하는 교수의 직책이었다. 신수·신안지의 후손들은 신분은 최고위 귀족신분을 유지했으나 정치·행정 직책에서는 배제되어 국왕의 보호 아래 왕태자 교육의 일부를 담당하면서 최고위 귀족신분만 유지하고 있었던 것으로 추정된다.

신수·신안지 후손이 부딪힌 또 하나의 어려움은 자손이 귀하여 신수로부터 제 13세 신이충(愼以衷)에 이르기까지 아들은 '외아들'로만 단선(單線)으로 이어진 것이었다. 물론 딸을 다수 낳아서 사돈가문은 있었지만 신(愼)씨 가문은 신수의 13세손 신이충까지 오직 한 가구(家口)뿐이었다.[13] 신이충은 조선왕조 초 인물이니, 고려시대에는 신수가 1068년 고려에 귀화했다 할지라도 신(愼)씨는 고려 말엽까지 1가구만의 가문으로서 연속되었음을 알 수 있다. 더구나 고려시대 중·후기는 혈통 귀족제도가 양반귀족제도로 이행하는 시기여서 지배신분층이 '가벌(家閥)'과 '지벌(地閥)'을 중시

---

13) 愼修의 13세손 愼以衷(조선왕조 太祖시대)이 아들 3형제(愼幾, 愼言, 愼詮)를 두어 이후부터 거창 愼氏는 자손이 번창하기 시작하였다.

하여 관향(貫鄕)을 정하고 '문벌(門閥)'끼리 치열한 정쟁을 벌리던 시대이기도 하였다. 이러한 사회적 조건에서 신(愼)씨는 1가구 뿐이었으니, 그 한 가족이 아무리 최고위 귀족이었다 할지라도 얼마나 외롭고 고립되어 있었을 것인가를 미루어 알 수 있다.

이러한 여건에서 신수의 7세손 신집평(愼執平)도 오직 한 집만 있는 신씨가문의 외아들로 태어났다 이 때는 최씨 무신정권이 대를 이어 장기집권하던 시대이므로 그는 신씨 문관 가문에서 처음으로 무관(武官) 장교로서 관직을 시작하였다.

『고려사』에 신집평의 이름이 처음 나오는 것은 1250(고려 高宗 37)년 1월 기사에서이다. 여기에는 다음과 같이 기록되어 있다.

> "高宗 37년 경술에 대장군 李世材(이세재)와 將軍(장군) 愼執平 등을
> 파견하여 昇天府(승천부) 臨海院(임해원)의 옛터에 궁궐을 짓기 시작
> 했다."14)

즉 신집평은 1250년 고려군에서 '장군'으로 활동하고 있는 것이다. 고려 군제의 장성계급은 '상장군' '대장군' '장군'의 3계급이며, 상장군은 왕족과 특정 최고위 집권가문 출신에게 주어졌고, 일반귀족은 '대장군'과 '장군'이 실제 장성계급이었다. 신집평은 고려 고종시대 1250년에 '장군'으로서 고려군의 최고위 간부로 활동하고 있었음을 확인할 수 있다.

주목할 것은 신집평의 이 최고위 직급은 그의 실력으로 획득한 것이라는 점이다. 고려귀족사회의 무신정권 당시는 거의 모든 주요직책들이 가문과 문벌 배경으로 배정되던 시대인데, 신집평은 고려에 오직 단 1개 가족만 있었고, 그밖에 그를 후원할 가문은 전혀 없는 외로운 가문이었기 때문

---

14)『高麗史』 권23,「世家」 23, 高宗 37년 正월 27일조.「高宗 三十七年春正月癸巳
遣 大將軍李世材 將軍愼執平等 始營宮闕于昇天府臨海院舊基.」

이다.

또한 신집평이 전선에만 투입된 것이 아니라 새 궁궐을 건축하거나, 적장과의 외교협상 등에도 투입된 것을 보면, 그는 단순히 전쟁·전투에만 유능한 것이 아니라, 가문의 전통에 따라 문(文)과 전략에도 유능한 지장(智將)이었음을 추측할 수 있다.

III. 몽골의 고려침입과 신집평

1. 몽골의 고려 침입

몽골에서는 테무진이 몽골부족들을 통일하여 1206년 징기스칸(대칸, 황제)에 올라 몽골제국을 건국하고, 세계 정복에 나서서 유라시아 대륙에 세계사상 최대의 광대한 제국을 만들었다가 서부전선[六槃山, 육반산]에서 1227년 전사(일설 병사)하였다. 1229년 제2대 몽골 황제가 된 오고타이(Ogodei, Ogodai, 窩濶台, 太宗, 1186~1241)는 1230년 금(金)을 공격하면서 부하 살례탑(撒禮塔, Sartai)에게도 군대를 나누어 주면서 고려를 침략 정복하도록 명령하였다.

몽골은 고려에 보낸 사신 저고여(著古與)가 압록강변에서 누군가에 의해 살해당한 것을 구실로 하여 1231년 8월말 살례탑이 지휘하는 약 8,000명의 기병으로 제1차 침입을 자행하였다. 몽골침략군은 압록강을 건너 의주(咸新鎭)와 철주[鐵山]을 바로 점령하였다. 의주를 지키던 홍복원(洪福源)이 고려에 반역하여 선유사(宣諭使)인 대장군(大將軍) 정의(鄭毅)와 박록전(朴祿全)을 죽이고 편민(編民) 1,500호와 성(城)을 들어 몽골군에 투항해서 몽골침략군의 향도 노릇을 했으므로, 고려군은 처음에는 상당한 타격을 입었다. 몽골 침략군은 9월 초에 몽골 부대를 둘로 나누어 하나는 서경(西京, 평양)으로 직진하고, 다른 하나는 구주(龜州)를 공격하게 하였다.

당시 고려는 국왕[高宗]이 있었으나 최씨 무신정권 시대로서 국왕은 실권이 없고 최충헌(崔忠獻)의 아들 최이(崔怡)가 집권하고 있었다.

몽골군의 침략 목적은 유라시아 지역 다른 정복지와 마찬가지로 고려의 영토를 점령하여 고려 국왕과 국가를 없애고, 징기스칸의 혈족을 통치자로 파견하여 고려를 몽골의 일부로 만들어 직접 지배하고 재부를 약탈하는 것이었다. 고려로서는 국가의 존망이 걸린 참으로 큰 국가적 민족적 위기였다.

당시 몽골군은 세계 최강의 경기병으로 편성되어 있었으며, 평지의 전투에서는 천하무적의 예리한 강군이었다.

몽골침략군은 경기병으로 쏜살같이 서경은 점령했으나, 개경(開京)을 포위한 후 충청도 충주(忠州)까지 내려갔지만, 작전은 전혀 몽골군의 뜻과 같이 되지 않았다. 우선 북계 구주성을 포위한 몽골군이 1231년 9월부터 이듬해 1월까지 5개월간 온갖 방법으로 공격해도, 서북병마사 박서(朴犀)의 지휘아래 군·민이 구주성(龜州城)을 굳게 지켰으므로 함락시키지 못하였다. 고려 수도 개경도 몽골군이 포위는 했으나, 그 직전에 고려의 지방 농민군이 자발적으로 수도방위에 참여하여 제3군에 편입해서 결사항전했으므로 개경을 함락시키지 못했다. 몽골군은 충주성도 포위했으나 충주성의 '양반별초군'은 도망했지만 '노(천민)별초군'이 끝까지 결사항전하여 역시 함락시키지 못하였다.

몽골군 살례탑은 고려 군·민의 용감한 항전으로 자기가 이끌고 온 경기병만으로는 단기간에 고려를 정복할 수 없음을 깨닫고 1231년 말 고려의 '화의' 제안을 받아들여 1232년 1월 '화의'가 성립되었다. 조건은 ① 몽골 사신 저고여의 살해에 고려의 책임이 없으며, ② 고려가 각종 물자를 몽골에 공납하고 ③ 그 감독을 위해 몽골이 '다루가치'라는 감독관을 보내어 공납을 감독한다는 것이었다. 몽골군은 1232년 1월 철수하였다.

2. 고려의 항몽권 대응전략과 강화도로의 임시 천도

몽골침략군의 제1차 침입에 대한 고려군의 항전을 통하여 고려군과 몽골군의 강점·약점이 선명하게 부각되었다.

몽골 침략군은 전군이 거의 모두 '기병'이고 보병은 극소수이며, 수군(水軍)은 아예 없으므로 '섬'에 침입해 올 수 없으며, '산성(山城)'에서는 몽골말이 기어오르기 어려워 몽골 기병이 서투른 보병전을 하게 되는 약점이 있었다. 몽골군은 평지의 정면전과 기습전에는 강하나, 수전과 산악전에서는 약한 것이 증명된 것이었다. 이 때문에 몽골군은 평지의 '속전속결'을 선호하고 '지구전'을 극도로 회피하였다.

고려군은 '보병'은 강하고 '기병'은 소수이며 약하였다. 그러나 몽골군에는 없는 매우 강한 수군(水軍)이 있는 강점이 있었다. 그러므로 신도(薪島)로 들어간 함신진(의주) 백성들처럼 '섬'에 들어가면 몽골 기병대가 전혀 침입할 수 없었고, 산성(山城)에 들어가서 용감히 싸우면 보병으로서도 기병을 물리칠 수 있음이 증명되었다. 이 때문에 고려군은 '지구전'을 선호하고 평지의 '속전속결'을 회피할 필요가 있었다.

고려의 최이 무신정권은 몽골의 재침략이 예견되자 1232년(고종 19) 6월 강화도로 천도하였다. 무신정권은 강화도에 궁궐을 짓고 강화도의 외성과 중성을 쌓았으며, 섬 동쪽 광진, 갑곳진, 용진, 덕진 등에는 보루를 쌓았다. 여기에 약 1000천 척의 병선과 수만명의 수군 및 육군을 배치하여, 이제는 강도(江都)라고 호칭하게 된 강화도를 상당히 튼튼한 요새로 만들었다.

무신정권은 본토에 대해서는 큰 고을별로 산성을 쌓고 유인도 섬에도 성을 쌓으며 병농일치제에 의거하여 평시에는 농사를 짓다가, 전쟁이 일어나면 백성들은 산성과 섬으로 들어가서 저항하도록 하였다. 지방관 외에 이를 지휘감독하기 위하여 강화수도에서 '방호별감'을 파견하여 전투를 지휘하다가, 적이 철수하면 귀가하여 농사 등 본업에 종사하도록 하였다.

몽골은 1232년(고종 19년) 8월 살례탑이 지휘하는 기병대로 제2차 침입을 자행하였다. 서경은 점령당했으나, 개경과 경기도 광주산성에서는 용감히 싸워 성을 지켜내었다. 특히 경기도 처인(지금의 용인)성에서는 승장 김윤후(金允侯)가 몽골 침략군 사령관 살례탑을 활로 쏘아 사살하는 큰 전과를 내었다. 장수를 잃은 몽골군은 지리멸렬하여, 북계(서북면)의 점령지를 반역자 홍복원에게 맡기고 황급히 철수하였다. 최이 무신정권은 군대를 보내어 서경을 수복했고, 홍복원은 몽골로 도주하였다.

몽골은 큰 병력을 동북아시아 쪽으로 돌리어 1232년 9월에 여진족의 동진국(東眞國)을 정복해 멸망시키고, 1234년 1월에는 거란족의 금(金)나라를 멸망시켜서, 만주와 북부 중국을 몽골의 영토로 만들고, 그들의 군대를 몽골군의 지휘 아래 편입시켰다. 이제 동아시아 대륙에는 한반도의 고려와 중국 남부의 송(宋, 南宋)나라만 남게 되었다. 몽골은 고려도 완전 정복하여 멸망시켜서 몽골 영토로 만들려고 했음은 물론이다.

몽골은 그 준비로 1233년 4월 고려에 사신을 보내어 강화도 천도를 힐난하고 고려국왕의 개경 귀환과 국왕 자신의 당시 몽골 수도 카라코룸(Kharakhorum)에 있는 몽골황제(대칸) 방문(소위 알현)을 말하는 이른바 '출륙친조(出陸親朝)'를 요구하였다. 이것은 고려국왕을 몽골로 불러들여 포로화해서 투항시켜 손쉽게 고려를 멸명시키려는 계책의 요구였다. 물론 고려는 이를 거부하였다.

몽골은 1235년(고종 22년) 윤 7월 제3차로 고려에 침입하였다. 지휘자는 당고(唐古, Dangu)였고, 반역자 홍복원이 향도(선봉)이었다. 몽골의 제3차 침략의 이전과 다른 점은 서북면에서만 아니라 동북면에서도 몽골군 및 몽골에 투항 편입된 동진군이 거의 동시에 양면으로 침입해 들어온 것이었다. 고려군은 서북면에서 경기도 지평(砥平)과 죽주(竹州, 지금의 경기도 안성)에서 몽골 침략군을 물리쳤다. 그러나 몽골침략군은 점령하지 못한 곳은 돌아서 선발대가 충청도 충주를 거쳐 경상도 안동과 경주(동경) 지역까지 남하하였다. 그러나 동북면에서는 고려군이 지금의 원산, 안변 계선에서 몽골·동진군을 어렵게 막아내었다.

당고의 몽골군은 겨울이 오자 의주 방면으로 일단 철수했다가 1236년(고종 23년) 6월 다시 (제3차 침입의 제2회) 병력을 더 증강하여 고려에 침입하였다. 이번에도 반역자 홍복원을 선발대로 내세우고 당고의 본군은 그 뒤를 따라왔다. 이번에는 몽골군의 선발대가 전라도 전주와 부안까지 남하하였다. 1237년(고종 24년)에도 당고의 몽골 침략군은 다시 (제3차 침입의 제3회) 동일 유형의 침략을 자행했는데, 이번에는 선발대가 경상도 지방까지 남하하였다. 1238년(고종 25년) 윤 4월에는 몽골 침략군이 경상도 동남단 동경(경주)까지 침략하여 고려의 호국사찰인 거대한 황룡사(黃龍寺)를 불태워버리는 만행까지 자행하였다. 당고가 지휘한 몽골 침략군의 제3차 침입은 1235년(고종 22년)부터 1239년(고종 29년)까지 4년간 세 차례 침략에서 점령지마다 학살과 노략질이 극심하여 고려는 극도로 피폐하게 되었다. 고려의 강화 요청에 몽골군은 고려국왕의 출륙(개경귀환)과 몽골방문(친조)을 조건으로 하여 1239년(고종 39년) 4월 일단 철수하였다.

고려 조정은 몽골군이 일단 철수하자, 고려 국왕의 몽골 방문 대신에 1239년 12월 왕족인 신안공(新安公) 전(詮, 현종의 8대손)을 보내어 강화를 요청하였다. 몽골이 고려 국왕 방문('국왕친조')을 여전히 요구하자, 1241년 4월에는 왕족 영녕공(永寧公) 준(緈)을 국왕 고종의 친아들로 가장 시켜 몽골 조정에 파견하였다. 몽골은 물론 왕자방문을 승인하지 않고, 국왕의 '친조(親朝)'를 요구하였다. 국왕을 포로로 하여 고려를 손쉽게 정복지배할 수 있기 때문이었다. 그러나 고려는 국왕의 '친조(親朝)'가 고려의 멸망임을 잘 알고 있었으므로 몽골의 강요를 도저히 수용할 수 없었다. 고려는 결전을 각오하였다.

몽골은 고려 측의 국왕방문의 거부와 회피에도 당장 제4차 고려 침입을 자행하지 못하였다. 몽골황제 오고타이(太宗)가 사마르칸트에서 갑자기 죽었는데, 후계자 권력투쟁이 일어나서 다음 황제가 결정되지 않았기 때문이었다.

몽골은 1246년(고려 고종 33년) 쿠릴타이에서 오고타이의 장자 구육(Güyük, 貴由, 귀유, 定宗)이 황제로 결정되자, 1247년(고종 34년) 고려에 대한 제4차 침략을 자행하였다. 이번에는 아모간(阿母侃, Amuguan)이 지휘자가 되어 황해도 염주(鹽州, 지금의 연안)까지 내려왔을 때, 몽골에서 큰 사건이 일어나서 더 침입하지 못하고 철수하였다. 몽골에서는 황제(대칸) 지위를 놓고 징기스칸의 손자들 사이에 심한 권력투쟁과 암투가 전개되었는데, 구육(정종)이 막강한 반대세력인 발도를 공격하러 가던 도중 1248년에 급사하였다. 이에 몽골 조정은 아모간의 몽골 침략군을 철수시켜 대기하도록 한 것이었다.

고려 조정은 이 휴전시기(1248~1253)에 외교로써 몽골측과 강화를 하려고 일년에 2~4 차례씩 사절단을 보내면서 왕자를 볼모로 한 침략의 종식을 요청하였다. 그러나 몽골측은 끝까지 이를 거부하고, 고려국왕 고종 자신의 몽골방문(소위 親朝)을 요구하면서 1253년(고종 40년) 제5차 고려 침입을 자행하였다. 이번에는 야굴(也窟, 也古, Yekü)이 사령관이었고, 홍복원이 향도였다. 이번에는 영녕공(永寧公) 준(綧)을 '강화사'라는 이름으로 동행시켰다. 몽골군은 이번에도 서북면과 동북면에서 거의 동시에 침략해 들어왔다. 몽골 침략군은 서북면에서 개경을 점령하고 충청도 충주와 전라도 전주까지 남하했으나, 이 과정에서 고려의 지방군과 백성들은 황해도 안악과 금천, 강원도 동주(철원), 춘추(춘천), 원주, 충청도 충주, 전라도 전주에서 몽골 침략군을 기습하여 심대한 타격을 주었다.

몽골 침략군의 야굴은 겨울이 다가오자 1253년 11월 '강화사' 준을 통하여, 만일 고려 국왕이나 태자 또는 왕자가 강화도에서 나와 몽골 사신을 접견한다면 철수하겠다고 제의하였다.

이에 고려 국왕 고종은 1253년 11월 16일 80여명의 야별초의 엄중한 호위를 받으면서 강화도에서 나와 새로 지은 승천부 궁궐에서 몽골 사신단을 접견하고 돌아왔다. 몽골 침략군을 철수시키기 위한 성의를 실제로 보인 것이었다.

몽골 장수 야굴은 약속대로 일단 철수하면서도, 그러나 고려 국왕의 몽골 방문, 몽골 감독과 다루가치의 고려 파견, 강화도의 중성과 외성등 방어 성벽 철거 등을 요구하였다.

고려 조정은 몽골 측 요구를 단호히 거부하고, 국왕 고종 대신 1253년 12월 고종의 차남 안경공(安慶公) 창(淐)을 몽골 조정에 볼모로 보내었다.

3. 신집평 장군의 등장

신집평이 『고려사』와 『고려사절요』의 기록에 처음 나온 것은 이 무렵부터이다. 1250년(고종 37년) 1월 음력 27일 계사(癸巳)조에 (양력 3월 1일) "대장군 이세재(李世材)와 장군(將軍) 신집평(愼執平) 등을 보내어 승천부(昇天府)의 임해원(臨海院) 옛터에 궁궐을 짓기 시작하였다"[15)는 앞에서도 쓴 기록이 이것이다.

여기서 우리가 알 수 있는 것은 몽골의 제5차 침략 3년 전에 신집평은 고려군의 장군(將軍)으로서 대장군과 함께 강화도의 육지쪽 대안에 궁궐을 짓는 사업을 관장했다는 사실이다.[16) 이것은 신집평이 초급장교에서 장군

---

15) 『高麗史』 권23, 「世家」 23, 高宗 37년 春정월 癸巳조;『高麗史節要』, 권16, 高宗 37년 春正月조, 「三十七年春正月癸巳 遣大將軍李世材將軍愼執平等 始營宮闕 于昇天府臨海院舊基.」

16) 李基白,『高麗兵制史研究』, (1968, 일조각)에 의하면, 고려의 군사제도는 2군 6위의 8개 군단 체제였다. 2군인 응양군(鷹揚軍)과 용호군(龍虎軍)은 왕실 호위의 정규군 친위부대였다. 6위 가운데 좌우위(左右衛)·신호위(神虎衛)·흥위위(興威衛)의 3위는 왕도(개경)의 수비와 변방의 수비를 담당하는 핵심 정규군이었다. 6위 가

까지 진급하는 긴 기간에 고려의 항몽전에 참전한 역전의 장수임을 알려주는 것이다. 또한 고려 조정이 몽골과의 외교용으로도 사용할 궁궐 조영사업에 부책임자로 일한 것은 그가 전선에서 싸우는 장수일 뿐 아니라, 조정의 신임을 받아 외교 준비도 하는 지장(智將)이었음을 시사해준다. 이 승천부 궁궐이 준공된 후, 1253년에 고려 국왕 고종이 1253년 11월 16일 강화도에서 한번 출륙하여 승천부 새 궁궐에서 몽골 사신단을 접견하고 강도의 궁궐로 귀환하여 야굴의 몽골 침략군의 철수에 일단 활용한 것이었다.

운데 금오위(金吾衛)는 경찰, 천우위(千牛衛)는 의장, 감문위(監門衛)는 궁성 안팎의 대문 수위를 담당하였다. 장군의 계급은 상장군(上將軍)·대장군(大將軍)·장군(將軍)으로서, 군사작전 등의 결정은 상장군과 대장군은 중방(重房), 장군은 장군방(將軍房)이라는 참모회의체를 두어 회의결정하게 하고 단독무단하지 않도록 하였다. 각 군단 아래는 원칙상 1천명의 병사로 구성된 영(領)을 두고, 장군이 지휘하게 하였다. 지방에는 주현군(州縣軍)을 두어 병농일치제에 의한 지방군으로 충원하고, 북계와 동계 등 주요 방어지점 진(鎭)에는 주진군(州鎭軍)을 두었다. 고려의 총병력은 45령, 약 4만 2000명이었다.

Ⅳ. 신집평 대장군의 고려 국가주권 수호활동과 외교의 성공

1. 몽골의 제6차 침입과 차라대의 수군 편성 시작

몽골황제는 그 사이 두 차례 고려에 사신단을 보내어 고려국왕의 출륙과 국왕 자신의 몽골방문을 재촉하더니, 고려가 1253년(고종 40) 12월 국왕 대신 왕족 안경공(安慶公) 창(淐)을 보내고 국왕의 몽골 방문을 사실상 거절하자, 이듬해 1254년(고종 41년) 7월 차라대(車羅大, 자랄타이, 札剌台, Jalairtai)를 정동원수(征東元帥)로 하여 제6차로 고려 침입을 자행하였다. 이 제6차 몽골의 침입은 겨울 일시철병을 반복하며 무려 6년간이나 연속 자행되었다.

차라대의 몽골군은 영녕공(永寧公) 준(綧)과 홍복원(洪福源)을 향도로 하여 1254년 7월 22일 제일회로 약 5000여명의 몽골 기병대가 서북면에서 압록강을 건너 침략해 들어왔다. 동북면에서는 산길(散吉, 松吉, 松柱, 대왕)이 지휘하는 약 1만명의 몽골·동진군 중의 일부가 뒤이어 문주(文州, 지금의 문천)를 침략해 들어왔다. 이번에는 무력으로 기어이 고려를 완전히 굴복시켜서 고려국왕을 몽골로 데려가려고 결정하고 대규모 침략을 자행한 것이었다.

몽골 기병부대들은 고려군의 저항을 격파하면서 개경(開京)을 점령하고, 8월 6일 경기도 광주에 이르렀으며, 충청도 괴주(槐州, 지금의 괴산)와 충주(忠州)에 이르러서야 고려군의 강력한 저항을 받고 멈춰섰다. 괴주에서는 산원(散員) 장자방(張子邦)이 8월 20일 별초군을 이끌고 나가 몽골 선발대를 격파하였다.[17) 충주에서는 9월 14일 차라대가 충주산성을 포위하여 공격했으나 충주의 고려군과 백성들이 성을 굳게 지켰고, 폭우가 쏟아지자 고려군이 몽골군을 역습하여 몽골군에 큰 타격을 주었다.[18) 차라대는 충주 점령을 포기하고 남하하여 경상도 상주(尙州)산성을 포위공격했다가 황령사(黃嶺寺) 승려 홍지(洪之)가 지휘하는 고려군이 몽골 침략군의 넷째 우두머리를 사살하고 포위 공격군의 과반을 죽였으므로 포위망을 풀고 퇴각하였다.[19)

그러나 전반적으로 전국 군세는 몽골 침략군이 압도적으로 우세하였다. 동북면에서도 몽골·동진군은 문주를 점령하고 등주(登州, 지금의 안변)를 거쳐서 강원도의 철령(鐵嶺)까지 내려왔다. 서북면의 차라대는 경상도 대구(大邱)를 거쳐서 선발대는 진주(晉州)까지 침입하였다.[20)

몽골 침략군이 서북면과 동북면에서 경상도까지 남하 침략하는 동안 고려 군인과 백성들은 처절하게 저항하여 싸우면서 피해가 참으로 막심하였다. 『고려사』에는 최린(崔璘)이 국왕에 올린 상주에서 고려의 "이해(1254년) 몽골군에 포로된 자가 남녀 무려 20만 6,800여 인이고, 살육된 자는 가히 셀 수도 없으며, (몽골군이) 지나가는 주·군마다 모두 불태워 잿더미가 되었으니, 몽골군의 침입 이래 이 때보다 막심함이 없었다"[21) 고 기록하였다. 여기서도 고려의 극심한 피해와 백성들의 도탄에 빠진 참상을 미루어 잘 알 수 있다.

---

17) 『高麗史』권24, 「世家」24, 高宗 41년 8월 庚寅조.
18) 『高麗史』권24, 「世家」24, 高宗 41년 9월 癸丑조.
19) 『高麗史』권24, 「世家」24, 高宗 41년 10월 戊子조.
20) 『高麗史』권25, 「世家」25, 元宗 원년 2월 乙丑조. 참조.
21) 『高麗史』권24, 「世家」24, 高宗 41년 12월 甲午조, 「崔璘還奏曰 (…)是歲蒙兵所虜男女無慮二十萬六千八百餘人 殺戮者不可勝計 所經州郡皆爲煨燼 自有蒙兵之亂未有甚於此時也.」

강화도의 고려 조정과 최씨 무신정권은 강화도 수도(江都)의 국왕 및 무신정권 자기 지키기에 집중하면서, 본토에서의 저항은 주로 자발적 군·민 저항에 맡긴 채, 차라대와 홍복원에게 8월에는 대장군 이장(李長)을 보내고, 12월에는 최린(崔璘)을 파견하여 금·은·술잔을 선물하면서 몽골군의 철수를 간절히 요청하고 있었다. 그러나 몽골군은 끝까지 고려국왕의 출륙(出陸)과 친조(親朝)를 철수조건으로 내세우고 기다리겠다고 통보하면서 각지 침략을 자행하다가 1255년 정월에야 보급과 전력보충을 위해 일시 압록강변 의주 지역으로 철수하였다.

고려의 운명은 이제 차라대와의 결전·결판 여하에 달리게 되었다. 고려 군대가 몽골 침략군을 섬멸 축출하면 문제는 간단히 해결될 것이었다. 그러나 만일 국왕이 강화도 수도(江都)에서 출륙해 나와서 몽골 황제를 친히 방문[出陸 親朝]하게 되면, 몽골이 세계 다른 지역에서 감행한 것처럼 고려 국왕은 몽골의 포로가 되고, 징키스칸의 혈족 중의 하나가 통치자가 되어 고려의 통치자로 부임해서 고려 국가와 왕조는 멸망하게 되는 것이었다. 고려 조정은 국왕 대신 왕자를 몽골의 궁궐에 볼모로 보내어 국가 주권을 유지하려고 계속 간청했으나, 군사력에서 압도적으로 우세한 몽골측은 이를 받아들이지 않고 완전 항복과 고려 완전정복을 추구하고 있었다.

고려 조정에서 국왕의 출륙과 몽골 '친조'의 징후가 보이지 않자, 차라대는 1255년 8월 청천강을 건너 다시 (제6차 침입의 제2회) 침입하였다. 이번에는 기어이 고려 완전정복과 고려 국왕의 몽골 '친조(親朝)'의 달성을 목표로 하여, 몽골 침략군 총사령부를 요동의 동경(지금의 요양)에서 고려의 의주로 옮기고, 강도(江都)의 함락을 목적으로 서북면에서 대병력으로 개경(開京)을 점령한 다음 남하하여 전라도 나주(羅州)까지 침략해 들어왔다.

고려의 별초군과 백성들도 이러한 몽골 침략군에 처절하게 저항하여 상당한 승전을 거두기도 하였다. 충주부근의 대원령(大院嶺)에서 충주 별초군과 백성 1000여명이 매복했다가 몽골 기병대를 공격하여 크게 승리하였다. 충주의 수공업자 천민부곡 다인철소(多人鐵所)의 부곡민들이 자발적으로 몽골 침략군에 대항하여 큰 공을 세웠다. 충청도 공주를 거쳐서 전라도 정읍에 침입해 들어온 몽골군을 입암산성(笠巖山城)에서 고려 수군이 상륙하여 처부수기도 하였다.

그러나 전반적 군사력에서 고려군보다 훨씬 우세한 몽골군은 경상도 방면으로는 상주를 거쳐서 대구 부근까지, 전라도 방면으로는 나주(羅州)까지 내려가서 점령하였다.

몽골군이 침략 점령한 곳마다 살육과 약탈이 극심하여 고려 백성들의 고통은 말과 글로 표현하기 어려울 정도였다.

몽골군의 이번 침략에서 달라진 점은 이전까지는 대개 속전속결을 추구하여 늦봄~여름에 침략해서 그 해 겨울이 오면 일단 철수했었는데, 이번에는 해를 넘기어 1256년(고종 43년)이 되어도 고려 영토에서 전혀 철수할 준비를 하지 않고 작전을 확대한 것이었다. 나주 앞 서해의 압해도(押海島)는 전라도의 세곡을 강화도로 조운해가는데 징검다리가 되는 매우 중요한 요충지여서 고려 수군이 수비하고 있는 곳이었다.

차라대는 조운 항로를 차단하여, 강화도로 들어가는 곡물과 군수품 공급을 차단하려고 병선 70척을 만들어 압해도를 공격하려 하였다.[22] 차라대의 몽골군이 점령지 나주현에서 '수군(水軍)'의 병선을 편성하여 전투에 투입한다는 것은 처음 보이는 매우 큰 변화였다. 몽골의 수군 편성 시작은 아직 규모가 작고 미숙한 것이었으나, 이것이 시간 경과와 함께 규모가 커지고 숙련되어 임시 수도인 강화도로 몽골기병대를 수송시킬 수 있게 되면 고려군에게 매우 큰 위협을 내포한 것이었다.

---

22) 『高麗史節要』, 권17, 高宗 43년 6월조 참조.

2. 신집평의 '국왕친조'의 '태자입조'로의 교체 및
   몽골군 철수 외교의 성공

몽골 침략군의 주력이 서남쪽에 있었으므로 고려 대장군 신집평은 이때 서남방 전선에 있었다. 강도(江都)의 조정으로부터 몽골군과 강화 협상을 하라는 명령을 받고 신집평은 1256년(고종 43) 3월 차라대의 주둔지를 방문하였다. 『고려사』에는 다음과 같이 기록되어 있다.

> "(고종 43년) 3월 己酉 대장군 愼執平 등을 車羅大가 주둔한 곳으로 보냈다"[23]

당시 몽골 침략군 총사령관 차라대와 영녕공 준(綧)은 담양(潭陽)에 주둔하고 있었고, 홍복원(洪福源)은 해양(海陽, 지금의 光州)에 주둔하고 있었다. 고려 대장군 신집평은 고려측 대표로 몽골 총사령관 차라대에 파견되어 강화외교협상에 들어간 것이다. 이 외교협상에서 우선 주목되는 것은 신집평이 몽골 차라대의 군영에서 무려 23일이나 체류한 사실이다. 이것은 이전까지 여러 번 있었던 고려군 측의 몽골 장군 측과의 교섭 파견에서 처음 있는 일이었다. 협상이 대개 실패하면 그날 또는 다음날 귀환하고 마는데, 신집평이 무려 23일간이나 차라대의 병영에 체류했다가 돌아온 사실은 중대한 협상이 양측에서 진지하게 협의되었고 여기서 어떤 합의에 도달한 것을 시사하는 것이다.

고려의 신집평과 몽골측의 차라대가 이 때 합의한 내용의 요점은 "①고려의 국왕이 강화도에서 나와 몽골 사신을 맞아주고, ② 고려군에 생포된 몽골군 포로를 돌려보내주면(추가조건) ③ '국왕' 대신 '왕태자'가 몽골(황

---

23) 『高麗史』, 권24, 「世家」 24, 高宗, 43년 3월 己酉조.

제)방문(소위 入朝)을 한다는 조건으로 몽골군을 철수한다"는 것이었다. 『고려사』에는 다음과 같이 기록되어 있다.

「(4월)壬申, 愼執平이 몽고군 진영에서 돌아와 말하기를 "車羅大와 永寧公이 말하기를, '만약 국왕이 나와 사신을 맞이하고 王太子가 황제가 있는 곳으로 親朝하면 군대를 철수하여 돌아갈 수 있지만, 그렇지 않으면 무슨 말을 (근거로) 철수하겠는가'라고 하였다."」[24]

「壬寅 신집평(愼執平)이 나주(羅州)에서 돌아와 말하기를, 차라대(車羅大)가 크게 화내면서 말하기를, '만약 화친하고자 한다면서 너희 나라는 왜 우리 군사들을 많이 죽이는가? 죽은 자는 어쩔 수 없지만 사로잡은 자들은 돌려보내야 할 것이다'라고 하였습니다.」[25]

이 협상의 합의는 이전과는 다른 근본적인 새 합의였다. 종래의 몽골 측 입장은 고려국왕이 친히 몽골 조정에 가서 몽골 황제를 만나고 이때 그를 포로로 하여 고려 왕국 통치에 징기스칸의 혈족을 임명하는 것이었고, 고려의 입장은 이에 대한 대비로 왕자 중의 하나를 몽골 조정에 인질로 보내는 것이었다. 고려 '국왕'의 몽골(황제) 몸소 방문과 포로상태는 다른 몽골 정복지역의 일에 비추어, 고려 국가주권과 고려왕조의 멸망을 의미하는 것이었다. 이에 비해 1256년 3~4월 신집평과 차라대의 협상 합의는 고려국왕이 강도(江都)에 그대로 있으면서 '태자'가 몽골 조정을 방문하는 것이므로 이전에 이미 안경공 창(淐)과 영녕공 준(綧)의 방문과 큰 차이가 없는 것이었고, 고려국가 주권 보전과 고려 왕실 보존은 담보가 되는 것이었다.

신집평과 차라대의 이 협상 3개 합의사항에서 어떤 것이 고려측 요구이

---

24) 『高麗史』, 권24, 「世家」 24, 高宗, 43년 4월 壬申조.
25) 『高麗史』, 권24, 「世家」 24, 高宗, 43년 5월 壬寅조. 「(五月) 壬寅 愼執平自羅州還言, "車羅羅大怒曰, '若欲和親, 爾國何多殺我兵? 死者已矣, 擒者可還.'"」

고, 어떤 것이 몽골측 요구인가를 판별하는 것은 그다지 어려운 일은 아니다. 고려측 신집평은 오직 ③의 고려국왕의 친조 대신 왕태자의 방문의 제의와 합의에 총력을 기울였고, 몽골 측 차라대는 몽골의 체면을 세우기 위해서라도 ① 고려 국왕이 강화도에서 나와 몽골 사신을 맞이해 주고, ② (추가로) 고려군에 생포된 몽골군 포로들의 반환을 주장하여 실익을 얻는 데 합의한 것으로 판단된다.

이 협상은 고려측이 먼저 신집평을 차라대의 병영에 보내어 제안한 것이었다. 그 증거는 신집평의 두 번째 보고에서 차라대의 말 가운데, "차라대가 크게 화를 내면서 말하기를 '만약 화친하고자 한다면서 너희 나라는 왜 내(몽골 - 필자) 군사를 많이 죽이는가? 죽은 자는 어쩔 수 없지만 포로로 된 자들은 돌려보내야 할 것이다'라고 하였습니다."[26]라고 한 차라대의 너희나라(고려 - 필자)가 화친을 바라지 않았는가라고 한 표현 속에 나타나 있다.

신집평의 고려 측 '국왕친조' 대신 '태자입조'로의 교체제안은 위기극복을 위한 고려의 마지막 협상카드였다. 협상 합의 후의 반응에서 보면, 신집평의 '태자입조'의 제안은 고려 조정의 사전 동의와 국왕의 부득이한 묵인은 있었으나 태자에게는 알려주지 않은 제안이었다.

신집평은 고려 국가의 위기 극복을 위하여 먼저 차라대에게 화친과 몽골군 철병을 요구하면서 새로운 협상안으로 고려 국왕의 몽골 대칸에게의 '친조' 대신 고려왕태자의 몽골 방문인 '태자입조'를 제안한 것이었다. 물론 차라대는 '고려 국왕의 친조'를 요구하면서 침입해 왔기 때문에 처음부터 이를 수용할 수는 없었을 것이다. 그러나 현지에서 싸워보니 고려 군대와 백성들의 치열하고 완강한 저항으로 작은 전투들에서 패전이 쌓여 전사자와 포로병들이 속출하였고, 속전속결은커녕 해를 넘겨도 확실한 승전

---

26) 『高麗史』, 권24, 「世家」 24, 高宗, 43년 5월 壬寅조.

은 보장되지 않았다. 고려는 산이 많아서 몽골 기병의 활동 폭이 좁고 불리했으며, 강화도에 들어간 고려 국왕에 대해서는 몽골 기병대가 바다를 건널 수가 없어 추격이 불가능하였다. 차라대는 강화도에 양곡을 공급하는 요충섬(전라도 나주 앞바다의) 압해도를 공격하려고 몽골측 수군 병선을 고려 땅에서 처음으로 병선 70척을 급히 건조하여 '중기전'을 대비했으나 이미 잘 훈련된 압해도 방어 주둔 고려 수군에 승리할 자신은 없었다. 이러한 상태에서 만일의 패전으로 좌절당하는 것보다 몽골군의 체면을 살려주면 고려 측 제의를 수용할 생각이 있었을 것이다.

이에 차라대가 제의한 것이 ① '고려 국왕이 강화도에서 나와 육지에서 몽골 사신을 맞아서 약속을 하면' 몽골 측의 체면이 세워지고 '국왕' 대신 '태자' 방문의 실천 약속도 확인될 수 있는 것이었다. 여기에 추가로 ② 고려군에 생포된 몽골병을 돌려받으면 실익까지 얻게 되므로 차라대는 신집평의 제의에 응하여 협상에 합의한 것으로 해석된다.

신집평과 차라대의 1256년 3월 협상 합의는 그러나 신집평 고려 측의 대성공이었다. 왜냐하면 신집평으로서는 고려 국가의 보전과 고려 왕실 보전이 가장 큰 목표이므로, 국왕이 몽골 대칸이 있는 카로콜름을 친히 방문하여 몽골의 포로가 되어서 고려국가가 망하는 것을 근본적으로 방지하여 고려의 국가독립존속을 담보하게 되었기 때문이다. 고려 국왕 고종에게는 여러 명의 왕자가 있었으므로 만약 태자에 문제가 생기면 다른 왕자를 '태자'로 교체하면 그만일 것이었다. 국왕이 강화도를 나와 육지에서 몽골 사신을 접견하는 일은 이미 3년 전인 1253년 야굴(Yekü)이 홍복원을 향도로 하여 침입했을 때 1253년 11월 16일 80여명의 야별초의 철저한 호위를 받으면서 강화도에서 출륙하여 임해의 새로 지은 승천부(昇天府) 궁궐에서 몽골 사신단을 접견한 선례 경험이 있으니 그대로 재현하면 될 것이었다. 몽골군 포로병 석방 송환은 당시 고려 측으로서는 몽골군처럼 살육할 수도 없고 '화친'만 한다면 일종의 무거운 짐 하나를 더는 데 불과한 일이었다.

이에 고려 측 신집평과 몽골 측 차라대의 외교협상은 신집평의 대성공으로 타결되었다. 즉, 고려 신집평은 외교협상에서 국왕의 몽골 '친조' 대신 다른 방법으로의 대체에 의한 몽골군의 철수를 요구했다가, 양측의 진지한 검토 끝에 '국왕 친조'를 '태자 방문'으로 바꾸는데 성공했고, 국왕은 강화도에서 한 번 나와 승천부 궁궐에서 몽골 사신단을 접견하고, 고려군에 잡힌 몽골군 포로는 몽골측에 석방 인도하는 조건에서 몽골군이 철수하기로 합의된 것이었다. 즉 이 합의는 고려 국가주권의 이전과 같은 보전을 담보받고 몽골군을 철수케 한 신집평 외교의 대성공이었다. 이 합의에 의거하여 몽골군이 철수하면, 징기스칸의 세계 정복 권역 안에서 '고려의 국가와 왕조'는 소멸되지 않고 존속할 수 있게 된 것이었다.

이제 남은 것은 고려국왕과 몽골황제의 승인을 받는 일 뿐이었다. 신집평은 이 합의를 차라대의 이름을 빌려 보고했으므로 위기에 처해 있던 고려국왕과 중신회의는 신집평의 보고에 동의하고 재가하였다. 『고려사』에는 이어서 다음과 같이 기록되어 있다.

> "(4월)癸酉. 宰樞회의에서 (몽골군의) 퇴병책을 의논했으나 계책이 나오지 않았다. 왕이 말하기를 '만일 군사를 물릴 수 있다면 어찌 아들 하나가 나가 맞이하는 것을 아끼겠는가'"[27]

> "(4월)乙亥. 다시 愼執平을 車羅大 주둔소에 보내 서신을 주어 이르기를 '대병이 돌아간다면 명령대로 따르겠소' 라고 하였다"[28]

---

27) 『高麗史』, 권24, 「世家」 24, 高宗, 43년 4월 癸酉조.
  그러나 高宗의 동의에는 太子를 '一子'로 표현하고 있는 데서 國亡의 위험 때문에 만부득이 이에 동의하는 것이지 본심은 동의하지 않았음을 읽을 수 있다. 이것은 신집평이 처음 차라대 군영에 파견될 때 '국왕친조'의 '태자입조'로의 교체안은 없었음을 알려주는 것이다.
28) 『高麗史』, 권24, 「世家」 24, 高宗, 43년 4월 乙亥조.

즉 신집평과 차라대가 합의한 화의안(고려 국왕의 몽고사신 접견과 국왕 대신 왕태자의 몽골 방문으로의 교체)을 국왕과 중신회의가 모두 승인하고, 국왕이 친서로 그 승낙을 차라대에게 통보한 것이었다. 고려측의 동의는 이것으로 완결되었다.

몽골 측 황제도 이 합의에 재가한 것을 그 후의 사태추이로 알 수 있다. 신집평이 외교협상차 처음 차라대 병영에서 체류한 기간이 무려 23일이나 된 것은 이 합의에 현지 사령관 차라대의 몽골황제에의 보고와 회답 기간이 포함되었기 때문이라고 해석된다. 보통 경기병 부대의 보고와 회답은 차라대 주둔지와 몽골 황제 사이에 경기병 파발로 10일이면 충분하다. '국왕 친조'를 '왕태자 입조'로 교체하는 것은 중대한 변동이어서 차라대는 황제의 승인을 받아야 한다고 생각하여 보고했을 것이고, 그 회답을 기다리느라고 신집평을 병영에 체류시켰다가 승인 회답이 오자 신집평에게 최종 합의해 주어서 고려 대장군 신집평은 이 새 합의안을 차라대의 이름을 빌려가지고 1256년 4월 壬申일에 고려 국왕하게 보고한 것이었다.

거듭 지적하는 것이지만, 몽골침략군 사령관 차라대는 고려 군대와 백성들의 완강한 저항으로 고려 '정복'이 '장기전'이 되리라는 것을 예측했던 것으로 보인다. 몽골 기병 부대들은 '속전속결'의 단기전이 장기인데, 차라대는 고려군·민의 완강한 저항과 기병이 보병에게 패전하기 쉬운 산악과 산성이 많은 고려 영토에서 '장기전'은 명분만 있으면 회피하고 싶은 전쟁이었을 것이다. 더구나 처음으로 '수군'까지 편성해야 하는 익숙치 않은 전쟁은 회피하고 싶었으리라고 본다. 신집평은 이 점을 포착하여 '국왕 친조'를 '태자친조'로 교체하여 합의해 내는데 성공한 것으로 판단된다. 신집평에게는 고려 국가주권 보전과 국왕 보존의 큰 실리가 있었고, 차라대에게는 '국왕' 대신 '태자입조'의 차선의 명분과 고려군에 생포된 몽골병 포로 인수의 실리가 있었다.

고려와 몽골의 강화 합의가 이루어지자, 몽골군은 1256년 6월부터 전라

도 나주로부터 철수를 시작하였다. 이 때문에 양측이 대비한 '압해도 전투'
는 일어나지 않았다. 8월 초에는 개경 일대에 모인 몽골군이 8월 말에는
모두 의주로 철수하였다.

　1256년 9월 기축(己丑)일에 몽골 황제 헌종은 徐趾(서지)를 고려에 파견
하여 차라대에 내린 철수명령을 고려국왕 고종에게 알림에 있어서, 전년인
1255년 6월에 몽골 황제에게 방물을 헌정하려고 보낸 진헌사(進獻使) 김수강
(金守剛) 편에 몽골황제의 대사 서지를 동행시켜 고려 국왕에게 전하였다.[29]

　몽골 침입기의 고려 고종 43년(1256년) 고려 국왕친조(國王親朝)를 '태
자입조(太子入朝)'로 교체하여 몽골군 철수를 실현시킨 외교 성공은 대장
군 신집평의 외교교섭 공적이었음을 조선왕조 초기 학자의 일부는 잘 알
고 있었다. 조선왕조 초기 15세기의 서거정(徐居正, 1420~1488)은『동국통
감(東國通鑑)』(1485)에서 고려고종 43년(1256년) 차라대 몽골군의 철수는
고려 대장군 신집평이 차라대의 주둔소를 두 차례 방문하여 고려 '국왕친
조' 대신 '태자' 방문으로 교체하기로 화의하여 실행된 외교협상의 결과임
을 밝혔었다.[30]

3. 광복 후 신집평(愼執平)의 김수강(金守剛)으로의 교체시도 비판

　1256년 몽골 침략군의 고려국왕 친조(親朝)요구를 태자(太子) 방문으로
바꾸어 몽골 침략군을 철수케 한 외교적 성공의 주인공이 신집평임은『고
려사』「세가」와『고려사절요』에 명백히 기록되어 있는데도 불구하고, 광

---

29)『高麗史』, 권24, 「世家」24, 高宗, 43년 9월 己丑조, 「金守剛還自蒙古 帝遣徐趾
　　來命班師.」참조.
30) 徐居正,『東國通鑑』, 권33, 高麗紀, 高宗 43년, 朝鮮光文會판, 제4책, p.3 참조.

복 후 뜻밖에 한국 동양사학의 대가의 한 분인 김상기(金庠基) 교수가 신집평을 회피하고 이 외교적 성공의 주인공을 김수강(金守剛)으로 교체하려고 시도하였다. 그가 한국 동양사학계에 영향력이 큰 원로의 한 분이었기 때문에, 그 후의 한국 동양사학계의 이 문제에 대한 서술은 몽골 침략기의 고려의 이 외교적 성공의 주인공을 신집평을 빼고 김수강으로 교체하거나, 김상기 교수의 주장을 따르지 않는 경우에는 신집평과 김수강 두 인물을 모두 빼어 문제 해답을 회피하고 있다. 그러나 이것은 완전히 오류이고 왜곡이다. 김상기 교수의 기술은 다음과 같다.

> 그 이듬달인 9월(초2일)에 金守剛이 몽고로부터 돌아왔으며 (김수강은 去年 6월에 進獻使로 몽고에 건너갔음) 이와 때를 같이하여 蒙帝(憲宗)는 徐趾를 보내어 回軍(班師)을 命하였다(아마 徐趾는 金守剛과 동반하여 건너왔던 듯함). 특히 금차의 班師命令은 金守剛의 간곡한 요청에 의한 것이다. 高麗史 金守剛傳에 의하면 김수강이 몽고에 갔을 때 蒙帝를 따라 和林에 들어가 罷兵을 빌었더니 蒙帝는 出陸치 아니한 것을 들어 거절하였다. 이에 김수강은 출륙치 못하는 이유를 다음과 같이 아뢰었다. 비유컨대 獵人이 짐승(獸)을 좇아 窟穴에 들어가게하고 弓矢로써 그 앞을 지키면 困獸가 어데로 나올수가 있을 것이며 또 氷雲이 혹독하여 地脈이 閉塞되면 초목이 능히 생기를 낼 수가 있겠습니까.
> 하니 蒙帝도 그렇게 여겨『너는 실로 成實한 使者이다. 마땅히 양국의 和好를 맺으리라』하고 김수강을 돌아가게 하는 同時에 徐趾를 車羅大에게 보내어 回軍을 命하였던 것이다. 이리하여 車羅大는 군사를 걷어 北으로 돌아가고 (동월 23일) 江都의 戒嚴도 풀렸던 것이다.(10월)[31]

김교수의 논지는 1256년(고려 고종 43년) 8월말의 몽골군의 철수는 1255

---

31) 金庠基, 『高麗時代史』, 東國文化社, 1961, pp.547~548.

년 6월에 몽골에 진헌사로 들어간 김수강이 몽골황제에게 간곡하게 빌면서 고려국왕이 친조(親朝)하지 못하는 이유를 "비유컨대 만약 사냥꾼이 짐승을 쫓아 짐승이 굴로 들어갔는데 활과 화살을 가지고 그 앞을 지키고 있으면 곤경에 처한 짐승이 어디로 나올 수가 있을 것이며, 또 빙설이 혹독하여 지맥이 폐색되면 초목이 능히 생기를 낼 수 있겠습니까"하니 몽골 황제도 그렇게 여겨 "너는 실로 성실한 사신이다. 마땅히 양국의 화호(和好)를 맺으리라" 하고 김수강을 돌아가게 하는 동시에 서지(徐趾)를 차라대에게 보내어 회군을 명령했다는 것이다.

이것은 극심한 왜곡이다. 김교수는 사신 김수강의 활동의 연대기적 일정을 차례로 기록한 『고려사』「세가」와 『고려사절요』를 인용하여 분석하지 않고, 오히려 일정을 빼거나 일정이 불명확하게 뒤섞인 『고려사』「열전」의 「김수강전」만을 인용하여 마치 1256년(고종 43)의 고려국왕 '친조'를 '태자방문'으로 교체하고 몽골군을 철수 시킨 것을 김수강의 몽골황제에게 사신으로 가서 간곡하게 빌며 설득한 결과 몽골황제(헌종)가 김수강의 성실함에 감탄하여 성공한 것이라고 김수강 외교의 성과로 미화하고 있다. 그러나 이것은 완전히 왜곡되고 틀린 것이다.

『고려사』「세가」를 보면 김수강은 1255년(고려 고종 42년)과 1257년(고종 44년) 두 번 당시 몽골의 수도 카라코룸에 있는 몽골 황제 헌종에게 사신으로 다녀왔다. 첫 번째(1255년) 사신은 진헌사(進獻使, 토산품을 바치는 정례적 사신)로 다녀왔고, 두 번째(1257년) 사신은 신집평과 차라대 사이의 고려국왕 친조의 태자 방문으로의 교체와 몽골군 철수의 합의를 몽골 황제가 이미 재가 결정하여 고려 국왕에게도 서지를 보내서 알린 1년 후에, 고려 태자가 '입조'를 완강하게 거부하므로 다른 왕자를 보냈다가 몽골군의 재침입에 놀라서 태자를 보내고 이를 설명하기 위해 1257년에 파견한 것이었다. 『고려사』「세가」에는 김수강의 첫 번째(1255년) 사행에서는 몽골황제에게 김수강이 몽골군 철수를 요청한 기록이 전혀 없고, 신집평·차라대 합의에 의거한 몽골군 철수 1년 후인 1257년의 사신행에서는 '태자입조'를 실행한 후에 몽골군 철수의 요청 기록이 있다.

『고려사』의 일정을 밝힌 「세가」에는 고종 42년(1255년) 6월조에 "(6월 갑술) 시어사(侍御史) 김수강과 낭장 유자필(庾資弼)을 파견하여 몽고로 가서 방물(方物, 토산물)을 바치게 하였다"[32]는 기록과 고종 43년(1256년) 9월 조에는 단지 "김수강이 몽고에서 돌아왔다"[33]라는 기록밖에 없다. 전년(1255년) 6월에 진헌사로 간 김수강은 방물(토산물 진헌품)만 바치고 앞서 인질로 간 고려 왕자와 함께 있다가 돌아온 것이다. 김수강의 제일차 사행에서는 몽골군 철수의 요청은 전혀 없었다. 김수강의 제 1차 사신행과는 전혀 관계없이, 고려 안의 몽골군사령부에서 신집평과 차라대 사이의 화의 합의를 차라대가 몽골 황제에게 요청하여 몽골 황제가 화의 합의를 승낙 재가 하여 1256년 6월부터 몽골군 철수가 시작되었고 8월에는 의주로의 철수가 완료된 것이었다.

신집평과 차라대의 화약 합의로 몽골군이 철수한 1년 후에도 고려 조정이 '태자'의 완강한 거부로 '태자'를 보내지 않고 다른 '왕자'를 보내자, 1257년(고려 고종 44년) 5월에 차라대가 전년의 합의 약속대로 '태자'를 보내라고 요구하며 다시 침입을 했고, 고려 조정이 급히 김수강을 다시(1257년 5월) 몽골 황제에게 사신으로 보내었다. 이 때에는 김수강은 몽골황제에 '태자'를 입조케 했으니 몽골군을 철수해달라고 간청하여 허락을 받고 돌아왔다. 『고려사』「세가」에는 다음과 같이 기록되어 있다.

> 「(고종 44년 5월) 5월 무오 기거주(起居注) 김수강(金守剛)과 낭장 진세기(秦世基)를 몽고에 파견하여 가게 하였다.」[34]

---

32) 『高麗史』, 권24, 「世家」24, 高宗 42년 6월 甲戌조, 「甲戌 遣侍御史金守剛·郎將 庾資弼 如蒙古 進方物.」

33) 『高麗史』, 권24, 「世家」24, 高宗 43년 9월 「金守剛還自蒙古.」

「(고종 44년 9월) 임신, 김수강(金守剛)이 몽고에서 돌아왔다. 김수강
이(몽고황제에게) 군대의 철수를 간청하자 황제가 그것을 허락하고 이
에 사신을 파견하여 김수강과 함께 오게 하였다.」[35]

즉 김수강이 몽골황제에게 몽골군 철수를 간청하여 몽골황제와 문답식
설명을 한 것은 첫 번째(1255~1256) 사행 때가 아니고 신집평과 차라대 사
이의 화의가 이미 이루어지고 몽골군이 철수한 1년 후인 두 번째(1257년)
사행 때의 일이었다.

김교수는 김수강의 두 번째 사행의 일을 첫 번째 사행의 일로 바꾸어 놓
아서, 그사이 1256년 3월~4월의 신집평·차라대의 합의화약과 몽골군 철수
를 무시하고, 마치 1256년의 화의와 몽골군 철수가 김수강의 첫 번째 사행
(1255~1256년)의 성과처럼 왜곡해 놓은 것이다.

김교수의 왜곡의 근거는 『고려사』「열전」의 「김수강전」에서 년·월을
모호하게 하면서 두 번째 사행의 일을 첫 번째 사행의 일로 통합해서 기록
한 곳에 있었다. 「김수강전」의 기록 전문은 다음과 같다.

김수강(金守剛)은 성품이 사물에 두루 통하고 박학하였으며 지조가
뛰어난 것이 남달랐다. 고종(高宗) 때 등제하여 직사관(直史館)이 되
었고, 여러 번 관직을 옮겨 시어사(侍御史)가 되었다. 당시 도읍을 강
화(江華)로 옮기자, 몽고가 장수를 보내어 침략하고는 옛 도읍으로 돌
아오라 독촉하였다. 왕이 김수강을 몽고에 보내어 토산물을 바치게 하
였는데, 김수강은 몽고 황제를 따라 화림성(和林城)에까지 들어가서

34) 『高麗史』, 권24, 「世家」 24, 高宗 44년 5월 戊午조, 「五月戊午 遣起居注金守剛
    郎將秦世基如蒙古」

35) 『高麗史』, 권24, 「世家」 24, 高宗 44년 9월 壬申조, 「壬申 金守剛還自蒙古 守剛
    懇乞回軍 帝許之 仍遣使與守剛偕來.」 이때 金守剛과 함께 온 몽골 사신의 이름
    은 밝혀져 있지 않다.

철병할 것을 청하였다. 황제는 육지로 나오지 않았다는 것으로 핑계를 삼으니 김수강이 아뢰기를, "비유컨대 만약 사냥꾼에게 쫓긴 짐승이 굴로 들어갔는데 활과 화살을 가지고 그 앞을 지키고 있으면, 곤경에 빠진 짐승이 어찌 따라서 나오겠습니까? 또 눈보라가 참혹하고 맹렬하여 땅은 얼어붙고 폐쇄되는데 초목이 능히 살 수 있겠습니까?"라고 하였다. 황제가 그러하다 하면서 말하기를, "그대야말로 성실한 사신이로구나. 마땅히 양국이 화친을 맺을 것이다."라고 하면서 마침내 서지(徐趾)를 사신으로 보내어 철군토록 하였다. 후에 다시 침략하자 또 김수강을 사신으로 보냈다. 황제가 바야흐로 몸소 송(宋)을 정벌하려 하였는데 김수강이 행영(行營)으로 가서 알현하면서 철병을 간곡하게 청하니 황제가 또 이를 허락하고 사신을 보내어 김수강과 동행하도록 하였다. 김수강은 벼슬이 중서사인(中書舍人)에 이르렀다가 죽었는데, 재상의 지위에 오르지 못하여 당시에 이를 애석하다 논하였다.[36]

당시 중국 황제나 몽골 황제가 외국 사신을 접견하여 몇 마디 대화를 나누는 것은 처음 맞아 접견할 때와 떠날 때의 대개 두 번 뿐이다. 그 외의 것은 특별한 사건이 있을 때 뿐이었다.

김교수의 해석과 「김수강전」의 터무니없는 왜곡 과장된 기록은 다음과 같은 점에서 오류인 것이다.

첫째, 1255년 6월 김수강이 진헌사로 몽골에 가서 방물을 바친 사신행은 진헌뿐이었지 몽골군 철수의 간청이나 몽골황제의 김수강의 간청에 감동한 동의와 몽골군 철수는 없었다. 그 증거는 김수강이 첫 번째 몽골황제를

---

36) 『高麗史』, 권102, 「列傳」 15, 「金守剛」, 「金守剛, 性精通博物, 耿介不群. 高宗朝登第, 直史館, 累遷侍御史. 時移都江華, 蒙古遣將侵掠, 督還舊京. 王遣守剛如蒙古, 進方物, 守剛從帝入和林城, 乞罷兵. 帝以不出陸爲辭, 守剛奏, "譬如獵人逐獸入窟中, 持弓矢當其前, 困獸何從而出, 又如冰雪慘烈, 地脉閉塞, 草木其能生乎?" 帝然之曰, "汝誠使乎. 當結兩國之好" 遂遣徐趾, 來命罷兵. 後復來侵掠, 又遣守剛. 帝方自將伐宋, 守剛謁行營, 懇乞罷兵, 帝又許之, 仍遣使, 與守剛偕來. 守剛仕至中書舍人卒, 未至大拜, 時論惜之.」

알현한 약 1개월 후인 1255년 7월 22일 몽골황제의 명령으로 '정동원수' 차라대가 이끄는 몽골군이 고려를 침입하여 개경을 점령하고 해를 넘기면서 전라도 나주와 광주 및 해안까지 도달하며 강화도 점령 작전까지 도모했었고, 1256년 3~4월 고려 대장군 신집평이 몽골군 사령관 차라대를 방문하여 새로운 화의를 제의했을 때에도 몽골군의 침략전쟁이 계속되고 있었기 때문이다.

고려 대장군 신집평이 1256년 3월~4월 몽골군 사령관 차라대의 병영을 두 번 방문하여 '고려국왕 친조'를 '태자 입조'로 대체하고 국왕의 몽골사신 접견의 새로운 화의에 합의하고, 차라대가 고려의 몽골군 포로병의 석방을 첨가하여 합의해서 몽골 황제의 재가를 받아서 1256년 6월~8월 몽골군이 철수하게 된 것이 진실이었다.

둘째, 김수강이 1256년 9월 몽골로부터 귀국할 때 몽골황제가 서지(徐趾)를 파견한 것은 차라대에게 회군 명령을 전달하려 한 것이 아니라, 몽골황제가 몽골군 회군명령을 이미 내렸음을 고려국왕에게 의례상 알리러 동행시킨 것이었다. 몽골황제가 몽골군 회군명령을 몽골군사령관에게 먼저 내리고 몽골의 사신을 보내어 고려국왕에게 전하게 했지, 고려 사신 김수강에게 고려 국왕에게 전하도록 했다는 것은 상식을 벗어난 왜곡이고 전혀 진실이 아니었다. 몽골군 회군 명령은 이미 1256년 4월 차라대의 협상 합의 보고를 재가할 때 차라대에게 내렸고, 9월에는 고려 사신 김수강의 귀국 편에 몽골 황제의 사신 서지(徐趾)를 동행 파견하여 고려 국왕에게 통보해준 것이었다.

셋째, 김수강의 두 번째(1257년, 고려 고종 44년) 몽골 파견은 '고려국왕 친조'의 '태자 입조'로의 교체와는 전혀 관계가 없다. 이 교체 합의와 화약에 따른 몽골군 철수는 김수강의 두 번째 사행 1년 전(1256년)에 이미 이루어진 것이었다. 고려 측에서 '태자'가 몽골에 (인질로)가는 것을 완강히 거부하고 국왕 고종도 측은하여 태자에 동조하므로 고려 조정이 '태자'대신 다른 왕자를 몽골에 보내게 되자, 차라대가 화약 조건대로 태자를 입조시키라고 요구하면서 이듬해인 1257년 5월 다시 고려에 침입했기 때문에 이에 반응하여 김수강을 다시 몽골에 보내게 된 것이었다.

고려는 1257년 5월 태자를 몽골황제에게 보내고 별도로 급히 김수강을 몽골 황제에게 사신으로 파견하여 '태자 입조'를 실행했으니 몽골군을 회군시켜달라고 간청하였다. 기록에는 몽골 황제가 이를 허락했다고 했는데, 이 때 김수강은 당시 왕자를 보낸 형태로 회군 허락을 받은 것이 아니라, 화약을 지켜 '태자'를 보냈으니 회군해 달라고 간청하여 허락을 받은 것이었다. 왜냐하면 김수강의 귀국 이전에 고려 태자를 몽골에 보냈기 때문에 이를 알 수 있다. 그러므로 김수강의 두 번의 몽골 사신행은 먼길에 고생을 했지만 1256년의 획기적인 고려(신집평) - 몽골(차라대)의 강화와 몽골군 철수와는 관계없는 것이었다.37)

이 문제 관련 문헌 기록은 『高麗史』 「세가」와 『고려사절요』의 연대기적 기록이 소략하지만 인과관계를 시사하면서 정확한 것이고, 『고려사』 「열전」의 기록은 연대기가 없어서 선후가 뒤바뀌는 등 정확하지 않은 것이다. 『고려사』 「세가」와 『고려사절요』는 사건·사실을 연대기적으로 기록하면서 1256년 3~4월 몽골의 '고려국왕친조' 요구를 '태자입조'로 바꾸어

---

37) 『高麗史』 『列傳』의 金守剛傳은 1256년(고려 고종 43년)의 고려 王의 親朝를 막고 몽골군을 두 차례나 回軍시키도록 몽골황제를 설득한 큰 공로를 낸 것처럼 기록되어 있으나, 선후를 바꾸어 왜곡되고 극히 과장된 것이다. 몽골황제에는 침략당한 왕국의 사신의 설득으로 침략군을 회군시킨 자비로운 황제는 하나도 없었다. '김수강전'의 내용은 直史館(조선시대 사관의 일종에 해당, 정 8품)이었던 김수강의 과장 왜곡진술에 의거한 것이며, 끝에 "김수강은 벼슬이 中書舍人(정 4품)에 이르렀다가 죽었는데, 재상의 지위에 오르지 못하여 당시에 이를 애석하다 논하였다"고 했는데, '재상의 지위에 이르지 못하여 당시 이를 애석하다 논하였다' 등의 이례적인 표현은 이 항목의 집필자가 객관적 사실의 공정한 서술이 아니라 감정적으로 문신사관 김수강의 공적을 과장하고 미화하여 「열전」서에 오르도록 도모한 흔적으로 보인다.

몽골군의 철수를 가져온 협상성공 인물이 신집평임을 밝히고 있다. 반면에 『고려사』「열전」은 신집평이 빠진 상태에서, 연대표시를 모호하게 하면서 신집평의 업적을 김수강의 업적으로 통합해 기록하고 있다. 이 경우에는 당연히 사건·사실의 연대기적 기록이 정확한 사료이므로 『고려사』「세가」와 『고려사절요』를 취하고, 『고려사』「열전」의 모순된 기록의 이유를 밝혀야 할 것이다. 『고려사』「열전」 편찬 때에는 신집평은 전사 순국한 후 누명을 쓴 것을 누구도 벗겨주지 않은 상태에 있었고, 김수강은 「열전」에 올랐으므로 신집평의 1256년 3~4월 협상성공의 공적을 1년 후인 1257년 9월 김수강의 사신행에 통합시켜 모호하게 김수강의 업적으로 기록한 것이다. 『고려사』「열전」 편찬 당시 신집평의 후손은 몇 집뿐이었고 그것도 멀리 남쪽 지리산 아래 거창에 있었다. 김상기 교수의 이 부분의 설명은 『고려사』「열전」에만 의존하고 『고려사』「세가」와 『고려사절요』의 정확한 연대기적 기록은 아예 무시한 것이어서, 인물을 바꾸고 선후를 뒤섞은 극심한 오류이고 왜곡된 것이다.

V. 신집평 대장군의 동북면 항몽전과 순국

1. '태자입조'의 불실행과 몽골의 재침입

1256년은 4월의 고려·몽골 강화 합의에 의한 종전은 즉시 실천되었다가 장애에 부딪혔다. 고려 왕태자가 몸소 몽골황제에게 '입조(사실상 인질)' 가는 것을 처음에는 완강하게 거절했기 때문이었다. 고려 국왕 고종도 태자를 아끼어 이에 동조하였다.

이듬해 1257년(고종 44년) 윤 4월에 무신집권자 최항(崔沆)이 죽고 그의 아들 최의(崔竩)가 대를 이어 정권을 장악하였다. 이 무렵 몽골군의 합의 실천요구 재침을 대비한 최의 정권의 대규모 인사이동 때 신집평 대장군은 동북면 병마사로 전직 발령을 받은 것으로 추정된다.[38]

몽골의 차라대는 의주 군영에서 고려 태자가 몽골에 가는 것을 기다리다가, 1257년 5월 '태자입조'의 실행을 요구하면서 다시(제6차 침입의 제3회) 서북면과 동북면의 두 방면으로 고려에 침입하였다.

차라대가 직접 지휘하는 몽골군은 서북면에서 6월 5일 개경(開京)을 점령하고, 6월 10일에는 남경(南京, 지금의 서울)을 점령한 후, 일사천리로 6월 12일에는 충청도 직산과 공주까지 도달하였다. 차라대는 6월 29일 고려

---

38) 고려 동북면의 당시 전선지대 東界(지금의 함경남도와 강원도의 접경지대)는 고려인 流移民과 女眞人이 섞여사는 국경지대로서 반란이 빈발하는 지역이어서 고려장수들의 험지였다. 노대장군들이 파견되는 것을 꺼려서 상대적으로 젊은 신집평 대장군이 파견된 것으로 추정된다.

에서 보낸 사신 김식(金軾)편에 태자를 몽골에 보내면 즉시 철수하고 국교를 수립하겠다고 통보하였다.

고려 조정에서는 최자(崔滋)·김보정(金寶鼎) 등 중신들이 전년의 화약에 따라서 태자(왕자의 하나)를 몽고에 보내어 강화를 맺어 몽골군을 철수시키자고 역청(力請)하였다. 태자의 볼모가 싫어 머뭇거리면서 이 요청을 거절하던 고종은 마침내 1257년 7월 최자 등의 '역청(力請)'에 응하여 이를 허락하였다.[39] 고려 조정은 몽골군이 철수하면 태자를 몽골에 보내겠다고 8월 6일 태자의 몽골 '입조(入朝)'를 차라대에게 사신을 보내어 거듭 약속하였다.[40] 고려 조정은 또한 몽골 황제에게도 2년전 사신으로 보냈던 김수강(金守剛)을 다시 사신 보내어 '태자입조'를 실행중이라고 몽골군 회군을 간절하게 청하여 몽골황제의 허가를 받고 1257년 9월에 귀국하였다.[41]

몽골의 차라대는 이에 1257년 9월 7일 다시 군사를 철수하였다.[42]

그러나 고려 조정은 '태자 입조'의 약속을 또 지키지 못하였다. 태자가 완강히 이를 거부했고, 고종도 태자가 측은하여 태자를 지지했기 때문이었다.

고려 조정은 논의 끝에 1257년 11월 22일 '태자'대신 왕자 안경공(安慶公) 창(淐)을 몽골에 파견하였다. 몽골측은 이를 인정하지 않았다.

고려에서는 이듬해 1258년 3월 김인준(金仁俊)·유경(柳璥) 등 문무관료들이 정변을 일으켜 최씨 무인정권을 붕괴시키고 집권하게 되었다.

몽골의 차라대는 압록강 의주 부근에서 고려의 동정을 살피고 있다가 1258년(고종 45) 6월 서북면과 동북면의 양면에서 다시(제6차 침입의 제4회) 고려에 침입하였다. 차라대는 부하 여수달(余愁達)·보파대(甫波大) 등

---

39) 『高麗史』 권24, 「世家」 24, 高宗 44년 7월 戊午 및 5월 癸酉조, 「宰樞等 請遣王子 講和於蒙古 不聽 崔滋金寶鼎等力請 許之.」
40) 『高麗史』 권24, 「世家」 24, 高宗 44년 8월 戊子조.
41) 『高麗史』 권24, 「世家」 24, 高宗 44년 8월 癸酉조. 참조.
42) 『高麗史』 권24, 「世家」 24, 高宗 44년 9월 壬申조. 참조.

에게 기병 2000여기를 거느리게하고, 반역자 홍복원의 아들 홍다구(洪茶丘)를 항도로 하여 8월 13일에 다시 개경을 점령 주둔하고, 태자를 몽골에 보내지 않으면 강화도를 공격하겠다고 고려조정을 압박하였다. 더 남쪽으로 내려간 몽골 기병대는 10월 충청도 제천 박달재(朴達峴)에서 충주 별초군의 공격을 받고 저지되었다. 그 사이 경기도 일대와 몽골 기병대가 지나간 곳에서는 약탈이 심하게 자행되었다.

2. 신집평 동북면 병마사 휘하의 안변 영풍전투 승리

한편 동북면에서는 병마사 대장군 신집평이 강화도에서 인솔해 간 소수의 경초군(京抄軍)과 함께 동계(東界) 15개 고을의 지방 별초군을 지휘하면서 몽골·동진(여진) 연합군의 침략을 잘 방어하고 있었다. 징기스칸의 혈족 산길(散吉) 대왕은 몽골군과 동진군 기병 1만 기 중에서 먼저 몽골·동진 연합 약 3000여기의 기병부대가 강원도 동주(東州, 지금의 철원)와 등주(登州, 지금의 안변)로 침략해 들어왔다.

신집평 병마사의 전략은 백성들을 '산성(山城)'과 '섬'에 이주시켜서, 지방군 및 별초군과 백성들이 함께 지키며 본영에서 파견된 방호별감의 지휘를 받다가 기습전을 감행하는 체계였다. 몽골 침략군의 우세한 군사력에 대항하여 고려 측의 이 전술은 서북면에서와 마찬가지로 동북면에서도 유효하였다.

신집평이 지휘 방어하는 동북면에서 1257년 5월에는 안변 영풍(永豐) 골짜기에 사어사 안희(安禧)의 고려군을 매복시켰다가 동진군을 기습 공격하여 승리하고 다수의 무기와 마구를 노획했으며, 동진군에게 포로되었던 남녀와 우마를 탈환하였다.[43]

신집평은 본영을 저도(猪島)에 설치하여 몽골·동진군의 기마부대가 바다에 막혀 멈추도록 지리를 이용하면서 경초군과 지방군 등 고려군이 몽골·동진 침략군에 대항하여 섬을 지키고 침략군을 격멸시키도록 하였다.

3. 조휘·탁청 등 지방 아전의 몽골·여진군 내통과 반역자들의 구실 조작

그러나 서북면에서 1258년 8월 차라대가 개경을 점령 주둔해서 '태자입조'를 요구하며 강화도 공격 점령을 예고했을 무렵부터는 동북면에서도 사정이 달라졌다. 고려의 쇠퇴를 짐작한 아전들의 일부가 희망이 안보이는 자기나라 고려를 배신하여 몽골에 부화·항복해서 서북면 홍복원과 동북면 이안사(李安社)처럼 일신의 부귀영화 영달을 꿈꾸는 반역의 무리가 생긴 것이다. 변방의 백성들 가운데도 지루한 전쟁과 양쪽 군사들 및 관리들의 수탈에 지쳐서 고려에 대한 충성심보다 무조건 전쟁이 끝나기만 바라는 사람들이 생기기 시작하였다.

동북면의 용진(龍津, 지금의 문천)의 아전 조휘(趙暉)와 정주(定州, 지금의 함경도 定平의 일부)의 아전 탁청(卓靑)이 반역의 마음을 품고 동진군(여진족의 몽골군 소속)의 여진인 포지원(布只員)과 통모하여 음모를 꾸미기 시작하였다. 당시의 기록에 "조휘와 탁청의 2인은 평소에 딴 뜻을 품고 있었다" (趙暉卓靑二人 素蓄異志)[44]고 하였다. 그들은 서북면에서 고려군이 붕괴되고 개경이 몽골군에 쉽게 다시 점령당하자 고려에 희망이 없다고 보고 사전에 "여진의 포지원과 통모"(趙暉卓靑 與女眞布只員 通謀)[45]하면서 반역을 음모한 것이다.

---

43) 『高麗史』 권24, 「世家」 24, 高宗 44년 5월 戊午조 및 5월 丁卯조 참조.
44) 『謹齋集』 권1, 關東瓦注, 竹島二首, 幷序
45) 『新增東國輿地勝覽』, 권49, 德源都護府, 山川조.

1258년 8월 차라대에게 개경을 점령당하고 몽골군 본영이 설치된 후 서북면의 고려군이 사실상 붕괴되자, 동북면 병마사 신집평은 동북면의 항몽전쟁이 불가피하게 결사항전의 장기전이 될 수밖에 없다고 보고 최후까지 싸우기 위하여 저도(猪島)에서 방어에 더 유리한 죽도(竹島)로 병영을 옮기기로 결정하였다. 침략군과의 최후의 결전을 각오한 결정이었으므로 옮겨오겠다는 저도의 백성은 10분의 2~3에 불과하였다. 물론 15개 고을 수령들과 함께 중방(重房)이라는 작전참모회의에서 결정된 사항이었다. 죽도에는 화살 제조용 전죽(箭竹)이 많이 나서 화살 보급이 용이한 점도 고려되었을 것이다.[46]

병마사 신집평은 병영을 '저도'에서 '죽도'로 옮기면서 1258년은 흉년이 들었으므로 군인들의 군량이 부족하여 강화도 수도에 군량 보급 지원을 긴급히 요청하였다. 1258년 12월 신집평이 경초군의 일부를 부족한 군량 보급 수송을 위해 남쪽 다른 도(道)로 파견했을 때에, 죽도의 본영 방위가 약간 약화된 틈과 흉년의 식량부족을 악용하여 조휘·탁청이 병마사 참모 전량(全諒)을 통해서 흉년이므로 주민의 식량이 부족하니 군량을 풀어서

---

46) 『新增東國輿地勝覽』, 권49, 德源都護府, 山川조, 竹島항목에는 竹島에서는 竹이 나고, 都兵馬使 愼執平의 館舍와 민가의 유적이 아직도 남아있다고 기록되어 있다.

신집평은 竹島에 본영과 주민을 이동시키면서 선착장들을 중심으로 긴급하게 토성을 쌓은 것 같다. 몽골·동진군이 조휘의 안내로 몰래 城을 넘어 들어왔다는 기록에서 이를 알 수 있다. 큰 섬에는 배가 선박을 안착시킬 수 있는 선착장이 수십 개 있고, 작은 섬에는 수 개밖에 없기 때문에, 중과부적일 경우 섬의 결사적 방어에는 작은 섬이 보다 지리상 유리하였다. 신집평의 竹島에의 移營은 결사항전의 장기전 준비의 결의가 포함된 것으로 해석된다.

猪島로부터 竹島로의 고려군 본영과 주민의 이동시 고려인은 따라왔지만 여진인과 일부 싸우다 죽기 싫은 고려인은 따라오지 않았을 것은 당연한 일이다. 조휘 가문 족보 등에는 이 '죽도이동'은 '무리한 작전'이라고 기록했는데, 당시 '죽도이동'은 중과부적 상태에서 장기전에 대비하는 고려군의 對蒙抗爭의 定石같은 유효한 합리적 작전이었다.

주민에게 대여해 줄 것을 요청하였다. 이것은 물론 참모회의에 올라왔으나 병마사 신집평을 비롯해서 참모들인 고을 부사들에 의해 부결되었다.

조휘·탁청의 이 요청은 두 아전이 반란을 일으키기 위해 사전에 고려군과 민간인을 이간질하고 반란의 구실을 만들기 위한 책략에 불과하였다. 그 이유는 전시 중에 흉년으로 이미 군량도 부족하여 전투하는 군인들도 굶주리며 싸우고 있어서 군량 부족분을 보급해달라고 강화도 수도에 요청하고, 부족한 군량을 얻으러 경초군 일부를 남쪽 다른 도(道)에 파견까지 한 형편에, 이미 부족한 군량을 풀어서 주민에게 분급한다는 것은 군대의 상식으로는 있을 수 없는 일이었기 때문이다. 뿐만 아니라, 이 때는 추수 직후인 12월이었다. 아무리 흉년이라 할지라도 민간의 식량 부족은 추수 직후인 12월에는 군인이 아닌 수령·아전이 여유있는 민간에게서 대여 등으로 해결해야지 전투중인 군인들의 이미 부족한 군량을 나누어 달라고 할 수 없는 일이었다.

뿐만 아니라, 해변 고을이나 섬의 주민들은 흉년에는 해초·어패류 등 해물의 보조식품이라도 스스로 채집해서 공급받을 수 있지만, 전쟁 중의 군인들은 그것도 불가능한 것이었다.

조휘·탁청 등의 요구는 전적으로 반란을 일으키기 위한 준비의 하나인 전형적 민·군 분리의 이간책으로서 병마사의 고려군과 지방 주민을 이간질하고 자기들의 반역·반란행위를 정당화하기 위한 '구실'을 만든 것에 불과한 것이었다.

4. 신집평 병마사 등의 순국

조휘·탁청 등은 1258년 12월 죽도의 경별초 일부가 다른 도에 파견되어 군량운송을 하느라고 방어가 조금 약해진 틈을 타서 반란을 일으켜, 비밀

리에 몽골·동진군을 섬의 둘레에 세운 성을 넘도록 끌어들여 합세해서 병마사의 '죽도'병영을 기습 공격하였다.

　병마사 신집평 및 15개 고을 부사들과 끝까지 병영을 지키던 경초군들은 결사적으로 혈전을 전개하여 최후까지 싸우다가, 병마사 신집평(愼執平), 등주부사 박인기(朴仁起), 화주부사 김선보(金宣甫) 등과 경별초(京別抄) 다수 병사들이 전사하였다. 몽골·동진군과 반역자들은 포로들과 주민들 가운데 몽골군과 반란군에 항복하지 않는 자는 모두 죽이고, 주민들의 재물을 약탈하였다. 록사(錄事)의 직책을 맡고 있던 전량(全亮)도 죽였다.[47]

　『고려사』「세가」에는 이 사실을 기록하지 않고 「열전」의 반역자 '조휘' 항목에 오히려 조휘의 변명 입장을 일부 반영하면서 다음과 같이 기록하였다.

> 「고종 45년(1258년) 몽골군이 대거 침입하자 高州(고주, 지금의 高原)·和州(화주, 지금의 永興 일부)·定州(정주, 지금의 定平)·長州(장주, 지금의 定平의 일부)·宜州(의주, 지금의 德原),文州(문주, 지금의 文川)의 사람들이 猪島(저도)로 들어가 지켰다. 동북면 병마사 愼執平은 저도가 城(성)은 크지만 사람 수가 적어 지키기가 어렵다고 판단하여 15주의 사람들을 竹島(죽도)로 옮기도록 하였다. 죽도가 협소하고 험악하여 우물이 없어서 가고자 하지 않자, 신집평은 강제로 사람들을 몰아넣으니, 많은 사람들이 도망치고, 들어간 사람은 열에 두 세명 뿐이었다. 비축한 양식이 부족해가자 신집평이 별초를 나누어 파견해서 조정에 식량을 요청하여 他道(타도)에서 운반하느라고 수비가 조금 풀어지게 되었다.
> 　조휘는 정주 사람 卓靑(탁청)과 登州(등주, 지금의 安邊) 문주의 여러 성 사람들과 논의하여 몽골군을 끌어들이는 가운데 빈틈을 노려 신집

　47) 『世宗實錄』 권155, 地理志, 咸吉道 安邊都護府조 참조

평과 등주부사 박인기(朴仁起), 화주부사 김선보(金宣甫), 경별초(京別抄) 등을 죽이고, 드디어 고성(高城)을 공격하여 집들을 불태우고 사람들을 죽이거나 사로잡고 약탈한 뒤에 화주 이북을 들어 몽골에 투항하였다. 이에 몽골이 화주에 雙城摠管府(쌍성총관부)를 설치하고, 조휘를 摠管(총관), 탁청을 千戶(천호)로 임명하였다.」[48]

한편 『관동와주(關東瓦注)』에는 다음과 같은 기록이 있다.

「아전 조휘(趙暉)·탁정(卓正, 卓靑) 두 사람이 평소에 딴 생각을 갖고 있다가 군중의 노여움을 틈타 란(亂)을 도모하였다. 인하여 성(城)을 넘어 적(敵)을 끌어들여서 兵馬使와 12수령을 살해하였다. 무릇 백성으로서 모반을 따르지 않는 자는 모두 죽였다. 백성의 물건을 몰아 약탈하고, 저들에게 투항하였다. 이로 말미암아 여러 성이 모두 패하였다.」[49]

여기서 주목할 것은 조휘·탁청 등의 반란은 전혀 탐학관리에 대한 '민란'이 아니라, 전적으로 고려 국가에 대한 반역이었다는 사실이다. 이 사실은 다음을 고려하면 바로 명백하게 된다.

(1) 지방 토호이며 아전인 조휘와 탁청은 병마사에게 식량 분배 요청을 하기 '이전'부터 평소에 반역의 뜻을 품고 있었다는 사실이다. 그들은 서북면에서 홍복원(洪福源)과 동북면에서 이안사(李安社)가 몽골군에 투항하여 그들의 앞잡이 되어 고려에 반역해서 몽골의 고관대작이 된 것을 보고, 어차피 수도 개경까지 점령된 상태이므로 멸망해가는 조국 고려에 충성하기보다 몽골에 먼저 스스로 먼저 항복하여 고려를 배신하는 공을 세워서 몽골 통치하에서 고관대작의 지위를 얻어보려고 한 것이다. '군량 민간분급' 운운 한 것은 흉년이므로 고려군과 지방민을 이간질하기 위한 '구실'에 불

---

48) 『高麗史』, 권130, 列傳, 43, 叛逆, 趙暉.
49) 安軸, 『謹齋集』, 「關東瓦注」(1330), 竹島詩二首幷序.

과한 것이었다.

(2) 어느 시대에나 군대의 '군량'은 평시에도 민간에게 배급 또는 대여하지 않는 특징이 있다. 소비하는 군인수와 보급량이 사전에 고정되어 있어서 수급에 탄력성이 없기 때문이다. 하물며 1258년 당시 고려 동계의 고려군은 몽골·동진군과의 국운을 건 전쟁 도중이어서 전투 중인 고려군의 군량을 민간에게 분급해준다는 것은 군사 지식이 조금이라도 있는 경우라면 상상할 수 없는 일이었다. 뿐만 아니라 1258년은 흉년이어서 군량이 부족하였다. 병마사는 부족한 군량을 강화도 조정에 요청했을 뿐 아니라, 다른 도(道, 남쪽 도)에 부족한 군량을 구하여 보급하려고 방어에도 부족한 경초군의 일부를 빼어 (다른 도에) 파견해서 군량 부족을 해결하려고 군량 보급수송 노력 중인데, 조휘·탁청 등의 지방 아전이 부족한 군량을 식량이 부족한 민간인에게 분급해 달라고 했다는 것은 전혀 백성을 구휼하려 한 것이 아니라 민심을 선동하여 고려군과 그 지휘부를 곤란에 빠뜨리려고 획책한 것이었다. 조휘·탁청 등 아전들은 처음부터 흉년으로 인한 식량부족을 반란의 구실과 합리화에 이용하고 획책한 것이었다.

(3) 조휘·탁청 등은 그들이 동원할 수 있는 지방군 일부만 반란에 동원한 것이 아니라, 사전에 동진군(여진족)의 포지원(布只員)과 공모하여 몽골·동진군을 몰래 죽도 둘레의 새로 만든 방비용 성(城)을 넘어오도록 안내해서 몽골·동진군과 연합하여 신집평의 군영을 기습공격한 것이었다. 이것은 전혀 '민란'이 아니라, 완전히 국가에 대한 '반역'이며 국가에 대한 '반란'인 것이다.

(4) 조휘·탁청 등은 고려에 반역한 후, 전사한 병마사 신집평, 등주부사 박인기, 화주부사 김선보의 시신의 목을 베어 몽골 '산길대왕'에게 바쳤다.[50] 만일 이것이 분노한 민중의 '민란'이었다면 고려군의 이 지휘관들의

---

50) 愼執平·朴仁起·金宣甫 등의 최후 전사에 대한 상세한 기록은 없다. 이 때 반역자

사신을 분노한 민중들에게 보낼 터인데, 이것을 적 몽골의 군사 총 지휘자에게 바친 것은 변명의 여지없이 조휘·탁청의 행위가 전혀 '민란'이 아니라 전적으로 고려 국가에 대한 사전의 기획적 '반역'이었고 국가에 대한 반란이었음을 명백하게 증명하는 것이다.

(5) 조휘·탁청 등은 죽도의 고려군 병영을 장악한 후, 그들에게 항복하지 않는 죽도의 입도한 백성들까지도 살해하고 재물을 모두 약탈하였다. 이것은 그들의 거동이 백성의 '민란'이 아니고, 반역자들의 조직된 국가에 대한 '반란'이고 '반역'이었음을 증명하는 것이다.

(6) 조휘·탁청 등은 죽도의 고려 병영에서 만행을 자행한 후, 바로 몽골·동진군과 함께 육지로 나와서 고려의 고성(高城)을 공격하여 점령해서 집들을 불태우고 주민들을 죽이고 약탈하였다. 이것은 전혀 자연발생적 '민란'이 아니라 국가 반역자들이 적과 내통하면서 자기 고을이 아니라 자기 나라의 다른 고을에까지 침입하여 자행한 극악무도한 '반역'이고 고려 국가에 대한 '반란' 행위인 것이다.

그러므로 조휘·탁청 등의 반역행위를 병마사의 '식량 분급' 거부에 기인한 '민란'으로 서술한 모든 자료들은 반역자의 주장을 그대로 수용한 왜곡된 기록들인 것이다. 또한 조휘 등의 반역을 신집평의 군량 분급 거부에 연결시킨 역사해석은 조휘의 거짓 변명과 구실만을 수용하고 당시의 신집평 경초군을 중심으로 한 고려군의 고난의 실상을 도외시한, 전적으로 부당한 역사왜곡인 것이다.

와 동진군에 포로된 全諒 등 및 고려군의 일부 기록이 있는 것을 보면, 신집평·박인기·김선보 등은 '죽도'가 반역자들과 그들이 안내하여 섬의 방어성을 넘어온 몽골·東眞軍들의 기습 공격에 군영이 포위 공격당하고, 중과부적으로 본영이 침입당해 최후까지 싸우거나 투항을 요구당했을 때, 충신의 절개를 지켜서 최후까지 싸우다가 전사한 것이 틀림없다. 최후까지 저항했기 때문에 조휘 등은 이 세 고려 충신 장수의 목을 베어 몽골군 '산개대왕'에게 보낸 것이었다.

조휘·탁청 등의 1258년 12월 고려 동북면 '죽도'등에서의 반란·반역은, 병마사의 '식량 분급 거부'와는 사실은 전혀 관계가 없고, 멸망해가는 고려의 형편을 보고 조휘·탁청 등 아전 반역자들이 서북면의 홍복원과 동북면의 이안사 등의 직전 반역 사례를 모방하여 먼저 스스로 조국을 배반해서 적에 투항하여 몽골로부터 자기 일신의 고관대작의 부귀영화를 얻어보려고 자행한 매우 크고 매우 악질적인 반역행위에 불과한 것이다.

그리고 반역자 조휘·탁청 등의 반란군이 연합한 몽골·동진군의 기습 공격에 대항하여 끝까지 싸우다 전사 순국한 병마사 신집평, 등주부사 박인기, 화주부사 김선보 등과 경별초 병사들은 고려 국가와 고려를 지키기 위하여 혈전을 전개하다가 압도적으로 우세한 적에게도 끝까지 항복하지 않고 최후까지 싸우다가 전사 순국한, 나라를 위해 죽음을 택한 참으로 고귀한 애국자들인 것이다.

VI. 신집평 병마사 전사 순국에 대한 고려시대 평가의 편린

　　고려시대 대정치가이며 대문호 학자인 익재(益齋) 이제현(李齊賢, 1287~
1367)은 친원파들이 지배하던 시대에 강릉도(江陵道 - 강원도의 옛 이름)
박안집(朴安集)을 고별하는 시(江陵道朴安集告別)에서, 신집평 대장군(병
마사)의 지휘 아래 있던 동계(東界)의 유민(遺民)들이 아직도 눈물 흘리며
반역자들의 신장군 살해를 한탄한다고 다음과 같이 기록하였다.

　　　遺民尙流涕　　유민들은 아직도 눈물 흘리며
　　　恨殺愼將軍[51]　신장군 살해를 한탄한다네

　　매우 강직하고 진실한 것으로 유명했던 이제현은 당시 동계 백성들은
물론이오 그 후의 유민들도 신집평을 지지 성원하여, 신집평을 말하면 신
집평의 죽음을 눈물을 흘리며 한탄한다고 기록하고 있는 것이다.
　　역시 고려시대 문인 안축(安軸, 1287~1348)은 친원파들이 지배하던 시대
인 1330년에 동해안을 유람하다가 화주(和州) 지역 여행시에서 옛날 신집
평 장군의 당시 일을 물어보면 고로(古老)들이 상심해서 차마 말을 못하더
라고 다음과 같이 기록하였다.

---

51) 『益齋集(益齋亂藁)』 권6, 「江陵道朴安集告別」

三戶子孫誰雪恥　　三호 자손 중 누가 설욕하랴
百年骸骨尙含冤　　백년 해골이 아직도 원한 품었도다
行人爲問當時事　　길가는 사람이 당시일을 물으니
古老傷心不忍言52)　고로들이 상심해서 차마 말을 못하더라.

　문인 안축은 신집평 병마사·박인기·김선보 부사의 항복 거부와 전사의 설욕을 그들의 자손의 일로 생각하는 좁은 안목을 갖고 있었으나, 화주 지역 고로들에게 신집평 병마사 당시의 일을 물었더니 상심해서 차마 말을 못하고 고로들이 세 전사 순국지들을 추모하고 있었음을 전해주고 있나.
　고려 공민왕 때의 강직한 문인 원재(圓齋) 정추(鄭樞, 1333~1382)는 신집평의 전사 순국을 높이 기리면서 "신랑의 깃발이 쓰러진 것은 천년한이다(愼郎旗倒千年恨)53)"라고 통탄하였다.54)

---

52) 『謹齋集』「關東瓦注」, 竹島詩二首幷序. 안축은 시문은 잘하나 군사에는 매우 어둡고 당시 사정을 알지 못하여 마치 병마사가 "군량을 충분히 비축해 두고서도" 백성에게 분급해주지 않은 것으로 착각해서 "곡식 저장 기름 저축이 어찌 먼 도모가 되겠는가"(儲粟屯膏豈遠圖)라고 읊었고, 저축해둔 군량이라도 풀어서 인자한 은혜를 베풀었다면 반란의 원인을 없애지 않았을까 애석해 하였다. 그러나 이것은 문인 안축이 조휘·탁정과 그 후 친원(몽골)파의 영향을 받아 주입된 평화시의 안이한 오해이다. 『고려사』·『고려사절요』와 기타 문헌이 기록하고 있는 바와 같이, 병마사의 고려군은 흉년으로 현지 조달하는 군량이 (백성들과 같이) 부족하여 조정에 군량 보급을 요청했고, 당장 군량부족이 화급하여 죽도 본영주둔 경초군의 일부를 빼내어 남쪽의 다른 道에 군량을 구하러 파견한 상태였다. 전쟁 중에 군대를 더 굶기면서 부족한 군량을 백성들에게 분급해주는 것은 병법에 어긋난 것이며 동서고금의 어느 장군도 하지 않는 것이다. '군량분급'은 반역의 구실에 불과한 것이었고, 이미 그 이전에 조휘 등은 동진군의 포지원(및 몽골군)과 밀통하여 반란의 기회만 엿보고 있었다. 그러므로, 만일 신집평 병마사가 참모부사들의 반대를 누르고 인자하게 부족한 군량을 백성들에게 분급해 주었다면, 배불린 반란군이 굶어서 싸울 수 없는 고려군을 더 참혹하게 패전시켰을 것이다. 안축의 이 부분 시구는 후일 평화시의 군사를 모르는 문인들의 오해의 하나에 불과한 것이다.

53) 『新增東國輿地勝覽』 권49, 安邊都護府, 題詠조.

54) 鄭樞는 益齋 李齊賢에게서 배운 공민왕시대 사대부로서 몽골침략 시기의 사건들

여기서 명백히 알 수 있는 것은 조휘·탁청 등의 반란은 군량부족 훨씬 이전에 몽골군에 속한 여진인 포지원(布只員)과의 사전 밀통에 의거한 반역의 음모가 원인이었지, 병마사 고려군측의 부족한 '군량분급'의 거부가 원인이 아니었다는 사실이다. 1258년(고종 45년) 11월 몽골의 별장 산길(散吉)이 지휘하는 약 3000명의 몽골·동진군 기병부대가 우세한 군세로 고려가 쌓은 천리장성을 넘어 침략해서 고려의 화주(和州)를 점령하자, 동북면 병마사가 지휘하는 상대적인 약세의 고려군이 결사항전을 하려고 사령부인 병마사의 본영을 저도(楮島)에서 죽도(竹島)로 옮기면서 군량 부족으로 조정에 군량보급을 요청함과 동시에 병마사의 본영을 지키는 경초군의 일부를 빼내서 남쪽 다른 도에 보내어 부족한 군량을 운송하도록 하자, 사전에 몽골군과 내통하여 반란의 기회를 노리던 조휘·탁청의 반역자들이 경초군 일부가 줄어든 이 기회를 포착해 반란을 일으켜서 몽골·동진군을 몰래 죽도로 끌어들여 압도적 군세로 기습한 것이었다. 신집평의 고려군은 맞서 싸우다가 중과부적으로 패하여 포위된 상태에서 최후까지 항복을 거부하고 신집평 병마사, 박인기·김선보 부사와 경초군들은 전사했고, 나머지 일부 병사들은 항복하여 포로가 된 것이었다.

당시 동계 15주의 고려 백성들은 반란군과 몽골군을 성원한 것이 전혀 아니라, 정 반대로 신집평 병마사 등의 전사를 당시부터 그 후까지도 한탄하고 애통해 한 것을 확인할 수 있다.

을 잘 아는 강직한 관리이고 문인이었다. 정추는 李存吾와 함께 궁궐에 출입하는 승려 辛旽을 탄핵했다가 신돈세력에 의해 큰 고초를 겪었다. 탐관오리를 규탄하는 「汚吏(오리)」의 유명한 시가 있고, 문집으로 「圓齋集」이 있다. 당시의 문인 정추가 이 때의 일을 정확히 알고 조휘·탁청을 간사한 오리·반역자로 보았으며, 동북면 병마사 신집평의 전사순국을 높이 기리어 애통해 한 것이다.

Ⅶ. 동북면 반역세력과 신집평 대장군에 대한 평가 왜곡

　동북면 병마사 신집평 등이 전시히고 서북면도 그에 앞서 고려 방어진이 붕괴되어 군사력으로 더 버틸 수 없게 되자, 고려 조정은 몽골 황제에게 '태자입조' 실행을 알리려고 1258년 12월 29일 장군 박희실(朴希實)을 파견하면서 차라대의 병영에도 들러서 다시 '태자의 입조'를 통보하였다.

　이듬해 1259년(고종 46) 3월 8일 장군 박희실이 차라대의 몽골 사신과 함께 강도에 돌아와 고려 국왕을 알현한 후, 1259년 4월 21일 고려 왕태자 전(倎)이 몽골을 향해 출발함으로써, 고려 몽골간의 종전은 실천되었다. 몽골의 정복전쟁 대침략에 대한 29년간의 항전 끝에 마침내 고려의 국가 주권을 유지한 상태로 평화가 찾아온 것이다.

　고려에 평화가 오고 국왕도 강도(江都)에서 나와 개경(開京)으로 환도했으나, 그 후 고려의 항몽전쟁 중에 동북면에서 끝까지 싸우다가 전사 순국한 병마사 신집평, 등주부사 박인기, 화주부사 김선보 등과 경별초 군사들이 역사에서 지워져 사라지게 되는 경향이 나타났다.

　고려 국왕과 조정이 개경으로 환도한 후 친몽골파(친元파)가 중앙정치의 정권을 장악해서, 항몽전쟁의 공로자를 현창하기는커녕 오히려 그들과 그 후손들을 경원시하고 때로는 박해했기 때문이었다.

　뿐만 아니라 이성계 등이 고려를 멸망시키고 조선왕조를 세운 후 『고려사』 등 고려역사를 정리할 때는 동북면의 반역세력에 국왕 이성계(李成桂,

태조)의 조상이 포함되었고 그들과 조휘 가문의 친밀한 관계 때문에 오히려 반역자들의 주장이 그대로 등재 기록되기도 하였다. 『고려사』 『고려사절요』 등에서 다수의 고려의 충신과 애국자들이 제외된 것은 이러한 정치적 사정으로 문헌기록이 왜곡된 때문이었다.

고려와 한국민족의 반역자 조휘와 탁청 등에게는 조국 고려에 반역하여 몽골의 앞잡이가 된 대가로, 몽골의 '산길대왕(散吉大王)'이 쌍성(지금의 永興)에 '쌍성총관부(雙城摠管府)'를 설치하고, 총관에 조휘, 천호에 탁청을 임명하였다.[55] 조휘는 지금의 함경도 지방을 다스리는 몽골의 관리가 된 후 몽골군을 배경으로 고려를 괴롭히는 여러 가지 불법 만행을 자행하였다.[56]

몽골 장군 산길이 투항시킨 또 하나의 고려 반역자 두만강 하류지역 몽골의 천호장 이안사(李安社)와 그 후손은 1258년부터는 쌍성총관부에서 관할하게 되었다.[57] 이안사가 1274년 별세하자 이안사의 천호 겸 다루가치

---

55) 『高麗史』 권24, 「世家」 24, 高宗 45년 12월 巳丑조, 참조.
56) 『高麗史』 권130, 「列傳」 43, 叛逆 4, 趙暉조 참조.
57) 李安社(이성계의 고조부)는 원래 고려·몽골전쟁 시기에 전라도 전주의 향리였다. 20대일 때 한 관기(官妓)를 놓고 전주 산성별감(山城別監)과 대결하여 다투게 되었다. 안렴사(按廉使)가 산성별감 편에 서서 군사로 이안사를 칠 것이 염려되어, 이안사는 가족·가까운 친척 등 170가를 인솔하고 급히 외가의 고향인 강원도 삼척(미로면 활기리)으로 이주하였다. 삼척에 정착되는 줄 알았는데, 공교롭게도 이전의 산성별감이 강원도 안렴사가 되어 삼척에도 조사차 내려온다고 하므로 이안사는 다시 170가구를 이끌고 1253년(고려 고종 40년) 의주(宜州, 지금의 덕원·원산)로 이주하여 정착하였다.
    이 때 몽골의 왕족 장수 산길(散吉)이 쌍성(雙城, 지금의 함경도 영홍)에 들어와 주둔하여 있으면서 철령(鐵嶺) 이북을 침략하여 취하려고 노리고 있었다.
    고려 조정은 화급하게 이안사를 '의주(宜州) 병마사'에 임명하여 몽골의 침입으로부터 의주(덕원) 고을을 방어하는 책임을 맡겼다.
    산길(散吉)은 쌍성에 주둔해 있으면서 철령 이북을 손쉽게 취하고자 이안사에게 두차례 사람을 보내어 관직으로 유혹하면서 항복을 권하였다. 고려의 의주 고을

의 직책은 그 후손에게 세습되어, 이성계의 부친 이자춘(李子春)도 모두 몽골의 쌍성총관부에 속한 '천호' 겸 '다루가치'의 직책을 갖고 몽골 관리로 있었다.

1368년경 중국 남방에서 주원장(朱元璋)이 봉기하여 명(明)을 세우고 북방으로 몽골의 원(元)을 공격하여 승리하면서 북상하자, 북경에 수도를 둔 원나라의 세력은 크게 약화되었다. 이 변동추세에 병행하여 고려 공민왕(恭愍王, 재위 1351~1374)이 원의 간섭에서 벗어나 고려의 자주권을 강화하려고 '반원(反元) 정책'을 실시하였다. 원나라는 다급하여 만주의 여진지역에 대한 호구조사를 실시했는데, 이성계의 아버지 이자춘(몽골이름 울르스부카, 吾魯思不花)의 관리지역에서 원주민(주로 여진족)과 이주민(주로 고려인)을 나누어 조사한 후 원주민 우대의 차별정책을 실시하였다. 아마 여진족 장정을 기병대 군인으로 징발할 목적이었던 것 같은데, 원래 고려인 후손인 천호장 이자춘은 이에 불만과 회의를 가졌던 것 같다.

이자춘은 정치정세를 관찰하고 있다가 원나라에 미래 희망이 없음을 확인하고, 공민왕의 반원(反元) 정책에 기회가 있으면 부응할 생각을 갖게 되

병마사로서 당연히 이를 거절하고 자기 고을을 지켜야 했을 터인데, 이안사는 1254년(고종 41년) 고려를 배반하여 의주(덕원)의 1,000여호를 들어 몽골의 산길에게 투항하고 말았다. 고려에 반역한 것이다. 몽골의 산길은 기뻐서 이안사에게 옥배(玉杯)를 선물했고, 이안사는 자기 혈족의 딸을 산길의 몇 번째 아내로 삼게 했다고 기록되어 있다. 신집평이 동북면 병마사로 가기 3년 전의 일이고, 조휘가 반역하기 5년 전의 일이다.

몽골의 황제도 무혈로 고려의 의주를 얻었다는 산길의 보고에 기뻐서, 산길의 요청에 따라 이안사를 두만강 하류에 '알동천호소(斡東千戶所)'를 설치하고, 이안사를 이곳의 천호(千戶) 겸 다루가치(達魯花赤, 행정관의 몽골 호칭)에 임명하였다. 이 곳은 두만강 하류 여진족이 많이 사는 지역이었다.

추측컨대 몽골의 산길과 황제는 너무 쉽게 투항해온 이안사를 충분히 신뢰하지 못하여 고려인 거주지에 발령하지 않고 후방의 여진족과 고려인의 혼성지역에 배치한 것으로 보인다. 이안사는 1274년 타계할 때까지 몽골(元)의 천호 겸 다루가치로서 두만강 하류에 살았다.

었다.

이자춘은 1355년 12월 쌍성등처천호(雙城等處千戶)의 직책으로 개경을 방문하여 공민왕을 알현할 때 은밀하게 그의 뜻을 전달하였다. 이자춘은 이듬해 1356년 3월 개경에 아들 이성계를 데리고 상경하여, 이성계를 일종의 '인질'로 남겨두고 쌍성(영흥)의 임지로 돌아갔다.

다음 달인 1356년 4월 공민왕은 조휘·탁청의 반란으로 빼앗긴 쌍성총관부를 고려 영토로 회복하려고 유인우(柳仁雨)를 동북면병마사로 임명하여 최영(崔瑩) 등을 참모로 동반하고 공격하였으나, 조휘의 증손자인 총관 조소생(趙小生)과 탁청의 후손인 천호 탁도경(卓都卿)의 필사적 방어로 성공하지 못하고 돌아왔다.

공민왕은 2년 후인 1358년 다시 고려 중앙군을 파견하여 쌍성총관부 탈환작전을 감행하였다. 조소생의 숙부 조돈(趙暾)과 몽골의 천호 이자춘이 아들 이성계 및 이원계(李元桂, 이성계의 이복 형)와 함께 고려군과 내통하여 성문을 열어주고 내응함으로써 공민왕은 쌍성총관부를 탈환하는데 성공하였다. 조소생은 패전하여 원나라로 도망하였다.

고려 공민왕의 쌍성총관부 탈환작전 때 이안사의 증손 이자춘과 고손 이성계가 내응함으로써, 이안사의 반역은 이자춘 때부터 씻어지고 이자춘과 이성계 일가는 고려 공민왕의 신하가 되어 고려를 위해 군사활동을 하게 되었다.

그 후 이성계는 수많은 무공을 세우고 자기의 실력으로 1388년(우왕 14년)에 마침내 수문하시중(守門下侍中, 종1품 宰臣관직)에 까지 진급하였다. 이 해에 최영의 주장에 따라 '요동'을 수복하고자 최영을 팔도도통사(八道都統使), 조민수(曺敏修)를 좌군도통사(左軍都統使), 이성계를 우군도통사(右軍都統使)로 임명하여 5만의 군대로 '요동정벌'에 나서게 되었다.

그러나 이성계는 조민수와 함께 위화도에서 '회군'하여 '군사정변'을 일으켜 고려조정의 정권을 장악하였다. 이번에는 이성계가 고려 왕조를 반역한 것이다. 이성계가 그 후 우여곡절을 겪어가며 1392년 고려왕조를 폐지하고 새로 조선왕조를 개창하여 '태조'에 오른 과정은 모든 국민이 잘 알고 있으므로 생략하기로 한다.

이 과정에서 조휘의 후손 가운데 4대 총관 조소생과 그의 자손들은 끝까지 고려에 반역하여 몽골에 충성하다가 여진족 속으로 들어갔다. 그러나 조휘의 손자이며 2대 총관 조양기(趙良琪)의 차남 조돈(趙暾)의 장남인 조인벽(趙仁璧)은 이성계의 친 누이와 결혼하여 이성계와 처남 매부의 형제 관계가 되었다. 조인벽과 그의 아들 조온(趙溫) 및 동생 조인옥(趙仁沃)은 이성계의 위화도 회군 이후 조선왕조 개창에 적극 협력하여, 조선왕조 초기 벌열(閥閱) 가문이 되었다. 특히 조온은 이성계 태조의 개국공신이 되었을 뿐 아니라, 이방원(李芳遠, 太宗)의 왕위 등극에도 적극 협력하여 좌명 공신(佐命功臣)까지 겸하였다.

고려 동북면의 반역자 이안사는 조선 국왕이 된 직계 후손 이성계(태조)와 이방원(태종)에 의하여, 그리고 반역자 조휘는 직계 후손 조인벽·조인옥·조온 등에 의하여 그들의 조상으로 추앙되자 고려 말-조선 초기의 백성과 문사들은 감히 이안사와 조휘의 반역행위를 거론조차 하기 어렵게 되었다.

예컨대 이성계는 조선왕조의 태조가 되자 그의 고조부 이안사(고려와 한국민족의 반역자)를 목왕(穆王), 증조부 이행리(李行里)를 익왕(翼王), 조부 이춘(李椿)을 도왕(度王), 부친 이자춘을 환왕(桓王)이라고 '왕(王)'으로 추존하였다. 세종은 다시 이안사를 목조(穆祖), 이행리를 익조(翼祖), 이춘을 도조(度祖), 이자춘을 환조(桓祖)라고 더 높이고, 이 4대조를 기리는 『용비어천가(龍飛御天歌)』를 지어 보급하였다.

이러한 조건에서 반역자 조휘·탁청 등 반역도들이 일신의 권좌를 노린 대역부도의 반란을 정당화하기 위하여 병마사 신집평의 당연한 '부족 군량 주민분급' 거부의 당연한 결정을 '악정'으로 만들어 누명 씌운 것을 그

후 벗겨내고 그의 애국적 전사순국의 진실을 밝혀줄 용기있는 문사는 없었다.

이 경우에는 당시의 사회적 조건에서 신집평의 후손이 나서야 했을 것이다. 그러나 외아들 신성(愼成)은 검교(檢校)의 직책에 있다가, 신집평 전사순국 후, 고려 국왕이 출륙하여 몽골에 화의하고 몽골 감독관의 간섭을 받으며 친원(몽골)파가 고려 조정을 집권하면서 오히려 항몽 대장군의 아들이라고 핍박받는 처지가 되어버렸다. 신성은, 몽골군과 친원파가 추적 핍박하기 어려운, 개경에서 매우 멀리 떨어진 지리산 자락의 경상도 거창(居昌)으로 내려가서 이곳을 관향으로 정하고 숨어 살았다. 그 위에 신성의 후손은 그 후 5대까지(거창 신씨 시조 愼修로부터는 13대까지) 단선(單線)으로 외아들만 두어 대를 이었다. 그러므로 고려 말까지 거창에서 숨어 살고있는 한 집의 신씨로서는 고려 대장군 신집평에 대한 개경에서의 반역자 후손들의 왜곡을 시정할 능력이 전혀 없었다.[58]

한국민족의 전통시대에는 왕조가 교체되면 새 왕조가 바로 전왕조의 역사를 정리하여 정사(正史)로 사용토록 하는 전통과 관행이 있었다. 조선왕조 태조 이성계는 1392년 7월 즉위하자 판삼사사(判三司事) 정도전(鄭道傳)과 정당문학(政堂文學) 정총(鄭摠) 등에게 『고려사』 편찬을 명하였다. 고려조정에는 사관들이 수집하고 보관한 통칭 『고려실록(高麗實錄)』이라

---

58) 이성계가 조선왕조를 개창한 무렵에 신집평의 6대손(거창신씨 시조 신수의 13대손) 신이충(愼以衷)이 아들 3형제를 두어서 신집평의 후손들은 비로소 가구 수가 증가하기 시작하였다. 태종과 세종조에는 세 아들 가운데 둘째 아들은 거창의 관향에 남고, 장남 신기(愼幾)와 삼남 신전(愼詮)은 문과 과거에 합격해서 중앙 관계에 진출하였다. 세종이 역사에 밝아서 신집평의 후손 몇 집을 가까이 불렀고, 성종 때에는 영의정까지 배출했으나, 딸을 연산군과 인조에 시집보내어 왕비를 둘 배출했다가 혹독한 정쟁에 말려들어 그 때까지 1백 집도 안 된 신씨는 또 중앙관료에서 제외되었다. 신집평 후손으로서 그의 누명을 벗길 수 있는 후손은 임진왜란 이전에는 실재하지 않았다.

고 불러온 그때 그때의 방대한 보고서와 문서들의 편년체 자료가 있었다. 이것을 사실대로 편집 정리해 간행했더라면 『조선왕조실록』과 같이 수백 권의 방대한 국왕별 『고려왕조실록』이 편찬될 수 있었을 터인데, 정도전은 중국 사마천(司馬遷)의 『사기(史記)』를 모방하여 3년동안 기전체(紀傳體)로 편성해서 1395년(태조 4년) 37권으로 된 『고려국사(高麗國史)』를 편찬하였다. 편년체보다 기전체는 사료를 유교 이데올로기에 기준하여 첨삭(添削)하기가 쉬웠기 때문에, 편년체를 먼저 편찬하지 않고 기전체 고려사를 편찬한 것으로 해석된다. 정도전 등의 『고려국사』는 목판 또는 활자로 인쇄되지 않고 궁궐 등에서만 보관 사용되었다. 이 때 이성계의 조상이며 반역자 이안사와 동북면의 반역자 가문 조휘의 후손으로서 후에 이성계에 충성하여 개국 공신 등이 된 세력들이 그들 가문의 정당화·합리화를 도모해 고려 동북면을 지키기 위해 순국한 동북면 병마사 신집평, 등주부사 박인기, 화주부사 김선보 등과 경별초의 과감한 항전 순국의 상세한 기록들을 모두 제외시켰을 것은 충분히 미루어 알 수 있는 것이다. 근대 이전의 기전체의 이데올로기적 편제는 집권세력의 업적과 영광을 과장하고 그들의 적대세력을 폄하하는 특성을 모두 갖고 있었기 때문이다.

태종은 정도전 등의 『고려국사』가 공민왕 이후 사실에 부실한데가 많다고 영춘추관사(領春秋館事) 하륜(河崙)·변계량(卞季良) 등에게 『고려국사』의 개수를 명하였다. 태종은 왕실과 그의 개국공신 등의 가문을 더 정당화하고 현창하고 싶은 욕구가 강했던 것으로 해석된다. 그러나 이 개찬 사업은 종료되기 전에 태종이 별세하여 중단되었다.

『고려사』 원고가 완성된 것은, 온갖 우여곡절을 거치면서 그 후 세종을 거쳐 문종 때인 1451년에 와서야 이루어진 것이었다.59) 그 인쇄는 다음해

---

59) 세종은 태종을 이어 즉위(1418)하자 1418년 12월 25일 정도전이 편찬한 『고려국사』는 첨삭이 심하여 본초(本草, 『고려실록』 사료)와 같지 않은 곳이 매우 많으니 개

1452년(단종 즉위년) 12월에 간행되었다. 그리고 이 기전체『고려사』를 대본으로 하여 이듬해 1453년(단종 원년) 4월에 편년체『고려사절요』35권이 갑인자 활자로 간행되었다.

현재 사용되고 있는 『고려사』(기전체, 1451)와 『고려사절요』(편년체, 1453)가 세종이 서거한 후 3~4년 후에야 간행되었으므로, 그 사이에 권문세가들이 얼마나 압력을 가하여 본래의 원고를 또 고쳤는지 알 수 없다.

1972년에 아세아문화사판『고려사』(1451년 본) 영인본의「고려사 해제」를 쓴 우촌(牛村)도 "『고려사』는 고려시대 연구에 있어서 유일한 근본 사료이기는 하나 사료 취급에 있어서 공정성과 객관성을 상실한 것이 그 결

찬하도록 유관(柳觀)·변계량(卞季良) 등에게 명하였다. 이에 유관·변계량 등이 3년에 걸쳐 편찬한 새『고려사』를 편찬하자, 1421년 정월 세종은 새『고려사』를 아직도 정도전의 필법이 남아 있다고 불만족하였다. 세종은 이듬해 1422년 유관과 윤회(尹淮)에게 명하여 정도전이 고친 것을 구문(舊文) 즉『고려실록』의 사료에 의거해서 '이실직서(以實直書)'하여 수교(讎校)해서 정정(訂正)케 하였다. 이것은 세종이 사실대로 역사를 서술하도록 지침을 준 것이었다. 이에 1422년(세종 4년) 8월에 윤회·유관 등이 개찬한 『수교 고려사(讎校 高麗史)』가 편찬되었다. 이 때 정도전이 삭제한 사실들이 일부 첨가되었으나, 당시 개국공신 가문들과 벌열들의 위세로 보아서 그들 가문의 집권 정당화와 과장 왜곡이 얼마나 삭제되었는지는 신뢰할 수 없다. 이 책은 간행되지 않았다.

세종은『고려사』가 아직도 사실과 많이 일치하지 않으므로, 1438년 승지 허허(許詡)의 제의에 따라 1438년 감춘추관사(監春秋館事) 신개(申槩), 지관사(知館事) 권제(權踶), 낭청 남수문(南秀文) 등에게 새로운 기전체『고려사』 편찬을 명하였다. 신개·권제·남수문 등은 1442년(세종 24) 8월 기전체에 의한 새로운『고려사』를 편찬하여 세종에게 바치었다. 세종은 비교적 수긍했는지 1448년(세종 30년) 일단 활자로 간행하였다. 그러나 이번에는 공신과 벌열 가문 출신 대신과 신하들이 벌떼같이 일어나 '공정성'을 잃었다고 항의하였다. 세종도 여기에는 밀려서 사신(史臣)들에게 가벼운 벌을 주어 무마하였다. 세종은 1449(세종 31년) 정월에 우찬성 김종서(金宗瑞), 이조판서 정인지(鄭麟趾), 집현전 부제학 정창손(鄭昌孫) 등에게 명하여 기전체『고려사』의 개수를 명하였다. 그러나 완성을 보지 못하고 세종은 서거하였다. 김종서·정인지·정창손의 개수된 고려사 원고는 문종(文宗) 원년인 1451년에 완성되었다.

함이라고 한다'[60]고 평하였다.

현재 전하는『고려사』『고려사절요』의 성격이 이러하므로, 13세기 몽골의 고려 침략기에 고려의 국가주권 수호를 위해 진력하여 목숨을 바쳐 순국한 고려 대장군 신집평의 공헌은 권력을 장악한 동북면 고려 반역세력의 합리화를 위해 삭제되거나 왜곡될 위험이 매우 높았었다. 세종대왕 등의 시정 노력이 있었음에도 오히려 고려와 한국민족을 반역하여 권력을 장악한 권문세가의 자기 가문 정당화를 위해서, 애국적 고려 대장군 신집평에 대한 모략 중상과 왜곡이 일부 문헌 기록에 들어가게 된 것이다.

나라와 조정의 형편이 이러하고 사회는 양반지배층이 자기 가문의 번영만을 위해 노력하는 풍조였으므로 당시 옛 반역자 측 후예들 세력이 신집평에 씌운 왜곡과 누명을 벗기고 그를 사실대로 현창할 수가 없었다.

이 경우에는 신집평의 후손이 이를 수행해야 했을 터인데, 신집평의 후손들은 아직 그러한 실력이 없었다. 신집평의 후손 가운데 영조 때 신이진(慎爾晉)이 문과에 등제한 후, 관직으로 북청부사(北靑府使)로 가게 되었을 때 신집평의 유적을 찾으려고 진력하였다. 아마 이 목적으로 북청부사직을 자원했던 것으로 추정된다. 완문(完文)에는 "고려 신호위 대장군 겸 동북면 도병마사 신공이 전조 고종시대에 몽고와 덕원에서 싸우다가 불행히 싸움에 패하고 의(義)를 지켜 버티며 굽히지 않다가 휘하의 막료에게 시해를 입고, 목은 몽고 장수에게 보내졌는데 몽장(蒙將)이 그 충의를 가상히 여겨 본부(本府)의 중산사(中山社)에 장례하였다."[61]고 기록되어 있다.

신이진은 북청부사 재직 중에 신집평의 유적을 여러 번 찾아나서서, 결국 동북면 병마사 신집평 등이 몽골 기습군에 항복하지 않고 끝까지 항전

---

60) 牛村, 「高麗史解題」,『高麗史』상권, 아세아문화사 영인본. 1972. p.13 및 pp.1~17. 참조.

61) 「將軍公鏵執平辨誣事實」및 「(德元府)完文」,『居昌愼氏世譜』(2009), 권8, pp.1233~1238

하다가 전사하자 조휘·탁청 등이 그의 목을 베어 몽골 장군에게 보냈고, 몽골 장군이 신집평의 자기나라 고려에 대한 충의(忠義)를 존경하여 덕원부 중산사(中山社)에 무덤을 만들어 주도록 했다는 사실을 알게 되었다. 신이진은 1732년 윤 5월 이 지역 주민들이 장군묘라고 칭하는 무덤을 찾아내고 대대로 이곳에 거주한 배거사(裵居士)의 보고와 고로(故老)들의 전해온 증언들에 증빙하여 신집평 대장군의 무덤임을 확인한 후, "신집평 대장군의 묘"를 개축하였다. 신이진 부사는 주팔만(朱八萬)을 대장군 묘를 지키고 관리하는 수호감고(守護勘考)로 임명하여 완문(完文)을 만들어주고 돌아왔다.62)

신집평 대장군의 무덤은 찾아내었으나, 거창 신씨의 신집평 후손은 아직 조휘 등이 씌운 누명을 벗기고 대장군의 역사를 바로잡을 실력은 없었다.

뿐만 아니라 대한제국이 1910년 멸망하여 일제 강점과 조선총독부의 통치 하에 들어가서 독립국가 대한제국이 없어지자 조휘의 후손들은 1928년 함경남도 영흥의 고려시대 쌍성총관부가 있던 자리에 반역자 조휘를 기리는 쌍성각(雙城閣)이라는 큰 제각(祭閣) 건조물과 '쌍성각유적비(雙城閣遺蹟碑)'를 세웠다. 이 때 후손들이 쓴 「총관공 조휘전(摠管公 趙暉傳)」, 윤병헌(尹秉憲)이 찬(撰)한 「쌍성각 유적비명(雙城閣 遺蹟碑銘)」, 현판문(懸板門), 정만조(鄭萬朝)가 찬한 「쌍성각기(雙城閣記)」, 곽찬(郭璨)이 찬한 「기(記)」, 조일원(趙一元)이 찬한 「서병송(序幷頌)」과 조정윤(趙鼎允)이 쓴 「창건설(刱建說)」 등이 다시 역사를 크게 왜곡하였다.63)

그 왜곡의 내용은 "여진과 몽골이 서로 번갈아 (쌍성을) 삼킴에 북도의 백성이 그 목숨을 건지지 못하였는데, 신집평이 좁은 섬에 백성을 모으고 조정에 군량을 청하여 자기의 주머니에 넣은지라, 집평을 죽여 그 백성으

---

62) 「(德元府)完文」,『居昌慎氏世譜』, 권8, pp.1234~1238
63) 「將軍公鐸執平辨誣事實」,『居昌慎氏世譜』 권8, p.1239

로 하여금 元나라에 귀의(歸依)하도록 하였다"고 한 것이다. 또 조휘의 반역을 "(어떤) 사람을 죽여 (여러) 사람을 편안하게 함은 공자(孔子)가 소정묘(少正卯)를 처형함과 같다"고 정당화 한 것이다. 또 "천하가 모두 원(元)나라가 됨에 고려(高麗)가 어디 있으리오"라고 고려에 대한 반역과 몽골에의 부역을 정당화 하였다. 조휘의 후손 종중은 조상 조휘의 반역을 정당화하기 위해 신집평 병마사가 조정에 군량을 청해서 자기 주머니에 넣었으므로(반란을 일으켜) 신집평을 죽인 것이라고 중상모략하고, 이것을 공자가 탐관 소정묘를 처형한데 비겨서 합리화 하였다. 또 온세계가 원(元)나라가 되는데 고려(高麗)가 어디있겠느냐고 반역을 정당화하였다.

　이 사실을 알게 된 신집평의 후손 거창신씨들은 「장군공 위집평 변무사실(將軍公 鍏執平 辨誣事實)」과 「선조장군공구무변(先祖將軍公搆誣辨)」을 한문으로 작성하여 항의하였다.[64]

---

64) 「先祖將軍公搆誣辨」『居昌愼氏世譜』권8, pp.1240~1244 의 내용 일부는 다음과 같다.
　「(전략) 고종 45년 무오에 몽고병이 침략하여 몰려오니 高·和·定·長·宜·文 등 15주의 사람이 猪島에 들어가 생명을 보전하였는데, 동북면병마사 신집평이 猪島는 城은 크고 사람은 적어 지키기가 심히 어렵다고 하여 竹島로 옮겨가니 섬은 협소하고 비축한 양식은 적은지라 신집평이 別抄軍을 分遣하여 조정에 軍糧을 청하고 다른 도에 漕運을 재촉할새 수비가 조금 풀어졌더니, 龍津人 趙暉가 定州人 卓青 및 登州 文州의 叛人과 더불어 몽고兵을 인도하여 신집평 및 등주부사 박인기, 화주부사 김선보 등을 죽이고 高城을 공격하여 화주 이북을 몽고에 붙이니, 몽고는 화주에 雙城摠管府를 설치하고 暉로서 摠管을 삼고 卓으로서 千戶를 삼았다고 하였다. 이로부터 暉가 여러 번 몽고병을 인도하여 金器成 등 다수의 관인을 공격하여 죽이고 나라의 재물을 탈취하니, 暉는 바로 몽고의 功臣이오 고려의 大逆으로 용서받지 못할 자이다.
　사실이 이러한데, 이제 그 후손에 趙鼎允이라고 하는 자 등이 감히 나라가 망하고 법이 없어진 시기(일제 강점기- 필자)를 틈타 쌍성 유지에 祭閣을 짓고 碑石을 세워 망녕되게 그 功을 칭찬하여 말하기를, 여진과 몽고가 서로 번갈아 그 땅을 삼킴에 北道의 백성이 소동하며 그 命을 견디지 못하였는데, 愼執平이 좁은 섬에 백성을 모으고 조정에 軍糧을 청하여 자기의 주머니에 넣은지라, 執平을 죽여 그

일제 강점기 나라가 망한 상태에서 이러한 항의가 역사왜곡의 시정에
영향을 끼칠 수 없었음은 미루어 알 수 있는 일이다.

여기서도 일제 강점기까지 권세가들과 반역자들에 의하여 역사의 진실
을 왜곡해서 반역자가 충신으로 되고, 진정한 애국자와 충신이 각종 모략
의 방법으로 역사에서 지워지는 사례를 잘 볼 수 있다.

백성으로 하여금 元나라에 歸依하도록 했다고 하였다. 또 말하기를 어떤 사람을
죽여 여러사람을 편안하게 함은 孔子가 少正卯를 처형함과 같다 하고, 또 말하기
를 천하가 모두 元나라로 됨에 高麗가 어디 있으리오 하였다. 아! 이러한 말투를
죽인들 어찌 족하다 하리오.

우리 선조 將軍公의 백성을 옮김은 본래 힘을 合하여 적을 막으려는 계책이오
최후에 이르러 背城의 一戰을 할 忠이었다. 그들이 말한 私橐(사탁, 자기 주머니
에 넣었다는 말)은 거짓을 기록함이니, 어떤 글에서도 나오지 않는다. 鄭樞는 "慎
郎旗倒千年恨"(신랑의 깃발이 쓰러짐은 천년의 한이다)이라고 題詩하여 슬퍼하
고 애석하게 여기었는데, 그 장수를 죽이고 敵을 받아들여 백성을 원수에게 붙이
는 反逆을 어찌 함부로 功이라 말하고 칭송한단 말인가. (중략)

만약 역사를 분변하는 도리가 있었다면 暉의 후에 名碩이 많았으니 靜菴 선생
의 도덕과 玄洲 繼韓 龍州綱의 문학으로도 親諱(조상의 잘못을 말하기 꺼려 덮
어둠)하고서 한마디도 언급하지 않았는데, 어찌 趙鼎允 趙一元의 分辨를 기다려
그리 했으리오. 정윤·일원은 그 후손이 되는지라 잠깐 접어두더라도 윤병헌(尹秉
憲) 곽찬(郭璨) 정만조(鄭萬朝) 같은 자는 어떻게 되었는지도 모르면서 따라 어울
려 망녕되게 스스로 붓을 적시어 역사를 속이는 죄를 범하였는가? 이들의 누만언
변증이 趙씨 족보에 실려 있다. 忠臣을 죽이고 국토와 백성을 쪼개어 敵國에 붙
음은 어린 아이라도 오히려 부끄러움을 알 것이다. 조목조목 분변하지 아니하고
우 같이 간략하게 서술함은 우리 할아버지를 위함이 아니요 역사를 읽는 君子의
질정에 도움을 주려고 하는 것이다.

VIII. 맺음말 : 왜곡된 역사의 시정

지금까지의 고찰에서 알 수 있는 바와 같이, 13세기 몽골의 고려 침략에 대항한 고려의 항몽전 역사에는 그 후 친원(몽골)파와 빈역세력의 집권 영향으로 진실이 가려지고 왜곡된 부분이 많다. 그러나 학문의 자유와 과학적 역사가 허여된 오늘날에는 왜곡된 역사는 반드시 '시정'되어 '진실'이 정립되어야 할 것이다.

고려시대 대장군 신집평의 활동에 대해서는, 요컨대 다음의 두 가지 왜곡이 반드시 시정되고 진실이 정립되어야 한다.

첫째, 몽골이 전 유라시아 대륙의 침략한 국가에 대해서는 완전 정복과 완전 멸망을 수행하여 몽골제국의 일부로 편입했는데, 오직 고려 국가와 왕조만은 예외적으로 국가주권과 왕실 존속을 받아들이도록 한 고려 외교의 성공의 주인공에 대한 것이다. 이것은 몽골측의 요구인 "고려 국왕의 몽골 황제에의 친조(親朝)"를 "1256년(고려 고종 43) 3월~4월" "태자입조"로 교체함으로써 강화가 합의되어 성립된 것이었다. 이 고려 외교의 성공은 고려 군대와 백성들의 치열하고 애국적인 완강한 항몽투쟁을 배경으로 하여 당시 대장군 신집평이 성취한 업적이었음이 『고려사』 『고려사절요』 『동국통감』 등의 문헌기록에도 명백하게 기록되어 있다.

이에 대한 오늘날의 왜곡은 적어도 두 가지이다. 하나는 세계사에서 몽골군 침략권역이 모두 몽골제국으로 된 상태에서 기이하게도 유일하게 고려왕국만이 주권과 왕조를 보존하게 된 한국민족사에서는 매우 중요한 외교적 성공의 주인공과 사실을 밝히지 않고 몽골(元)황제 측의 자비로운 결정으로 넘기어 호도해버리는 것이다. 이것은 중대한 역사왜곡의 하나이다.

다른 하나는 이 고려 외교의 대성공의 주인공 신집평(愼執平)을 지우고, 슬그머니 김수강(金守剛)으로 바꾸어 버리려는 시도이다. 이것은 더욱 더 중대한 역사왜곡이다.

김수강은 몽골에 1255년(고려 고종 42년)과 1257년(고종 44년) 두 차례 사신으로 다녀왔는데,『고려사』「세가」에 의하면, 제 1차 1255년 사신행은 '진헌사'로서 고려의 토산물을 바치러 다녀왔을 뿐 몽골군 철수를 요청한 일이 없었다. 제2차 사신행은 고려 대장군 신집평과 몽골 정동장군 차라대 사이에 '고려국왕 친조' 대신 '태자입조'로 바꾸기로 합의하고 화약하여 몽골군이 1256년 8월 철수한 1년 후의 일이었다. 즉 그것은 고려 조정이 '태자입조'를 실행하지 않고 '다른 왕자 입조'를 실행하자 차라대가 지난 해의 강화 조건대로 '태자입조'를 실행하라고 요구하며 다시 침입했을 때 인 1257년에 다시 김수강을 보낸 때이다.『고려사』「세가」에 의하면, 이 때(1257년) 김수강은 몽골 황제에게 '태자입조'를 (신집평과 차라대의 강화 합의 조건대로) 약속했던 대로 실행하고 있으니 몽골군을 철수하도록 간 청하여 승낙을 받은 것으로 기록되어 있다. 그러나 이것은 전년(1256년) 3월~ 4월에 고려 측 신집평과 몽골 측 차라대 사이의 화약 조건인 (고려국왕 친 조 대신) '태자입조'를 실행하지 않고 다른 왕자를 보냈다가 차라대의 재 침을 받고 이듬해(1257년) 5월 김수강을 몽골에 보내어 '태자입조'를 실행 하고 있으니 몽골군을 철수하도록 간청한 것에 불과한 것이다.

일부 논자들이 신집평의 1256년 3월~4월의 차라대의 외교 성공을 지우 고 이를 김수강의 1255년 사행과 1257년 사행의 성과로 설명하는 것은 완 전히 역사를 왜곡한 것이다.

그 증거는 일자별로 사건 추이를 추적해 보아도 거듭 확인된다.

김수강이 1255년 6월 고려 진헌사로 몽골 황제를 알현하여 선물을 바쳤 을 때에는 몽골군 철수 허락은커녕 다음 달인 1255년 7월 22일 몽골 황제

의 명령으로 차라대가 인솔하는 몽골군이 침략하여 개경을 점령하고 전라
도 나주와 광주까지 점령한 후 강화도 점령 작전이 준비 중에 있었다. 이
것을 신집평이 차라대의 병영에 급파되어 '국왕 친조' 대신 '태자입조'로
조건을 바꾸어 고려 국가 주권과 왕실 보존을 담보받은 외교 성공 후에 차
라대의 몽골군 철수가 1256년 8월 실행 종료된 것이었다.

　몽골황제가 '고려국왕의 친조(親朝) 대신 태자의 입조'를 허가하는 고려
국왕에게의 문건을 몽골 사신 서지(徐趾)에게 주어 전년에 몽골에 온 고려
사신 김수강의 귀국 편에 동행시킨 것은 '신집평-차라대' 화약(1256년 3~4
월)으로부터 5개월 후인 '1256년 9월'이다. 이 몽골황제가 자기의 사신 서
지에게 주어 고려국왕에게 보낸 문건을 마치 김수강의 것으로 설명하는
것은 큰 역사왜곡이다. 이미 5개월 전인 4월에 결정된 것을 감추고, 8월에
몽골군이 철수 완료된 사실도 외면하면서, 9월에 몽골 사신 서지에게 주어
보낸 문건을 마치 고려 사신 김수강이 받아온 몽골군 철수 명령 문건처럼
설명하는 것은 사실과 전혀 다른 중대한 역사왜곡인 것이다. 김수강은 이
때 몽골 황제의 문건을 가져온 일도 없었고, 몽골군 철수의 외교 교섭을
한 일도 없었다.

　고려 태자가 몽골 황제에게 입조하는 것을 거부하고 국왕도 태자를 지
지하여 몽골 차라대와의 화약 조건을 지키지 못하게 되자, 차라대는 이듬
해 1257년 5월 약속한 '태자입조'의 실행을 요구하면서 다시 고려에 침입
하였다. 고려 조정은 긴급하게 전년의 사신 경험이 있는 김수강을 북경의
몽골 황제에게 사신으로 파견하여 '태자입조'의 실행을 다시 설명하고 몽
골군 철수를 간청하여 몽골황제의 허락을 받고 1257년 9월에 귀국하였다.
김수강의 이 때의 외교 교섭은 '고려 국왕의 친조'를 '태자 입조'로 교체한
것이 아니라(이것은 전년에 대장군 신집평이 성취한 것이었고), 전년에 약
속한 '태자 입조'를 실행하고 있으니 몽골군을 철수해 달라는 교섭이었다.
몽골의 차라대는 이에 1257년 9월 7일 다시 군사를 철수하였다.

그러나 이것은 대장군 신집평의 차라대와의 '국왕 친조' 대신 '태자 입조'의 합의에 의한 몽골군 철수 외교의 매우 큰 역사적 성공(1256년 4월)의 1년 5개월 후의 일이다. 뿐만 아니라 내용도 '고려국왕 친조'를 '태자 입조'로 바꾸어 몽골군을 철수시킨 것이 아니라, "전년의 태자 입조 약속을 지키고 있으니 몽골군을 철수해 달라"는 간청 외교였으니 외교적 성공이 되는 것도 아니었다. 김수강의 1년 5개월 후(1257년 9월)의 사신행 결과를 갖고 신집평의 '1256년 3~4월' 외교의 대성공을 역으로 교체하려 하는 것은 극심한 역사왜곡인 것이다. 이 점은 반드시 밝혀서 반드시 '진실'대로 시정되어야 할 것이다.

다음은 동북면에서의 신집평 병마사의 전사 순국 부분이다. 차라대가 합의한 '태자 입조'의 실행을 요구하며 1258년 6월 서북면과 동북면의 양면으로 다시(제6차의 제3회) 침입했을 때, 서북면의 고려군은 붕괴되어 몽골군이 8월 13일 개경을 점령하고, '강도 침입'을 위협하면서, 10월에는 충청도 충주까지 내려가 있었다. 동북면에서는 산길(散吉)의 지휘 아래 약 1만명의 군사 중에서 약 3천명의 기병대가 천리장성을 넘어 침입하였다. 이에 대항한 동북면 병마사 신집평의 고려군은 강화도(江都)에서 인솔한 경별초 1진(약 500명 이하)과 현지 15주(州) 지방 고을 수령들이 거느린 소수의 병력을 합친 것이었다. 군사력에서는 압도적으로 몽골군(여진족의 동진군 포함)이 우세하고 고려군은 열세였다. 뿐만 아니라 그의 전선지역 동계(東界)는 고려인 유이민과 여진인들이 혼거하는 지역으로, 고려 장수로서는 참으로 '험지'였다.

동북면 병마사 신집평은 고려군의 전략대로 백성들의 일부는 각 고을 고지의 산성(山城)에 올려보내어 일부 지방군이 지키며 싸우게 하고, 백성의 일부는 각 고을 해안 섬들에 입도시켜 선착장 부근에 성들을 쌓고 몽골군의 침입에 대항해 싸우게 하였다. 신집평의 사령부가 있는 본영은 저도(猪島)에 설치했다가, 몽골군이 동진군을 앞세워 병선으로 침입한 것을 격

퇴하였다. 신집평과 그의 참모들(고을 副使)은 저도가 상대적으로 커서 둘레에 선착할 수 있는 곳이 많고 병력은 부족하여 방어에 불리하므로 1258년 12월 방어에 더 유리한 죽도(竹島)로 본영을 이동하기로 결정하였다.

서북면에서 고려군이 패하여 몽골군 차라대가 이미 1258년 8월에 개경을 다시 점령하고 강화도 침입을 위협하고 있었으므로 고려의 '항복'이 예견되었는데, 동북면의 신집평은 '죽도 입도'하여 결사항전의 장기전을 준비하는 것을 보고, 아전 조휘·탁청 등이 평소에 반역하여 몽골에 투항해서 홍복원 등과 같이 부귀영화를 누려보려는 반역의 마음을 갖고 있다가 몽골군의 여진인 포지원(布只貟) 등과 밀통하여, 포지원을 통해서 산길의 지시를 받으며, 반란의 기회를 노리고 있었다.

1258년은 흉년이 들어서 신집평의 고려군에는 군량이 부족하고 주민도 식량이 부족하였다. 12월은 추수 직후여서 주민은 부족 식량의 보충 방법이 다양했으나, 고려군의 부족 군량의 보급은 중앙 정부의 행정승인과 다른 지역으로부터의 보급이 필요하였다. 1258년 12월 신집평이 부족 군량의 보급을 강화도 고려 조정에 요청하고, 동시에 부족 군량 조달 운송을 위해 경초군의 일부를 다른 도(남쪽 도)에 보내어 죽도의 방어력이 약간 약화되자, 이 때를 포착하여 조휘·탁청 등이 반란의 구실을 만들고 지방민을 고려군대와 이간시키려고 부족한 군량을 민간에게도 분급해 달라고 요구하였다. 전쟁 중에 군량이 부족하여 병사들도 굶주려서 큰 문제인데, 아전들이 지방 부호나 다른 방법으로 민간의 부족 식량을 조달해야지 전쟁 중에 이미 부족한 군량의 주민 분급을 요청한 것은 처음부터 부적절한 것이었고 거부당할 것을 알면서 반란의 구실을 만들기 위해 꾸민 것이었다.

신집평의 경별초 일부가 부족 군량을 운송하려고 남쪽 다른 도로 떠나서 방어력이 약간 약화되자, 조휘·탁청 등 반역자들은 몽골·여진군과 내통하여 반란을 일으켜서 몽골군(및 동진군)을 몰래 죽도섬 선착장의 성을 넘어 끌어들여서 기습하였다. 신집평의 고려군은 몽골·동진군 및 반역도에 맞서 혈전을 전개하다가 중과부적으로 신집평 병마사, 박인기·김선보 부사 등과 다수의 경초군이 장렬하게 전사하고, 일부 경초군이 포로가 되었다. 조휘·탁청 등과 몽골군은 포로들과 주민들 가운데 반란군에 합세하지 않은 사람들은 모두 죽이고 재물을 약탈하였다.

중과부적의 상태에서 신집평 병마사 및 박인기·김보선 부사와 경초군이 항복하지 않고 죽음 앞에서도 최후까지 싸우다가 전사한 것은 고려 국가를 위한 고귀한 애국적 순국인 것이다.

이 진실을 외면하고, 신집평 병마사가 군량과 식품을 기름지게 저장해 놓고서도 굶주린 백성들에게 식량을 분급해주지 않았다고 해설하거나, 신집평이 인자하지 않았다고 폄하하거나, 누가 신집평 같은 어린애를 대장군 병마사로 보냈는가 등의 비판을 하고, 심지어 조휘·탁청의 반란의 원인을 병마사 신집평이 군량을 쌓아두고서도 굶주린 주민에게 배급해주지 않은 데 있었다고 설명하는 것은 완전한 역사왜곡인 것이다.

조휘·탁청의 반란을 마치 평화시 삼남지역 농민의 '민란'처럼 '민란'의 일종으로 설명하는 것도 모두 역사를 완전히 왜곡한 것이다.

조휘·탁청 등 지방 아전의 일부는 서북면에서 의주의 홍복원 등 반역자들이 고려를 배반해서 몽골군에 투항하여 고관대작을 받고 부귀영화를 누리는 것을 보고 이를 본받아 자기들도 멸망해가는 고려에 반역해서 몽골군에 스스로 먼저 투항하여 고관대작과 부귀영화를 얻으려고 흉년 이전에 이미 반심을 품고 적군 포지원 등과 밀통하고 있다가 1258년 흉년이 들자 당연히 거부당할 것을 알고도 부족한 군량의 민간분급의 억지 요청의 거부를 구실로 내세워 지방 백성을 고려군과 이간질하고, 부족군량을 구하러 경초군 일부가 남도로 파견되자, 적군과 내통하면서 적군을 끌어들여 반역한 것이다. 만일 신집평 등이 부족한 군량을 주민들의 부족식량으로 분급해 주었다고 가정하면, 고려군은 굶주려 아예 싸우지도 못하고, 반란군과 몽골군은 배불리 먹여 고려군은 더욱 비참하게 패했을 것이다.

조휘·탁청의 반란은 신집평 등의 '부족군량 민간분급의 거부'와는 관련이 없다. 조휘 등은 반란의 변명과 정당성을 꾸미기 위하여 신집평에게 마치 군량을 충분히 쌓아놓고서도 굶주린 백성을 구제하지 않은 것처럼 '누명'을 씌운 것이다. 그리고 누명을 씌운 세력이 그 후 집권세력이 되어 그 누명을 누구도 벗겨주지 못한 것 뿐이다. 오늘날의 역사연구는 이 반역세력이 만든 '누명'과 역사왜곡을 반드시 시정하여 진실을 정립하여야 할 것이다.

1258년 12월 고려의 동북면 항몽 전선에서, 이미 8월에 서북면 고려군이 붕괴되고 개경이 점령당해 고려 국왕의 '항복'이 내다보일 때, 중앙 조정의 어떠한 지원도 받지 못한 채, 반역도들과 여진족들이 발호하는 험지 속에서, 동북면 병마사 신집평, 등주부사 박인기, 화주부사 김선보 등과 경초군들이 항복을 거부하고 최후까지 장렬하게 혈전을 전개하다가 전사한 것은 고려 국가를 위한 의롭고 고귀한 애국적 순국이며, 반드시 새롭게 연구해서 밝혀 역사왜곡을 시정해야 할 민족역사의 광채로운 부분이다.

제2부

하빈(河濱) 신후담(慎後聃)
『서학변(西學辨)』의 문명론적 연구

I. 머리말: 문제의 한정

17·18세기 조선왕조에 서학(천주교)이 중국을 통해서 들어오기 시작할 무렵에, 하빈(河濱) 신후담(愼後聃, 1702~1761) 선생은 조선에서 처음으로 서학을 비판하는 『서학변』(西學辨, 1724)을 저술한 대학자로 알려져 있다.

하빈의 『서학변』에 대한 개척적 연구 후에 『河濱先生全集』(전 9卷, 아세아문화사, 2006)도 간행되어 이에 대한 연구도 축적되어 가고 있다.[1] 또한 『서학변』의 우수한 국문번역판도 나왔다.[2]

---

1) ① 洪以燮, 「實學의 理念的 一貌 - 河濱 愼後聃의 『西學辨』의 소개-」, 『人文科學』(연세대 문과대) 제1집, 1957
② 李元淳, 「職方外紀와 愼後聃의 서학교육론」, 『역사교육』 제11·12합집, 1969
③ 崔東熙, 「愼後聃의 『西學辨』에 관한 연구」, 『아세아연구』 제15권 제2호, 1972
④ 崔東熙, 『愼後聃·安鼎福의 西學批判 연구』, 고려대학교 박사논문, 1976
⑤ 崔東熙, 「河濱 愼後聃의 西學批判에 나타난 上帝와 天主」, 『아카데미論叢』 제14권 제1호, 1986
⑥ 徐鍾泰, 「李瀷과 愼後聃의 西學論爭 -『遯窩西學辨』의 '紀聞編'을 중심으로-」, 『교회사연구』 제16집, 2001
⑦ 姜秉樹, 『河濱 愼後聃의 학문과 사상연구』, 동국대학교 박사논문, 2001
⑧ 이동희, 「서학 수용의 두 가지 반응, 신후담과 정약용」, 『정신문화연구』 제36권 제1호, 2013
⑨ 이부현, 「조선 최초의 서학 비판서인 신후담의 『遯窩西學辨』 연구」, 『大同哲學』 제70집, 2015
⑩ 손은석, 「조선 성리학 안에서 인간 아니마(anima humana)의 자립적(per se substiens) 의미 충돌 - 신후담의 『서학변』에서 魂과 心을 중심으로-」, 『철학논집』 제44집, 2016 참조.

이 논문에서는 종래의 연구성과를 흡수 참조하면서, 문제를 한정하여 필자의 관심영역인 사회과학의 방법에 따라 문명론적(文明論的), 거시사회사의 문명사적(文明史的) 관점에서 하빈의 『돈와서학변(遯窩西學辨)』만을 고찰하려고 한다. 즉 이 주제를 거시적으로 16세기~18세기초 '서양문명'이 '예수회' 선교사들을 전위부대로 앞세워 '동양문명'의 세계에 들어와서 문화적 충격과 도전을 가했을 때의 '동양문명'의 반응과 응전의 양식 측면에서 고찰하려고 한다.

또한 종래의 연구들이 하빈의 『서학변』을 조선의 위정척사(衛正斥邪)사상 또는 위정척사론의 시조로 보아온 것이 정확한 입론이었는가의 여부도 검토할 것이다.

이 과정을 통해서 이 논문은 하빈의 『서학변』과 하빈 신후담의 사상의 문명사에서의 위상 탐구를 시론하려고 한다.

---

2) 신후담 지음, 김선희 옮김(실시학사 실학번역총서 04), 『하빈 신후담의 돈와서학변』, 성균관대학교 출판부·사람의 무늬, 2014. 필자는 이 논문 집필을 위해 『河濱先生全集』제7권의 『遯窩西學辨』과 김석희 박사의 번역본을 모두 대조하며 읽었는데, 번역이 매우 성실하고 정확하여, 이 글의 번역에서는 김선희 박사의 번역본에 의존하였다. 번역에 약간 필자와 이견이 있는 극소 부분만 필자의 논문이므로 필자의 생각을 취하여 사용하였다.

II. 17·18세기 동양문명과 서양문명의
종교·세계관·이념의 만남

1. 17세기 '예수회' 선교사의 동양문명 만남과
'적응주의(adaptationism)' 방식 선교

　동양문명의 세계에 서양문명이 본격적으로 들어오기 시작한 16세기에, 서양문명에 가장 큰 변화를 가져온 것은 기독교의 '종교개혁(The Reformation)'이었다. 서양의 문화와 정치까지 지배하던 가톨릭 교황청과 교회가 극도로 부패하여 교황청이 성베드로 성당의 공사비 충당을 명분으로 '면죄부' 판매에까지 이르자, 독일의 성직자 마르틴 루터(Martin Luther, 1483~1546)가 1517년 비텐베르크 대학 교회 문앞에 '95개조 반박문'을 써 붙여 교황청의 면죄부 판매 등 각종 부패상을 고발한 것을 시작으로 '종교개혁'이 전개되어 나갔다.[3]

　가톨릭교회와 교황청에서는 대책을 제대로 수립하지 못하고 있는 중에, 포르투갈·스페인·이태리 등에서 청년수도사들이 자발적으로 안으로는 가톨릭교회를 개혁하고 밖으로는 루터 등의 종교개혁의 파급을 막으려는 운

---

3) 교황청은 루터 탄압을 시도했으나, 각국 군왕들은 냉담하였고, 신도 민중들은 오히려 루터를 지지하였다. 루터는 1520년 「그리스도교 국가의 개신에 관해 독일 귀족들에게 보내는 글」, 「교회의 바빌론 유폐(幽閉)」, 「그리스도교 신도의 자유」 등 세 가지 문건을 독일어로 발표하여 종교개혁을 본격적으로 추진하였다. 이에 독일·덴마크·네덜란드·스칸디나비아 각국 등 북유럽 지역에서 큰 호응이 일어나서 '종교개혁'이 전유럽의 대세의 하나가 되었다.

동이 일기 시작하였다. 이 가운데 스페인에서 6명의 청년 수도사들이 동맹하여 통칭 '제수이트(Jesuit)'라고 부르는 '예수회(Societas Jesu, The Society of Jesus)'라는 전투적 청년선교단을 조직하여 유럽 안에서 '종교개혁'에 대항하기 시작하였다.4)

'예수회'는 에스파냐(스페인) 육군장교 이냐시오 데 로욜라(Ignatius de Loyola, 1491~1556)가 동지 6명과 함께 1534년 8월 15일 조직한 남자 '수도회'이다.5) 예수회의 창설목적은 기독교 교리상의 명분 외에 비공식적 목적으로서 종교개혁에 의한 가톨릭 교세의 쇠락을 막기 위해 내부 개혁을 히면서 프로테스탄트(기독교 신교)가 아직 선교활동을 하지 못하는 아시아·아메리카 지역으로 먼저 들어가서 가톨릭교를 선점선교하여 교세를 확대하는 것이 비공식적 목적이었다. 이에 예수회는 우수한 엘리트 수도사를 모집하여 철저한 사전 교육을 실시하였고, 교황 파울루스 3세는 이를 인정하여 교황청 직속 조직으로 두었다. 예수회의 회원 수도사 조직과 훈련이 군대식이었고 특수한 선교단이었기 때문에 '하느님의 해병대', 종교개혁에 반격하는 '기동타격대(Shock-troops of Counter-reformation)'의 별명을 일찍부터 갖게 되었다.

그러나 별명과는 달리 '예수회'의 회원 수도사는 모두 매우 우수한 두뇌의 엘리트만 엄선되었다.6) 선교 방식은 그들 스스로 현지에 적응하는 '적응주의(adaptationism)' 방식을 정립하여 실행하였다. 여기서 '적응주의' 방식이란 간단히 요약하면, 선교사가 현지토착민에 접근할 때 처음부터 "상

---

4) Joseph Rickaby, S. J. *The Jesuits*, Book Ulster, 2016, p.11에 의하면, Jesuit는 공식호칭이 아니고, 한국어로 번역하면 '예수쟁이들'처럼 '예수회(Societas Jesu)' 회원을 부르는 별명이지만, 대체로 멸시의 뜻은 없는 별칭이었다고 한다.

5) Thomas J. Campbell, S. J. *The Jesuits, 1534~1921: A History of the Society of Jesus from Its Foundation to the Present Time*, Milford Hous, Boston, pp.13~35 참조.

6) Charles River Editors, *The Jesuits: The History of the Catholic Church's Society of Jesus*, 2011, pp.6~25 참조.

위에서 가톨릭 신앙의 우월성을 설득하지 않고 먼저 현지토착민의 사고방식과 생활문화에 '적응'하여 그들 속으로 파고 들어서 '친화력'을 형성한 후에 가톨릭 신앙의 교리를 선교한다"는 방식이었다. 그러므로 '적응주의' 방식에서는 선교사는 반드시 먼저 현지토착인의 언어, 예의, 관습, 신앙을 배우고 이해할 것이 전제되었다.

그러나 서양 선교사들에게 '적응주의' 방식은 쉬운 일이 아니었다. 당시 17세기에는 유럽에 백인종 우월주의의 피부색 인종주의 편견이 만연되어 있었고, 배후세력으로서 포르투갈, 스페인, 프랑스, 영국 군주와 정치가들은 식민지 영토 획득과 확장에만 관심이 있었으며, 상인 부호들은 중상주의적 제국주의 시대여서 약탈적 상업무역 폭리에만 관심이 집중되어 있었다. 교황청은 서양 중상주의적 제국주의 침입 아래 신음하는 현지토착민의 고난이 아니라 교세확장에만 관심이 집중되어 있어서, 모든 배후 세력들이 '예수회'의 헌신적 엘리트들을 자기들의 목적 달성의 '특공대'처럼 이용하려고 했기 때문이었다.

예수회의 해외 파견 대상지역은 아직 신교가 들어가지 못한 아시아와 남아메리카·중앙아메리카 지역이었다. 아시아에서는 일본·인도·중국·베트남이 우선 대상이 되었다.

포르투갈이 1513년 인도의 고아(Goa)를 식민지로 점령하자, 포르투갈 국왕은 식민지통치에 도움을 받기 위해 '예수회'에 선교사 파견을 요청하였다. 이에 예수회는 회창립 멤버 6인의 하나인 프란시스코 사비에르(Francisco de Xavier, 沙勿略, 1506~1552)를 고아에 파견하였다. 사비에르는 1542년 인도 고아에 가톨릭 선교센터를 설립하고, 고아의 인도인들에게 열정적으로 가톨릭교를 선교하였다. 그는 고아의 포르투갈 총독의 지원을 받으며 인도의 동남부 해안에서도 선교하였다. 이것이 가톨릭의 동아시아 선교의 시작이었다.[7]

사비에르는 1549년 토레스(Comes de Torres) 신부 및 수사 1명을 대동하고 일본 가고시마(鹿兒島)를 방문하여 다이묘로부터 선교의 자유를 획득하였다. 그는 2년 간 체류하면서 일본 선교를 시작했는데, 이것이 가톨릭교의 일본 선교의 시작이다. 이를 이어 받아 알렉산드로 발리냐노(Alessandro Valignano, 范禮安, 1539~1606)가 일본에 파견되었다.[8] 이러한 관계로 임진왜란 때 조선침략의 선봉장의 하나인 고니시 유키나가(小西行長, 소서행장)은 가톨릭 신자가 되었으며, 침략군에 예수회 선교사 세스페데스(Gregorio de Cespedes, 1551~1611)를 수행시켰다.

포르투갈이 1513년 중국의 마카오에 도착하여 교역을 시작하고 1557년 마카오를 조차지로 획득할 무렵, 사비에르는 마카오를 거점으로 하여 중국 선교도 시작하려고 1552년 광동(廣東)의 앞바다 상천도(上川島)에 도착했으나, 쇄국정책의 명황제에 거절당해 입국하지 못하고 폐렴으로 별세하였다. 명나라의 철저한 쇄국정책을 뚫고 들어가서 가톨릭의 중국 선교를 본격적으로 시작한 것은 이탈리아 출신 걸출한 선교사 마테오 리치(Matteo Ricci, 1552~1610)에 의해서였다.

리치는 선교사가 되기 이전의 로마대학 시절에 철학을 전공하면서, 라틴어·그리스어·수사학·고전을 철저히 공부했을 뿐만 아니라, 수학·천문학·지도학·물리학 등 당시 자연과학을 잘 공부한 수재였다. 특히 자연과학은 당시 최첨단 과학자 갈릴레오의 친구인 클라비우스(Christopher Clavius, 1537~1612)에게 대학졸업 후에도 학습하여 르네상스 인문주의와 천문학·수학·자연과학 분야의 최신 학설까지 통달하고 있었다. 그가 만일 선교사로 선발되어 동방에 파견되지 않고 이태리에 남았더라도 이태리 최고의 대학자가 되었을 것이다.

리치는 1577년 예수회의 동방선교에 선발되어 이듬해 1578년 인도의 고

---

7) 김혜경, 『예수회의 적응주의 선교』, 서강대학교 출판부, 2012, pp.145~237 참조.
8) 김상근, 『동서문화의 교류와 예수회 선교역사』, 한들출판사, 2006, pp.71~109 참조.

아에 도착해서 예수회 학교의 인문학 교수로 강의하였다. 1580년에 중국 선교를 위해 마카오에 도착해서 3년간 준비로 중국 언어와 한문자, 중국 관습과 문화를 공부하였다. 리치는 발라냐노의 권고에 따라 중국에 들어갈 때 처음에는 불교 승려의 인상으로 중국민중으로부터 친화력을 얻기 위하여 삭발을 하고 승복을 입었다. 그러나 중국에서는 향신(鄕紳, 선비, gentry)이 존경받고 나라의 시적 중추임을 알게 되자, 바로 머리를 기르고 도포를 입고 서양출신 선비 모습으로 바꾸어 지방 도시 선비들에 접근하면서 수도 북경을 향해 나아갔다. 조경(肇慶, 1583)에서 출발하여 소주(韶州, 1589년)·남경(南京, 1595년)·남창(南昌, 1595년)을 거쳐 1598년에 마침내 북경(北京)에 입성했으나 퇴출당하였다. 리치는 실망하지 않고 태연하게 다시 노력하여 1601년 마침내 북경에 입성하는데 성공하였다. 이번에는 명(明)의 황제가 그의 수학과 기계학의 재능을 인정해 주었고, 특히 고장난 궁중 시계의 수리를 위해 황제의 궁궐출입까지 허가하였다.[9] 당시 명나라는 쇄국정책으로 외국 사절단 이외의 외국인의 수도 입성을 엄금하고 있었으므로, 명나라 황제 신종(神宗)이 지방 향신들과 관리들의 리치의 자연과학 지식을 칭찬하는 상소와 보고를 받고 교황청 사절단의 자격을 허락하여 북경에 들어가서 정착할 수 있게 된 것이다.[10]

리치는 북경에서도 철저하게 '적응주의' 선교방식을 실행하였다. 주로 중국 지식인들을 접촉하여 그들이 알고자 열망하는 수학·천문학·물리학 등 자연과학과 세계지리를 가르쳐 주고, 유학 경서들을 토론하면서 유학의 개념들 및 원리와 서학(천주교)의 원리의 공통점을 부각시켰다. 예컨대 '하느님'의 라틴어 'Deu'를 '천주(天主)'로 번역하면서 유학의 '천(天)' '상제

---

9) John Parker, *Windows into China: The Jesuit and Their Books, 1580~1730*, Public Library of the Boston, Boston, 1978, pp.10~12 참조.

10) Mary Laven, *Mission to China: Matteo Ricci and the Jesuit Encounter with East*, faver and faber, London, pp.31~160 참조.

(上帝)'와 공통개념임을 강조한 것과 같은 것이다. 그 과정에서 가톨릭 교리에 관심을 보이는 중국 선비가 나타나면 동료나 제자를 삼으면서 가톨릭교를 선교하였다. 종래에는 이를 '보유론(補儒論)'적 선교라고 일컬어 왔다.

리치는 이러한 과정에서 중국인 선비 가운데 서광계(徐光啓)·이지조(李之藻)·양정균(楊庭筠)·빙응경(馮應京)·이천경(李天經) 등 우수한 선비들을 천주교도로 개종시켰다.[11] 뿐만 아니라 리치는 중국인들에게 천주교와 서양의 자연과학, 세계지도, 서양문명을 소개하는 무려 26종의 다수의 서적을 저술하여 "책을 사랑하는 서방학자 선교사"로서 중국 지식인의 존경과 사랑을 받게 되었다. 이러한 다수의 저술과 인쇄 간행은 광대한 면적의 중국 각지와, 예컨대 조선왕국처럼 선교사들이 직접 여행하지 않은 곳에도 선교할 수 있는 이른바 '서적선교'의 방식을 정립발전시켜 그후 중국에 들어온 모든 예수회 선교사들이 중국어를 공부하고 한문 서적을 저술하게 되었다.[12]

마테오 리치가 중국에 들어와서 저술한 서적과 지도는 『천주실의』(天主實義, 1603), 『곤여만국전도』(坤輿萬國全圖, 1602)를 비롯하여 모두 약 26종에 달하였다.

리치는 또한 중국 선비들과 함께 지구의, 천체관측기, 해시계, 자명종, 세계지도, 프리즘 등 기구를 제작하여 선물하기도 하였다.

그러나 리치의 이러한 자연과학·과학기술지식의 보급은 어디까지나 그의 '수단'이었고, 그의 목적은 '천주교 선교'에 있었음은 더 말할 필요도 없다.

마테오 리치가 1610년 별세하자 명황제 신종은 그가 27년간(1583~1610)

11) George H. Dunne, *Generation of Giants: The Story of the Jesuits in China in the Last Decade of the Ming Dynasty*. University of Notre Dame Press, 1962, pp.53~127 참조.
12) John Parker, *Windows into China: The Jesuit and Their Books, 1580~1730*, pp.12~36 참조

중국에서 천문·역법·기상 연구에 끼친 공헌을 기리어 '국장'으로 예우하였다. 리치의 적응주의 선교는 그후 가톨릭이 중국에서 크게 보급될 수 있는 기반을 넓게 닦아 놓은 것이었다.

마테오 리치가 닦아 놓은 길에 따라 예수회 선교사들이 계속해 중국에 파견되어 적응주의 방식의 선교를 전개하였다. 『천주성교실록(天主聖敎實錄)』이 출간된 1584년부터 예수회원이 추방된 1759년까지 175년간 예수회 선교사들이 중국에서 편역술한 서학 서적은 총 500여 종에 달하고, 모두 60여명의 선교사들이 종사하였다.[13]

중국에서 1662년 명(明)나라가 멸망하고 만주족의 청(淸)이 중원을 지배하게 되자, 청 강희제(康熙帝, 聖宗, 1662~1721)는 천주교가 모두 예수회와 같은 것인줄 알고 종교에 대한 자유주의 정책과 관용을 실시하였다. 이에 중국에는 예수회가 닦아놓은 활동기반 위에서 '도미니코 수도회'와 '프란치스코 수도회'의 선교사들이 중국에 들어와 경쟁적으로 선교를 강화하였다. 그들은 예수회의 전공을 잊고 도리어 '예수회'의 '적응주의' 선교방식을 공식적으로 비판하기 시작하였다.

'도미니코 수도회'의 모랄레스(J.B. de Morales) 선교사는 1643년 교황청에 '질의서'를 제출하여 예수회가 중국 신도들에게 '조상 제사'와 '공자 공경'의 의식을 허용하는 것은 '우상숭배'이니 금지시켜 줄 것을 요청하였다. 이에 교황 인노첸시오 10세(Innocentius Ⅹ)는 이를 금지하는 훈령을 내렸다. '예수회'가 놀라서 마르티니(Martino Martini) 선교사를 교황청에 보내어 모랄레스의 해석이 잘못되었다고 호소하였다. 이에 다음 교황 알렉산더 7세(Alexander Ⅶ)는 1656년 '조상제사'와 '공자공경' 의식을 허용하는 훈령을 내렸다.

그러나 '파리 외방선교회'가 1684년 중국 선교에 진출하면서 다시 논쟁

---

13) 李元淳, 『朝鮮西學史硏究』, 一志社, 1986, p.61 참조.

이 일어났다. 외방 선교회의 복건성 주교 매그로(C. Maigrot)가 복건성 중국인 천주교 신도들에게 '조상제사'를 금지하는 독자적 명령을 내린 후에 교황청의 공식 결정을 요구하고 나선 것이다. 교황 클레멘스 11세(Clemens ⅩⅠ)는 1704년 11월 20일 '조상제사'와 '공자공경'은 우상숭배이므로 이를 금지하는 훈령을 중국 천주교도들에게 내렸다. 이것은 현지주민의 종교와 관행을 전적으로 무시하고 부인하는 종교제국주의적 훈령이었다. 교황 클레멘스 11세는 이 훈령을 중국 강희제에게 전달하도록 특사 투르농(Charles de Tournon)을 중국에 파견하였다.

강희제는 교황청 특사를 처음 매우 환대하였다. 그러나 강희제가 특사를 정작 면접하여 대화를 해보니 '천(天)'자를 읽지도 못하고 문자인지도 알지 못하면서 '천(天)'과 '상제(上帝)' 용어를 사용하지 말라는 등 횡설수설할 뿐 아니라, 백인과 서양 우월주의 편견으로 중국과 중국문화, 공자유교를 우습게 폄하하는 태도를 보고 격노하였다. 강희제는 중국에 사는 모든 외국 선교사들과 중국인 천주교 신도들에게 과거 마테오 리치의 방침대로 '조상제사'와 국가전례인 '공자공경'을 계속하면 중국내 체류 허가의 '인표(印表)'를 줄 것이고, 그렇지 않고 만일 투르농이 가져온 교황청 훈령을 따라 '조상제사' '공자공경' 예전을 금지·부정하는 자는 모두 중국을 떠나라고 명령하였다.

강희제의 입장에서는 중국 영토안에서 중국인의 전래 관습인 '조상제사'를 금지하고 국가행사인 '공자공경' 전례를 금지하는 것은 번역하면 종교제국주의 침략과 내정간섭으로 간주되었던 것으로 보인다. 외국인과 외국문화에 매우 관대했던 강희제도 이때는 크게 분노했던 것 같다.

투르농은 교환청의 승인도 받지 않고 고민하는 서양 선교사들에게 강희황제의 '인표'를 받지 말도록 명령하였다. 교황 클레멘스 11세는 투르농의 명령을 추인했을 뿐 아니라 1715년 3월 19일 중국 천주교 신도들에게 '조상제사'와 '공자공경'은 우상숭배이므로 엄격히 금지한다는 더욱 강경한 명령을 포고하였다. 이 보고를 받은 청국의 강희제는 1717년 격노하여 '서교(西敎)'에 대한 금지령을 발포하였다. 강희제의 교서는 다음과 같았다.

「로마 교황청의 유시를 보건대 서양인들은 소인들이라. 어찌 중국의 大理를 말할 수 있으랴. 서양인들 치고 단 한 사람도 한서에 통달한 자가 없으니 논의하는 중에 웃음거리가 되는 경우가 많았다. (⋯) 지금 사신이 가져온 告示를 보니 필경 和尙, 道師 등의 異端小敎와 다를 바가 없구나. 이는 함부로 말하는 자들과 비교하건대 그들보다 더 지나침이 없도다. 그러므로 이후 서양인들이 중국에서 전교함을 필요로 하지 않으니 금지함이 가하다.」[14]

교황청의 베네딕토 14세(Benedictus XIV)는 1742년 7월 11일 '예수회'의 '적응주의' 선교 방식의 금지를 명령하였다. 이어서 1773년 7월 21일 교황 클레멘스 14세(Clemens XIV)는 '예수회' 해산을 명령하였다. 이에 가톨릭교의 중국 선교는 교황청의 일부 종교 제국주의자들의 무지로 마테오 리치 등 적응주의자들이 쌓아 놓은 공적이 모두 무너지고, 중국 가톨릭은 빈사상태에 들어가게 되었다.[15] 교황청에서 큰 잘못을 깨닫고 '예수회'를 부활시킨 것은 40년 후인 1814년 8월 9일 교황 비오 7세(Pio Ⅶ)의 서한에 의해서였다.

---

14) ① 김혜경, 『예수회의 적응주의 선교』, p.286에서 재인용.
　　② 陳垣, 「康熙硃筆刪改, 嘉樂來朝日記」, 『康熙與羅馬使節關係文書, 乾隆英使觀見記』臺灣, 學生書局, 1973, p.75, 1720年 12月 17日條 참조.
15) Fedosy Smorzhevsky, (Translasted by Barbara W. Maggs), *The Jesuits in China*, 2018, pp.52~107 참조.

2. 17·18세기 초 조선왕국에 들어온 서학

'예수회' 선교사들은 군대처럼 철저한 규율을 갖고 교황청의 지시 아래 활동했으므로, 교황청의 선교 대상지역이 아니었던 Corea(조선)에는 18세기 전반기까지 단 1명도 들어오지 않았다. 조선에 서학(西學)이 들어오게 된 것은 예수회 선교사들이 선교전술로 채택한 '적응주의' 방식에 의거해서 편찬한 천문·역법·산학 등의 서적과 지도·지리서 등 때문이었다.

조선왕국에 1603년(선조 37년) 최초로 들어온 서학 문물은 마테오 리치의 「곤여만국도」(坤輿萬國圖, 歐羅巴輿地圖)였다. 명의 북경에 사신으로 갔던 이광정(李光庭)이 마테오 리치의 6폭으로 그린 「곤여만국도」를 구입하여 홍문관에 보낸 것을 이수광(李睟光)이 보고 검토 기록하여 서양세계를 알기 시작하였다.[16]

이어서 1636년(인조 9년) 북경에 사신으로 간 정두원(鄭斗源)이 산동반도 등주(登州)에서 예수회의 포르투갈 출신 선교사 로드리게즈(Johannes Rodriquez, 陸若漢)를 만나서 『치력연기(治曆緣起)』, 『리마치천문서(利瑪竇天文書)』, 『원경서(遠鏡書)』, 『천리경설(千里鏡說)』, 『직방외기(職方外紀)』, 『서양풍속기(西洋國風俗記)』, 『만국전도(萬國全圖)』 등 서적들을 받아 왔다.[17] 서양과학의 우수성을 짐작하게 된 정두원은 동행한 역관 이영준(李榮俊)에게 서양식 천문계산법을 배우도록 지시하여, 이영준은 『천문략(天問略)』과 『치력연기(治曆緣起)』를 익히었다. 또한 정두원은 수행장교 정효길(鄭孝吉)에게 서양식 대포 홍이포(紅夷砲) 사용법을 익히도록 지시하고, 홍이포도 1좌 가져왔다.

이어서 1636년(인조 14년) 병자호란으로 소현세자(昭顯世子)가 후금에

---

16) 李睟光, 『芝峯類說』 卷3, 諸國部 外國條 참조.
17) 『國朝寶鑑』 卷35 참조.

볼모로 심양에 끌려가서 8년간 머문 다음 귀국 길에 북경에 들렀다가 예수회 선교사 아담 샬(Adam Schall, 湯若望)과 친분을 맺고,[18] 귀국할 때 천문·산학·천주교 관계 서적들과 여지구(輿地球, 지구의) 1개와 천주상(天主像) 1개를 받아왔다.[19]

다음으로 1720년(숙종 46년) 역시 청국 북경에 사신으로 갔던 이이명(李頤命)이 예수회 선교사 쾨글러(Ignatius Kögler, 戴進賢) 및 수아레즈(Jose Suarez, 蘇霖)와 친교를 맺고 마테오 리치와 알레니의 천주교·천문·역법에 관한 서적을 받아 숙독한 후 몇차례 토론을 하고 돌아왔다.[20]

이 밖에도 사신단을 통한 서학 서적 문물 도입 뿐만 아니라, 하빈의 『서학변』(1724년) 집필 이전까지 민간인들의 각종 경로를 통한 중국으로부터의 서양 서적·문물의 도입이 있었음은 물론이다.

17세기~18세기 초기까지 조선왕국에 도입된 예수회 선교사들의 각종 주요 서적·지도들을 들어보면 다음과 같다.

〈표 1〉 17세기~18세기초 조선왕국에 들어온 주요 서학(西學) 서적과 지도

도서·지도 이름	작재(원 이름)	한자 이름	비고
天主實義	Matteo Ricci	利瑪竇	1603년 저술
交友論	Matteo Ricci	利瑪竇	1595년 저술
二十五言	Matteo Ricci	利瑪竇	1604년 저술
同文算指	Matteo Ricci	利瑪竇	1614년 출간(李
乾坤體義	Matteo Ricci	利瑪竇	1605년 저술
辨學遺牘	Matteo Ricci	利瑪竇	16069년(일설 1628년) 저술
畸人十篇	Matteo Ricci	利瑪竇	1608년 저술
坤輿萬國全圖	Matteo Ricci	利瑪竇	1602년 제작

18) Rachel Attwater, *Adam Schall: A Jesuit at the Court of China, 1592~1666*, The Bruce Publishing Company, Milwaukee, 1963, pp.72~125 참조.
19) 李元淳, 『朝鮮西學史硏究』, pp.56~57 참조.
20) ① 李頤命, 『疎齋集』 卷19, 書牘
   ② 李元淳, 『朝鮮西學史硏究』, p.63 참조.

도서·지도 이름	작재(원 이름)	한자 이름	비고
兩儀玄覽圖	Matteo Ricci	利瑪竇	1604년 제작 도입
幾何原本	Matteo Ricci	利瑪竇	1605년 간행
渾蓋通憲圖說	Matteo Ricci	利瑪竇	1607년 출간
測量法義	Matteo Ricci	利瑪竇	1607년 출간
圜容較義	Matteo Ricci	利瑪竇	1614년 출간(이지조)
萬國輿地圖	Matteo Ricci	利瑪竇	1608년 제작
勾股義	Matteo Ricci	利瑪竇	治曆緣起(서광계)에 포함된 책. 1634년 간행
靈言蠡勺	Francesco Sambiasi	畢方濟	1624년 출간
職方外紀	Giulio Aleni	艾儒略	1623년 출간
萬物眞原	Giulio Aleni	艾儒略	1628년 출간
西學凡	Giulio Aleni	艾儒略	1625년 출산
悔罪要旨	Giulio Aleni	艾儒略	불명
滌罪正規	Giulio Aleni	艾儒略	사후 1849년 출간
萬國全圖	Giulio Aleni	艾儒略	1623년 제작
天主降生言行紀	Giulio Aleni	艾儒略	1642년 출간
天問略	Emmanuel Diaz	陽瑪諾	1615년 출간
泰西水法	Sabatino de Ursis	熊三拔	1612년 출간
簡平儀說	Sabatino de Ursis	熊三拔	1611년 출간
表度說	Sabatino de Ursis	熊三拔	1614년 저술
主制群徵	Adam Schall	湯若望	Johann Adam Schall von Bell의 약칭. 1629년 저술
乾象坤輿圖	Adam Schall	湯若望	
進呈書像	Adam Schall	湯若望	1640년 저술
時憲曆	Adam Schall	湯若望	1644년 출간. 김육 도입 1653년 효종 채택
主教緣起總論	Adam Schall	湯若望	1643년 저술
眞福訓全總論	Adam Schall	湯若望	1634년 저술
遠鏡說	Adam Schall	湯若望	1626년 저술
天文圖南北極	Adam Schall	湯若望	
修身西學	Alphonsus Vagnoni	高一志	초명은 王豊肅
齊家西學	Alphonsus Vagnoni	高一志	1630년 저술
達道紀言	Alphonso Vagnoni	高一志	1639년 출간
寰宇始末	Alphonso Vagnoni	高一志	
童幼教育	Alphonso Vagnoni	高一志	1620년 출간
勵學古言	Alphonso Vagnoni	高一志	1632년 출간
斐綠答彙	Alphonso Vagnoni	高一志	
譬學	Alphonso Vagnoni	高一志	1633년 출간

도서·지도 이름	작재(원 이름)	한자 이름	비고
七克	Diego de Pantoja	龐迪我	1614년 출간
眞道自證	Emeric Chavagna	沙守信	1718년 출간
盛世芻蕘	Joseph de Mailla	馮秉正	
聖年廣益	Joseph de Mailla	馮秉正	1738년 출간
坤輿全圖	Ferdinand Verbiest	南懷仁	1674년 제작
簡平儀	Sabatino Ursis	熊三拔	1611년 저술
表度說	Sabbathino de Ursis	熊三拔	1614년 저술
聖記百言	Giacomo Rho	羅雅各	Jacobus Rho
齋克	Giacomo Rho	羅雅各	
泰西人身說槪	Johannes Terrenz	鄧玉函	1621년 저술
奇器圖說	Johannes Terrenz	鄧玉函	1627년 저술
度海苦積記			
玫瑰十五端	Andre Pereira	徐懋德	
靈魂道體說	Nicolas Longobardi	龍華民	
天主聖敎四末論	Nicolas Longobardi	龍華民	1602년 출간
千里鏡說			
治曆緣起	Joao Rodriguez	陸若漢	1631년 저술(徐光啓 역술에 참가)
西洋風俗記			
紅夷砲題本			

비고: 저자가 각종 문헌·기록들에서 모은 것이므로 도입된 西學서적의 일부임

위의 표의 저서들이 모두 조선왕국의 선비들에게 널리 읽힌 것은 아니고, 다수 서적은 처음에는 홍문관(弘文館, 奎章閣 설립 후에는 규장각)에 보관되었으며, 일부 평판있고 인기 있는 책들만 선비들 사이에서 구입되거나 필사되어 널리 읽히기 시작하였다.

특히 중국에서 명나라 말기 이지조(李之藻, 1565~1630)가 1628년 『천학초함(天學初函)』이라는 제목의 서학 총서를 간행했는데, 이 총서가 조선왕국에서 여러 통로로 구입되어 널리 읽히게 되었다. 이 총서에는 이(理)편에 10종, 기(氣)편에 10종 등 모두 20종 52권이 수록되었다.[21]

---

21) 『天學初函』(1628)의 理편 10종에는 알레니의 『西學凡』 1권; 『唐景敎碑附 』 1권; 大秦寺 승령 景淨이 진술한 『景敎流行中國碑頌』; 이지조 자신의 『讀景敎碑書

이 가운데서 하빈이 검토 비판한 서학 서적은 『영언여작(靈言蠡勺)』, 『천주실의(天主實義)』, 『직방외기(職方外紀)』 등이다. 17세기 초기 서학의 이 3대 저술은 『천학초함(天學初函)』에 수록되어 있는 서적이다.

『영언여작』은 이탈리아 출신 예수회 선교사 삼비아시(Franciscus Sambiasi, 1582~1649)가 구술한 것을 중국인 학자 서광계(徐光啓)가 받아 정리한 책이다.[22] 상·하 2권으로 1624년 상해에서 간행되었고, 후에 『천학초함』(天學初函) 총서에 다시 인쇄하여 포함시켰다.

『영언여작』의 '영언(靈言)'은 "작은 표주박으로 바닷물을 측량한다"는 말이다. 즉 "위대한 영혼의 극히 일부를 말하는 책"이라는 겸손한 표현의 제목이다. 『영언여작』은 천주교에서 가장 중시하는 '아니마(anima, 영혼)'의 개념과 내용을 다룬 철학서이다. '아니마'의 문제는 아리스토텔레스(Aristoteles, BC 384~BC 322)의 그리스 철학에서 가장 중요한 개념으로 사용하기 시작하여 서양철학의 핵심이 되었다.[23] 가톨릭 교단에서는 토마스 아퀴나스(Thomas Aquinas, 1224~1274)가 아리스토텔레스의 개념과 내용을 수용하여 가톨릭 이념으로 설명하였고,[24] 삼비아시는 이것을 가톨릭 선교

後」; 마테오 리치의 『畸人十篇』 상·하 2권, 『交友論』 1권, 『二十五言』 1권, 『天主實義』 상·하 2권, 『辨學遺牘』 1권; 판토하의 『七克』 7권; 삼비아시의 『靈言蠡勺』 2권; 알레니의 『職方外紀』 2권 등이 수록되어 있다. 또한 氣편에는 우르시스의 『泰西水法』 6권; 李之藻가 해설한 『渾蓋通憲圖說』 상·하 2권과 首권 1권; 마테오 리치의 『幾何原本』 6권에 권마다 각각 首卷 1권; 우르시스의 『表度說』 1권; 다이즈의 『天問略』 1권; 우르시스의 『簡平儀說』 1권; 마테오 리치의 『同文算指』 1권, 『測量法義』 1권, 『勾股義』 1권 등을 포함하고 있다.

22) 한국어 번역판으로는, 『영언여작』 박완식 옮김, 전주대출판부, 1999와 『영언여작』, 김철범·신창석 옮김, 일조각, 2007이 나와 있다.

23) *The Basic Works of Aristotle* (Richard McKeon ed.), Random Hous, New York, 1966, pp.535~603 참조.

24) Saint Thomas Aquinas, *Summa Theologial*, A Concise Translation (ed. by Timothy McDermott), Eyre and Spottisewoode, London, 1989, pp.105~142 참조.

를 목적으로 중국 지식인들에게 (유교 및 불교사상의 '영혼'과 비교하면서) 해설한 것이다.

삼비아시는 이 책의 서문에서 '아니마'에 대한 학문은 서양 필로소피아(철학, 格物窮理)에서 가장 유익하고 가장 존귀한 것이라고 하면서, 옛날 서양 대학에는 강당에 "너 자신을 알라"라는 글을 걸어 두었었는데, 이것은 학문의 뿌리로서 너의 '아니마'를 알라는 뜻이라고 하였다. 삼비아시는 수신·제가·치국·평천하를 하려는 사람은 모두 '아니마'의 학문을 배워야 한다고 썼다. 삼비아시는 "아리스토텔레스는 의사가 육체의 병을 치료할 때도 '아니마'의 학문을 배우는데, 하물며 사람을 다스리는 자가 영혼과 마음의 병을 치료하려면 이보다 더 깊이 배워야 한다"고 했다고 지적하였다. 삼비아시는 또 "아우구스티누스(Aurelius Augustinus, 354~430)가 필로소피아는 결국 두 가지 큰 단서로 귀결된다. 그 하나는 '아니마'를 논하는 것이요, 또 하나는 '데우스(Deus, 天主, 神)'를 논하는 것이다. 아니마를 논하는 것은 사람으로 하여금 자신을 깨닫게 하는 것이고, '데우스'를 논하는 것은 사람으로 하여금 그 근원을 깨닫게 하는 것이다. '아니마'를 논하는 일은 사람으로 하여금 복을 받을 수 있게 하고, '데우스'를 논하는 일은 사람으로 하여금 복을 누리게 한다"고 말했다고 강조하였다. 삼비아시는 이 책에서 아니마의 '실체(substantia)', 능력(potentia), 존엄성(dignitas), 선성(善性, 美好, bonum)의 네 편으로 나누어 서술했는데, 결국 이 책의 목적은 사람으로 하여금 자신을 알고 '데우스'를 앎으로써 복을 누리게 하는 것으로 귀결된다고 서술하였다.

하빈이 '서학'을 검토하기 위해 『영언여작』을 택한 것은 매우 적절한 선택이었다고 볼 수 있다. 『영언여작』이 당시 가장 본질적으로 수준 높은 천주교의 철학적 해설서였기 때문이다.

다음 『천주실의』(天主實義)는 앞서 설명한 바와 같이 예수회의 중국 선교를 '적응주의' 선교방식으로 개척한 마테오 리치(Matteo Ricci)의 대표작이다.25) 이 책의 특징은 서양에서 '교리문답(Catechism)'이라 하는 주로 철학사상이나 종교의 창시자 또는 사상적 대표자가 애용하는 '문답식' 토론의 가장 어려운 형식을 택한 것이다. 독자에게 이해가 쉽고 동조자를 얻기는 쉬우나 매우 박식한 대가가 아니면 택할 수 없는 형식이다. 이 책은 리치가 원래 『천주실록』(天主實錄, De Deo Verax Disputatio)라는 제목으로 1594년경 남창(南昌)에 있을 때 저술하여 한문본은 필사본으로 강론되고, 라틴어본은 규정에 따라 교황청의 검열에 제출되었다가 리치가 북경(北京) 입성에 성공한 후 1603년에 『천주실의』라는 이름으로 개정 북경판으로 나온 책이다.

이 책의 문답 구성은 중국인 선비를 한편으로 하고 서양인 선비를 다른 한 편으로 하여, 불교·유교·서교(西敎)의 기본 교리를 문답식으로 토론하면서 결론을 자연스럽게 서교 원리의 우월성으로 유도되도록 구성되어 있다. 다음 장에서 논의되는 바와 같이 8편으로 나누어 편성되었다.

리치의 『천주실의』는 17·18세기에 중국·조선·일본·베트남에서 가장 널리 읽힌 명저이다. 따라서 하빈이 서학의 검토 비판을 위해 『천주실의』를 선택한 것은 매우 적절했다고 볼 수 있다.

다음 『직방외기(職方外紀)』는 이탈리아 출신 예수회 선교사 알레니(Giulio Aleni, 艾儒略)가 총 6권으로 저술하여 1623년 중국 항주(杭州)에서 간행한 세계인문지리서이다.26) '직방(職方)'은 『주례(周禮)』에 중국과 사절을 주고 받으며 교류(일부 중국 서적에서는 '조공'으로 표현)하는 중국 주변 사방국가(方)의 교류 일을 담당하는 관서(職)를 가리킨다. 그러므로 『직방외기』는 종래 중국이 공식 교류한 지역 이외의 지역 기사(즉 세계)의 뜻

---

25) 한국어 번역판으로는, 송영배 외 옮김, 『천주실의』, 서울대학교출판부, 1999와 세종대왕기념사업회 옮김, 『역주천주실의』9상), 2017이 나와 있다.
26) 한국어번역판으로는 천기철 옮김, 『직방외기』, 일조각, 2005가 나와 있다.

으로서 『세계지리서』의 뜻을 갖고 있다.

원래 『직방외기』는 마테오 리치가 제작한 「곤여만국전도(坤與萬國全圖)」의 판각 8폭 병풍을 받고 세계지리를 처음 알게 된 명(明)나라 신종(神宗)이 더욱 자세한 것을 알고자 하여 당시 북경에 와 있던 예수회 선교사 판토하(D. Pantoja, 龐迪我, 1571~1618)와 우르시스(Sabbatino de Ursis, 熊三拔, 1575~1620)에게 명하여 세계지리서 저술이 시작되었다. 그러나 1616년 북경에서 천주교 박해운동이 일어나 두 신부가 추방되고 마카오에서 사망하자, 알레니가 이 작업을 계승하여 양정균(楊庭筠)의 도움을 받아서 1623년 이를 증보 완성하여 항주에서 목판으로 간행하게 된 것이었다.

『직방외기』는 권수(卷首) 1권과 본편 5권의 총 6권으로 구성되었다. 권수의 「오대주총도계도해」(五大州總圖界度海)는 중국인들에게 지구는 네모가 아닌 둥근 것이라는 '지구설(地球說)' 및 태양 중심의 천체의 운동과 지구의 기후 및 환경 등의 개요를 설명하였다. 본편 권1은 아시아 총설(亞細亞總說), 권2는 유럽 총설(仇羅婆總說), 권3은 아프리카 총설(利未亞總說), 권4는 남·북 아메리카 총설(阿墨利加總說) 권5는 4대양 총설(四海總說)로 구성되어 있고, 세계지도(萬國全圖), 북반구지도(北輿全圖), 남반구지도(南輿全圖), 아시아 지도(亞細亞圖), 유럽지도(仇羅婆圖), 아프리카지도(利未亞圖), 남·북아메리카 지도(阿墨利加圖) 등이 첨부되어 있으며, 각 지역의 정치·문화·종교·교육제도에 대해 간단히 설명되어 있다.

이 책이 쇄국정책을 실시하는 조선왕조에 처음 도입된 것은 1630년 정두원(鄭斗源)이 사신으로서 해로로 산동반도 등주(登州)에 상륙했다가 그곳 방위사령부의 진중에서 포군 교육을 돕고 있던 서양 선교사 로드리게즈(Johannes Rodriguez, 陸若漢)을 만나서 로드리게즈 선교사로부터 『직방외기(職方外紀)』, 『천문략(天問略)』, 『만국전도(萬國全圖)』, 『서양국풍속기(西洋國風俗記)』, 『치력연기(治曆緣起)』, 『리마치천문서(利瑪竇天文書)』, 『원경서(遠鏡書)』, 『천리경설(千里鏡說)』 등 수종의 서적들과 홍이포(紅夷砲)·

만원경(千里鏡)·자명종(自鳴鐘, 괘종시계) 등 서양 물품을 얻어서 북경을 거쳐 귀국할 때 가져온 것이었다.『직방외기』역시『천학초함(天學初函)』에 포함되어 조선에 들어와서 널리 읽힌 서학서였다.

하빈이 서학의 대표적 세계지리서로『직방외기』를 선택한 것은 스승 성호 이익의 권고에 의거한 것이었다.

하빈이『서학변』에서 검토한 것은 3종이었지만 당시 서학의 정수를 담은 대표작들이었기 때문에 서학의 중요 내용과 본질은 모두 포함되어 있었다.

3. 동양문명 유학으로부터의 신후담(慎後聃)의 대응

16세기말~17세기초 서양문명이 '예수회'의 우수한 청년 선교단을 특수부대처럼 파견하여 중국의 수도와 황실·조정에까지 도전해 들어올 때, 동양의 유교문화권의 정치계와 관료계에서는 다양한 응전이 있었으나, 정작 유학자들 사이에서는 서양의 선진적 천문학·수학·과학기술에 매혹되어 본격적인 이론적 응전을 하지 못하였다.

그 이유의 하나에는 이 시기 중국 유학계가 양명학(陽明學)에 기울어져서 성리학(性理學)은 약화되어 있었으며, 우수한 인재는 서학(西學) 배우기에 바빠서 여력이 없었기 때문이기도 하였다. 일본과 베트남은 원래 유학이 중국·조선보다 약하였다. 결국 조선왕국에서 23세의 청년 유학자 하빈(河濱) 신후담(慎後聃)이 1724년『서학변(西學辨)』을 저술하여 서학의 도전을 학술적으로 본격적 검토를 한 것이 서양문명의 '예수회'가 가져온 서학에 대한 중국·조선·일본·베트남 등 유교문화권에서의 최초의 학술적 이론적 응전이었다. 하빈의『서학변』은 비단 조선유학에서만이 아니라 동양문명 유교문화권의 최초의 학술적인 본격적 검토와 응전이란 데서 그 중요성이 우선 주목되는 것이다.

23세의 청년 유학자가 어떻게 이 거대한 과제를 선두에서 감당했는가를 이해하기 위해서는 17·18세기 조선 유학자 가문의 조기(早期) 교육의 특징을 먼저 이해할 필요가 있다.

신후담은 1702년(조선 숙종 28년) 음력 2월 28일(양력 3월 26일) 부친 신구중(慎龜重, ~1743, 호 畏窩)과 모친 이(李)씨(본관 牛溪, 李正觀의 따님) 사이의 6남매(3남 3녀)의 장남으로 외가인 서울 동부 낙선방(樂善坊)에서 태어났다. 본관은 거창(居昌)이다. 신분은 고위 양반가문 출신으로서 9대조가 성종(成宗)때 영상을 지낸 신승선(慎承善)이었고, 부친은 병조좌랑(兵曹正郎)을 지내었다. 호는 금화자(金華子), 하빈(河濱), 돈와(遯窩)를 썼고, 자는 이로(耳老), 연로(淵老)였다.[27]

하빈은 당시 조선왕국 유학자 관료가문의 풍습에 따라 5세에 한자 공부를 시작하였다. 6세 때부터는 집안에 개인 독선생 박세홍(朴世興)을 숙사(塾師)로 모시고 본격적 공부를 하였다. 매우 조숙하여 10세에 벌써『십팔사략(十八史略)』과『자치통감(資治通鑑)』을 마치었다. 12세에는 불교 경서인『악엄경(楞嚴經)』을 읽었고,『병학지남(兵學指南)』을 초록했으며, 스스로 각종 병서(兵書)를 구해서 읽었다.

대체로 조기교육일지라도 유소년기의 조기공부는 서책을 일찍 읽는데 그치는 것이 보통인데, 하빈의 특징은 여기에 그치지 않고 스스로 '금화자(金華子)'라는 호를 지어 사용하면서 수필·시·소설·논문을 짓고 쓰는 특출한 조숙성을 보인 곳에 있었다. 하빈이 13세까지 쓴 글의 제목을 보면, 예컨대「금화외편(金華外篇)」,「속열선전續列仙傳)」,「계수신기(繼搜神記)」,「태평

---

27) 河濱先生全集刊行委員會編,『河濱先生全集』卷9, 亞細亞文化社, 2006,「年譜·行狀」 및 梁永敏,「河濱先生全集解題」에 의거함.

유기(太平遺記)」, 「용왕기(龍王記)」, 「해신기(海蜃記)」, 「요동우신여기(遼東遇神女記)」, 「홍장전(紅粧傳)」, 「기문도설(奇門圖說)」, 「문자초(文字抄)」, 「잡서초(雜書抄)」, 「수필록(隨筆錄)」, 「경설(經說)」, 「잡록(雜錄)」 등의 소설·수필·논문 등이 기록으로 남아 있다.

하빈이 14세 때 사서삼경(四書三經)의 공부를 마치자 숙사 박세홍은 학생이 뛰어나서 나는 더 가르칠 것이 없다고 칭찬을 남기고 헤어지게 되었다.

하빈의 16세 성년이 되어 복주(福州) 오(吳)씨(오상억의 따님)와 혼인을 하기 이전까지의 공부를 보면, 매우 자유분방하여 도교·불교·노자·장자의 서책들을 읽고, 지은 글도 도교 계통과 실학적(實學的) 관심에 걸친 광범위한 것이었다. 예컨대 14세 7월 관례를 올리기 전까지 지은 글을 보면, 「독서록(讀書錄)」, 「물외승지기(物外勝地記)」, 「찰이록(察邇錄)」, 「물산기(物産記)」, 「동식잡기(動植雜記)」, 「해동방언(海東方言)」, 「속설잡기(俗說雜記)」, 「중뢰통기(衆籟通記)」, 「백과지(百果志)」, 「사운탄자초(四韻艱字抄)」, 「속도가(續道家)」, 「옥화경(玉華經)」, 「잡설(雜說)」, 「곡보(穀譜)」, 「세시기(歲時記)」 등이 실학적 관심이 표시된 글들이었다.

하빈이 혼인 후 17세 때 부친으로부터 노장설(老壯說)·병설(兵書)·소설패사(小說稗史)에 탐닉하지 말라는 엄중한 훈계를 들을 때까지, 그 이전에 하빈이 지은 저술의 몇가지 특징을 들면 다음을 지적할 수 있다.

(1) 하빈의 독서와 저술은 매우 조숙한 천재적 특징이 번뜩이고 있다. 16세까지 이렇게 다수의 저술을 한 경우는 동서고금에 거의 없다.

조선왕조 시대 두 세대 후에 다산 정약용(丁若鏞)도 조기 교육을 받았는데, 저술은 몇 편뿐이다. 서양을 보면 막스 베버(Max Weber)가 매우 조숙했는데, 주로 독서였고 저술은 1편뿐이다.

(2) 하빈은 지적 호기심이 특출한 '책벌레' '공부벌레'였음을 알 수 있다. 읽은 책은 반드시 초록을 하고 때때로 평론을 썼다. 후에 이 시기의 저술을 본인 스스로 미흡하다고 대부분 폐기한 것도 동서고금의 천재적 재능

소유인들이 하는 특징적 행위유형이다.

(3) 하빈의 독서와 저술의 관심이 광범위하고 자유분방하며, 실학적 요소가 뚜렷이 보이기 시작하고 있다. 당시 유가집안에서는 학동들에게 유가도서 이외에는 읽히지 않았는데, 하빈이 16세까지 쓴 저술을 보면 대부분이 유가 이외의 주제였다.

이를 우선 제목으로만 분류해 보아도 다음과 같이 다양하고 광범위하다.

① 도가(道家)류 (노자·장자설) … 「금화외편(金華外篇)」, 「속열선전(續列仙傳)」, 「기문도설(奇門圖說)」, 「속도가(續道家)」, 「옥화경(玉華經)」

② 병서(兵書)류 … 「병학지남초록(兵學指南抄錄)」

③ 소설·패사(小說·稗史) … 「계수신기(繼搜神記)」, 「태평유기(太平遺記)」, 「용왕기(龍王記)」, 「해신기(海蜃記)」, 「요동우신여기(遼東遇神女記)」, 「홍장전(紅粧傳)」

④ 실학(實學)류 … 「물산기(物産記)」, 「동식잡기(動植雜記)」, 「물외승지기(物外勝地記)」, 「백지(百果志)」, 「해동방언(海東方言)」, 「곡보(穀譜)」, 「세시기(歲時記)」, 「속설잡기(俗說雜記)」, 「중뢰통기(衆籟通記)」, 「찰이록(察邇錄)」

⑤ 유가(儒家)류 … 「경설(經說)」

⑥ 한문자(漢文字)류 … 「문자초(文字抄)」, 「사문탄자초(四韻艱字抄)」

⑦ 불가(佛家)류 … 「잡서초(雜書抄)」, 「잡록(雜錄)」, 「잡설(雜說)」

⑧ 기타 … 「수필록(隨筆錄)」, 「독서록(讀書錄)」

하빈이 16세 혼인 이전까지 유학공부를 등한시한 것은 아니었다. 도리어그의 소년기의 유학(儒學) 공부는 숙사 박세홍의 지도 아래『논어(論語)』『맹자(孟子)』『대학(大學)』『중용(中庸)』『시경(詩經)』『서경(書經)』『주역(周易)』『춘추(春秋)』『예기(禮記)』『십팔사략(十八史略)』『자치통감(資治

通鑑)』등 정규과목을 수학한 것이었다.

　도가(道家)·불가(佛家) 서적들도 탐독하고 경기지방(근기지역)의 생활 가까이 있는 동·식물·물산·곡식·과일·지리·풍속·방언 등에도 예리한 관찰을 하면서 저술도 시도한 것을 알 수 있다.

　하빈의 이러한 자유분방한 독서와 학문 경향에 비판이 찾아 온 것은 하빈의 17세때 부친의 엄격한 훈계에서부터였다. 유림 고위 관료였던 부친은 도가(老子·莊子설)·병서·소설 등에 탐닉하지 말고, 이제부터는 유가 공부에만 전념하도록 엄중하게 훈계하였다.

　하빈은 부친의 훈계에 따라서 『성리대전(性理大全)』을 읽고 그 방대한 체계에 감복하여 스스로 유가(儒家)의 탐구에 몰두하게 되었다. 이 책은 명나라 성조(成祖, 永樂帝)가 호광(胡廣) 등 42명의 학자들에게 명하여 송(宋)·원(元)시대 성리학자 120명의 학설을 정리한 70권으로 된 방대한 책이었다.

　『성리대전』 이후의 하빈의 유학 연구는 유학에 감복한 완전히 자발적인 것이었다. 그러나 소설은 여전히 좋아하여 이 때에도 「쌍계야사(雙溪夜話)」, 「몽사(夢史)」 등을 지었다.

　하빈은 18세(1719년 숙종 45년)에 스스로 오직 유교의 도학(道學) 연구에만 전념하기로 결심하여 「자경설(自警說)」을 짓고, 소년기에 지은 도교·불교에 대한 자신의 저술 「옥화경(玉華經)」과 「잡설(雜說)」 등을 자기 저술에서 삭제하였다. 그리고 유학연구는 객관적으로 하려고 『팔가총평(八家總評)』을 쓰기 시작했고, 19세 때에는 『역학계몽보주(易學啓蒙補註)』를 저술하였다.

　그러나 이렇게 조숙한 천재의 공부탐닉에 체력이 따라올 리가 없었다. 하빈은 20세 때(1721년, 경종 원년)에 병으로 쓰러졌다. 독서도 어렵도록 갑자기 쇠약해져 버렸다.

　집안의 천재적 장남이 공부에 빠져서 병석에 누웠으니, 온 집안이 얼마나 놀랐을 것인가.

하빈은 1년 후 병석에서 일어났으나 쇠약하여 저술은 하지 못하고, 「당시(唐詩)」, 「주역참동계(周易參同契)」, 「부음경(陰符經)」 등을 읽는 정도 정양에 힘썼다.

하빈은 부친의 권고로 22세(1723년, 경종 3년)에 진사시(進士試)에 응시하여 합격하였다. 그가 극도로 쇠약하여 과시(科試) 준비도 못한 상태에서 단번에 진사시에 합격한 것은 그가 참으로 비상한 두뇌의 소유자였음을 알려준다. 그러나 하빈은 건강이 매우 쇠약하였고, 부친이 세간에서 남인계로 분류되어 관직에 제약받고 있음을 알고 있었으므로, 대과(大科)에는 관심이 없었고 유학 연구에 몰두하고 싶었다.

하빈은 결국 용단을 내어 23세(1724년, 경종 4년) 1월에 경기지역에서 대학자로 명성이 높은 성호(星湖) 이익(李瀷, 1681~1763)을 그의 아현우사(鵝峴寓舍, 성호의 자택 이름)로 찾아 성호의 문하로 입문하고 그의 제자가 되었다.

이때 성호와 토론하면서 저술한 것이 1723년의 『서학변(西學辨)』이다. 그리고 『서학변』을 쓰면서 18세부터 쓰기 시작했던 것을 스스로 마무리 진 저술이 『팔가총평(八家總評)』이다. 이 두 책은 반드시 관련지어 관찰할 필요가 있다.

여기서 주의할 것은 하빈의 『서학변』은 당시 중국을 거쳐서 조선에 들어오는 서학을 비판한 서적이지만, 무조건 배척한 책이 아니라는 사실이다. 하빈은 이 때 나이는 비록 23세였지만, 그의 매우 조숙한 천재적 이른 시기의 탐구 때문에 동양의 칠가(七家: 儒家, 道家, 法家, 名家, 墨家, 雜家, 縱橫家)의 학설을 섭렵하고, 유학에 대해서도 객관적 고찰 후의 유학의 도학(道學)적 측면의 객관적 합리성을 스스로 확인한 후에 '서학'에 대한 객관적 비판을 전개하려고 노력했음을 주목할 필요가 있다.

그러므로 하빈이 23세에 『서학변』을 저술하여 가톨릭 교리를 검토하고 비판한 것은 보통의 대가(大家)의 경우 50대의 학문 축적 위에서 검토한 것과 동일한 학문축적 위에서 검토 비판한 것이었다. 그것은 서학이 이질적 문명과 교리이기 때문에 맹목적으로 비판 배척을 한 것이 전혀 아니었다. 학문적으로 이론적으로 깊이 연구하고 낱낱이 비교 검토하면서 당당하게 학문적으로 비판한 것이었다.

하빈의 '서학' 비판의 유학적 기반을 이해하기 위하여 『서학변』 이후의 하빈의 저술을 목록만 들어 보면 다음과 같다.

〈표 2〉 하빈의 『서학변(西學辨)』 이후의 저술

연도	나이	저서
1724	23	『西學辨』(『遯窩西學辨』), 『八家總評』
1725	24	『小學箚疑』 「家塾淵源」 「移庭記聞」
1726	25	『淸賢四贊』
1728	27	『周易象解新論』
1730	29	『易經通解圖說識疑』 『全義紀行』 『正養錄』
1731	30	『大學解』 『大學圖義』
1732	31	『論語箚疑』 『中庸撮義圖說』 『雜書隨筆』 『幼儀』
1733	32	『心經箚疑』 『易圖外篇』 『皇明諸家評要』
1734	33	『湖西紀行』
1736	35	『孟子箚疑』
1737	36	『嶺南之行』
1740	39	『家禮箚疑』
1741	40	『四七同異辨』 『星湖回甲壽序』 『深衣書』 『昭恩錄』 『溫陸志』
1742	41	『易圖纂要』
1743	42	『大學後說』 『中庸後說』
1744	43	『大學解(附大學圖)』
1745	44	『周易通義』
1746	45	『潮汐說』 『南征記』
1747	46	「範數圖說」 『河洛說』 『洛書後說』 『圖書後說』 『卦蓍圖說』
1749	48	『書經集解』 『易義遒錄』
1750	49	『春秋經傳撮安』 『春秋雜識』 『詩經通義』
1756	55	『南興記事』
1757	56	『喪祭禮說』

연도	나이	저서
1724	23	『西學辨』(『遯窩西學辨』), 『八家總評』
1725	24	『小學箚疑』「家塾淵源」「移庭記聞」
1726	25	『淸賢四贊』
1728	27	『周易象解新論』
1730	29	『易經通解圖說識疑』『全義紀行』『正養錄』
1758	57	『周易象解新編』
1760	59	『天問略論』『坤輿圖說略論』
1761	60	『讀書記』

　　종래 하빈의 『서학변』의 사상적 배경이 된 하빈의 유학 사상에서 간과
되어 왔다고 필자가 생각하는 것은 그의 『심경(心經)』의 연구와 영향이다.
『심경』은 남송 중기의 유학자 진덕수(眞德秀, 1178~1235)의 저술이다.[28]
그는 '소주자(小朱子)', '서산선생(西山先生)'의 애칭으로 중국에는 널리 알
려진 학자이며, 방대한 저술을 남겼다. 조선왕국에는 특히 『심경』과 이것
을 정민정(程敏政)이 주석한 『심경부주(心經附註)』가 16세기에 김안국(金
安國)·김정국(金正國) 형제와 허충길(許忠吉)에 의해 들어와 널리 알려지
고, 퇴계 이황(李滉)이 「심경후론(心經後論)」을 써서 극찬한 이후,[29] 거창

---

28) 眞德秀(1178~1235)는 南宋의 유학자로서 호가 西山, 자는 景元 또는 景希이다.
　　원래 집안은 開封에 있었으나 난을 피하여 福建으로 내려와서 浦城에서 출생하
　　였다. 1199년 進士에 급제하여 翰林學士, 資政殿學士提擧萬壽觀兼侍讀 등 많은
　　관직을 두루 거쳤다. 별세 후 文忠公의 시호를 받았다. 문하생으로 남송의 제일의
　　박학자 王應麟 외에 다수가 배출되었다. 『宋史』列傳에 그의 행적과 업적이 수
　　록되어 있다. 저술로는 『西山文集』(51卷) 외에 『西山政訓』『心經』『政經』『大
　　學衍義』『大學集編』『文章正宗』『三禮考』『四書集編』『讀書記』기타 매우 많
　　다. 程子·朱子의 학문을 연구하고 널리 가르쳐서 당대 이름이 떨쳤으며, 후세에
　　'小朱子'라는 별명이 생겼고, 유가에서는 '西山先生'으로 중국·조선·일본·월남
　　에서 존칭되었다.
29) 退溪 李滉은 『心經附註』에 붙여 쓴 「心經後論」에서, 「내가 어렸을 때 서울에 유
　　학하던 중에 여관에서 이 책을 보고 찾아 읽었다. (내가) 중간에 신병으로 폐하면
　　서 '늦게 깨달으면 이루기 어렵다'고 한탄하고 있었음에도 불구하고 처음에 감동

신씨 유학자 집안에서는 널리 읽힌 책이다.[30]

하여 분발해서 (공부에) 흥기하게 된 것은 이 책의 힘이었다. 그러므로 평소 이 책을 높이고 믿는 것이 四書나 『近思錄』에 뒤지지 않았다. (…) 許魯齋(원나라 유학자 許衡-인용자)가 일찍이 말하기를 '내가 『小學』을 공경하기를 神明같이 하고 존중하기를 부모같이 한다'고 했는데, 나는 『心經』에 대해 그렇게 하겠다. (…)」 (滉少時游學漢中 始見此書於逆旅 而求得之. 雖中以病廢 而有晚悟難成之嘆 然而其初 感發興起於此事者 此書之功力也. 故平生尊信此書 亦不在四子近思錄之下矣. (…) 許魯齋嘗曰 吾於小學敬之如神明 尊之如父母. 愚於心經亦云.) 고 기술하였다. 그 이후 퇴계의 영향으로 퇴계 문하생을 중심으로 해서 조선에서도 『心經』의 공부와 연구가 활발하게 되었다. 하빈의 『心經箚疑』가 한말 『增補文獻備考』(1903~1908)의 조선유학자들의 『心經』 관련 저서목록에 빠진 것은 『河濱全集』 또는 『心經箚疑』가 그의 별세 직후 편집만 되었지 刊行되지 않았기 때문에 널리 알려지지 못하여 문헌비고 편찬자들이 그 존재를 알지 못했기 때문이었다.

30) 河濱은 1730년(29세 때) 부친의 명에 따라서 居昌愼氏世譜 편찬에 착수하였다. 이 사업은 원래 그의 할아버지 愼徽五가 착수했다가 완성 전에 별세하여 중단되었었고, 부친 愼龜重이 계속하다가 관직 일에 몰두하게 되었으므로, 부친은 관직 출세를 거부하고 연구에 몰두하다가 건강을 잃고 있는 아들 하빈에게 이 가문 사업 수행을 명한 것이었다. 하빈은 기꺼이 이 사업을 맡아 居昌愼氏 家門에도 큰 업적인 『居昌愼氏世譜 丁巳譜』라고 하는 족보를 편찬 하였다. 하빈의 세보편찬 특징은 족친들이 세거하는 各地를 직접 踏査하여 철저하게 사실만을 엄격하게 실증하고 판단해서 수록한 것이었다. 29세 때 첫해에는 충청도 全義(지금의 연기군)와 강원도 고성(古城)을 답사하여 「全義記行」과 「正陽錄」을 지었다. 전의는 부친의 본가가 있는 곳이었고, 고성에는 고려시대 고려군 동북면 항몽 총사령관 大將軍 愼執平의 항몽 전사 유적지와 사당이 있던 곳이었다. 1734년(33세 때) 다시 충청도 일대를 답사하여 「湖西之行」과 詩 40여 수를 지었다. 1736년(35세 때)에 9대조 愼承善의 행적을 기록한 「九代祖領議政居昌府院君章成公遺事」를 지었다. 그리고 安陰(지금의 거창군)에서 1937년 가을 「居昌愼氏世譜(丁巳譜)」 편찬을 마치어 족친들에게 간행을 일임하고 돌아왔다. 하빈은 氏族世譜 편찬에서도 공식 正史에 기록이 있는 것만 확인하여 채록하고, 단순한 傳言은 문헌 또는 물증으로 재확인되지 않으면 수록하지 않았다. 하빈은 9대조 영의정 愼承善의 행적을 기록한 「九代祖領議政居昌府院君章成公遺事」를 1736년(영조 12, 35세)에 지어 고위 관료 가문에 널리 돌렸는바, 그 효과인지 3년 후 1739년(영조 15, 38세)에는 中宗反正(1506년) 때 폐비되었던 왕비 愼비(守勤公의 따님)가 복권되어 시호

하빈이 『서학변』을 저술한 23세 이전에 『심경』『심경부주』를 깊이 공부한 것은 논란의 여지가 없다. 하빈이 32세에 『심경차의(心經箚疑)』를 저술한 것은 그가 24세에 『소학차의(小學箚疑)』, 31세에 『논어차의(論語箚疑)』, 『맹자차의(孟子箚疑)』를 찬술하고 40세에 『가례차의(家禮箚疑)』를 찬술한 것처럼 『소학(小學)』, 『논어(論語)』, 『맹자(孟子)』, 『가례(家禮)』를 되풀이하여 읽던 어린 시절부터 『심경』도 유학 기본서의 하나로 깊이 학습했음을 시사하는 것이다. 『심경』의 전통은 공자유학(孔子儒學)과 주자유학(朱子儒學)을 존재론적 관점에서 고찰하지 않고 '심성론(心性論)'을 중시하여 '격물치지(格物致知)', '정심(正心)', '성의(誠意)'를 강조하면서 실천적 사회이론(社會理論)과 도덕(道德)을 정립하기 위한 실용적(實用的) 학문으로 해석·정립·발전시키는 특징을 갖고 있었다.

는 端敬, 능호가 溫陵으로 내려졌다. 그에 따라 왕비의 부친 慎守勤公도 복권되어 領議政益昌府院君이 추증되고 시호는 信度로 하사되었다. 하빈은 이듬해 1740년(영조 16년, 39세)에 8대조 慎守勤公의 사적과 시문을 모아 『昭恩錄』을 편찬하고, 단경왕후 慎妃의 사적 및 폐출·복위 전말을 기록한 『溫陵志』를 편찬하여, 학자로서 家門을 위해 정리할 일을 모두 정리해 마치었다.

① 梁承敏, 「河濱先生全集解題-河濱遺稿의 전래과정을 중심으로」, 『河濱先生遺稿의 資料的 現況과 연구과제』(『河濱先生全集』 출판기념학술회의 논문집, 2006)

② 姜秉樹, 「河濱 慎後聃의 研究史 와 生涯 연구」 및

③ 慎俊晟, 「河濱先生의 居昌慎氏丁巳大同譜 刊行」, 하빈학연구소 제2회 연구발표회 논문집, 『河濱(慎後聃)의 학문과 사상』 수록, 2013 참조.

Ⅲ. 신후담의 문제제기와 이익과의 서학토론

1. 서학의 이중구조: 서도(西道)와 서기(西器, 技, 과학기술)

우선 주의해야 할 것은 18세기 초 조선왕조에 들어온 서학은 서양문명 전체를 가리킨 것이었지 서양 종교(天主敎)만을 가리킨 것이 아니었다는 사실이다. 서양에서는 천주교(Catholic)는 과학기술(science and technology)과는 엄격히 구분된 것이었다. 그것은 천주교 교황청이 1690년 지동설(地動說)을 믿었던 이태리 철학자 브루노(Giordano Bruno, 1548~1600)를 종교재판에 부쳐 화형으로 죽이고, 갈릴레오(Galileo Galilei, 1564~1642)는 코페르니쿠스의 지동설을 증명했다는 죄목으로 1613년 종교재판에 회부하여 갈릴레오 자신이 지동설을 부정하고 잘못을 자인한 다음에야 석방해준 사실에서도 명백히 확인된다.

그러나 프랑스에 본부를 둔 예수회(The Society of Jesus)의 동방선교부는 동양에 천주교를 전파하기 위해 그 이전까지 발전되어 진리임이 증명된 서양의 수학(대수학과 기하학)·천문학·의학 지식을 천주교 교리에 통합시켜서 중국 등 동양에 '서학'으로 포교하였다. 이 통합문명적 포교 방식은 진리임이 명백한 자연과학의 원리를 받아들이면 천주교 교리도 자연과학 기술과 같은 진리로서 받아들여 신앙할 수 있게 하는 효과가 있었다.

서학 ─┬─ ① 서양종교(천주교, 기독교 신교)

      └─ ② 서양과학기술(수학, 천문학, 생물학, 의학)

중국에 들어온 프랑스 예수회 동방선교부의 천주교 신부들은 포교를 목적으로 중국에 들어와서 한문으로 가톨릭 성서들만 저술 보급할 것이 아니라, 서양의 수학·천문학·생물학·의학·지리학 등에 대해서도 한문으로 저술하여 이를 서로 통합시켜서 중국 등 동양지식인들에게 전파하였다.

또한 천주교 신부들은 동양인들의 신앙을 선점한 동양의 기존 종교인 불교와 유교에 대해서는 상당히 깊은 연구를 한 후 이를 근저에서 비판하면서도 불교와 유교의 중요한 용어들은 취하여 천주교식으로 해석해서 천주교의 불교·유교 등에 대한 종교적 학술적 우위를 암묵리에 전파하려고 하였다.

동방선교회의 이러한 양식의 제수이트 신부들의 선교활동이 18세기 초엽 조선왕조에도 들어와서 일부 지식인과 평민 및 부녀층 사이에 서학과 천주교 신앙이 전파되기 시작한 것이다.

2. 하빈 신후담의 문제제기와 성호(星湖) 이익(李瀷)의 답변

하빈 신후담은 17세에 부친의 엄격한 훈도를 듣고 성리학(性理學) 공부에 전심전력한지 여러 해 후에 마테오 리치(利西泰)의 『천주실의(天主實義)』 등을 읽고 1724년(갑진, 23세 때) 3월 21일 이에 대한 비판서를 집필 중에 스승 성호 이익(李瀷)을 방문하여 문제를 제기하였다.

하빈이 성호를 방문했을 때에는 마침 다른 사람과 마테오 리치에 대해 논하고 있었다. 하빈은 마테오 리치는 어떤 사람이냐고 질문하였다.

성호의 답변은 뜻밖에 "이 사람의 학문은 가볍게 보아서는 안 된다. 지금 그가 저술한『천주실의(天主實義)』,『천학정종(天學正宗)』등의 서적들을 보면 비록 그의 도(道)가 우리 유학(儒學)에 반드시 합치되는지는 알지 못하겠으나 그 도(道)에 나아가 도달한 바를 논한다면 역시 성(聖)이라 할 만하다"[31]고 매우 높이 칭송하였다.

하빈은 스승이 마테오 리치의 무엇을 갖고 그렇게 높이 평가하는지 마테오 리치 학문(즉 서학)의 종지(宗旨)를 물었다.

성호는 "그가 이르기를 '머리는 생명을 부여받는 근본이다. 머리에는 뇌낭(腦囊)이 있어서 기억의 주체가 된다'고 하였다. 또 이르기를 초목에는 생혼(生魂)이 있고, 금수에는 각혼(覺魂)이 있으며, 사람에게는 영혼(靈魂)이 있다'고 하였다. … 이는 바로 우리 유학의 심성론(心性說)과는 같지 않으나, 또한 어찌 그것이 반드시 그러하지 않다는 것을 알겠는가"[32]라고 답변하였다.

여기서 우리가 주목할 것은 하빈의 질문은『천주실의』『천학정종』등의 마테오 리치의 학문의 종지(宗旨), 즉 서학의 〈천주교 교리〉 종지를 질문한 데 대하여 성호의 답변은 서학의 과학과 결합된 삼혼설(三魂說)로 설명하고 있다는 사실이다. 아리스토텔레스가 과학·의학으로 정립하여 토마스 아퀴나스가 신학체계 안에 수용해서 그후 스콜라 학파의 정설이 된 삼혼설을 성호는 찬성하고 수용하여 그것이 마테오 리치의 창의인 줄 알고 그를 '성인'으로까지 극찬한 것이었다. 성호가 찬성하고 수용한 서학은 서학의 이중구조 속에서 자연과학적 측면이었고, 여기서 나아가 그 도(道)까지

---

31)『河濱先生全集』卷7,『遯窩西學辨』紀聞編(이하『紀聞編』으로 약함), 甲辰春 見李星湖紀聞, 名漢 居安山,「星湖曰, 此人之學, 不可歇者, 今以其所著文字, 如天主實義天學正宗等諸書觀之, 雖未知其道之必合於吾儒, 而就其道而論其所至, 則亦可謂聖人矣.」

32)『紀聞編』, 甲辰春 見李星湖紀聞,「李丈曰, 其言云, 頭者, 受生之本也. 頭有腦囊, 受記含之主. 又云草木有生魂, 禽獸有覺魂, 人有靈魂, 此其論學之大要也. 此雖與吾儒心性之說不同, 而亦安知其必不然也.」

수용할 수 있다고 본 것이었다.

그러나 하빈은 물러서지 않았다. 하빈은 "내가 일찍이 책 한 권(『천주실의』인 듯)을 보았는데 서태지학(西泰之學, 서양 학문)은 천신(天神)을 존봉(尊奉)함을 종지로 삼는다고 하였습니다. 그러므로 일본의 평행장(平行長, 小西行長)은 일찍이 그 학(學)을 배워 거주하는 곳에는 반드시 천신상(天神像)을 세웠다고 합니다. 이 설을 신앙할만한 것입니까"[33]라고 물었다.

여기서 우리가 또한 주목할 것은 하빈이 성호에게 질문하고 있는 것이 서학의 종교[道]의 측면이라는 사실이다. 하빈은 『천주실의』에 쓴 서학의 천주(天主, 天神) 숭배를 질문하고 있는 것이다.

성호는 『천주실의』에 천신(天神) 존봉설이 있음을 인정하였다.

하빈은 『천주실의』에 있는 천당지옥설(天堂地獄說)이 불교의 천당지옥설과 무엇이 다른가고 다시 질문하였다.

성호는 '천당지옥설'은 대체로 불교와 같으나, 불교는 '적멸(寂滅)'뿐인데, 서양학문에는 '실용처(實用處)'가 있다고 하였다.[34]

하빈은 "만약 실용처가 있다면, 그 말에 치민정국(治民定國)하는 방법과 그 선조에 요·순·우·탕과 같은 치도(治道)에 능한 바의 기록이 있습니까"고 물었다.

성호는 답변하기를 "그 문자를 고찰하면 역시 치도(治道)를 논하고 성군현주(聖君賢主)의 일을 기록한 것이 있다. 그런데 내가 실용(實用)이라고 말한 것은 『천문략(天問略)』, 『기하원본(幾何原本)』 등 여러 서적들에서 논한 천문(天文)·주수(籌數, 수학)의 법으로서, 이전 사람들이 발견하지 못한 것을 밝힌 것이니 세상에 유익함이 있다"[35]고 설명하였다.

---

33) 『紀聞編』, 甲辰春 見李星湖紀聞, 「余問曰, 嘗見一書, 言西泰之學, 盖以尊奉天神爲宗. 故日本平行長, 嘗爲其學, 而所居必置天神像云, 此說信否?」

34) 『紀聞編』, 甲辰春 見李星湖紀聞, 「李丈曰, 此等處, 雖與佛氏略同, 而佛氏則寂滅而已. 西泰之學, 則有實用處.」

여기서 다시 주목할 것은 하빈은 서학의 한 측면이고 본질적인 천주(天主, 天神) 신앙을 질문하고 추적하고 있는데 대하여, 성호는 서학의 다른 측면인 천문학·수학 등의 과학기술학의 실용성을 강조하고 있다는 사실이다.

즉 하빈과 성호의 서학에 대응하는 방식은 동양과 조선에 들어온 서학의 이중 구조에 대해서 문제 삼는 측면이 서로 다른 것이었다. 하빈은 서학의 종교적 측면인 천주신(天主神)의 신앙을 성리학의 관점에서 문제제기를 한 것인데 비하여, 성호는 서학의 과학기술 측면인 수학·천문학 등 자연과학의 실용성을 주목하여 수용하고 상찬한 것이었다.

3. 하빈과 성호의 제2차 및 제3차 토론

하빈은 서학에 과연 '실용처'가 있는가를 확인하기 위해 서학의 대표적 실용서라고 하는 『직방외기(職方外記(紀))』를 읽어 본 다음 1724년(갑진) 7월 17일 다시 성호를 방문하였다.

『직방외기』는 이탈리아 출신 예수회 선교사 알레니(Giulio Aleni, 중국명 艾儒略, 1582~1649)가 1623년 저술한 세계 인문지리서였다. 당시 서양에서는 콜럼버스가 미주를 탐험하였고, 마젤란이 세계를 일주한 후였으므로 아시아·유럽·아메리카·아프리카 등 5대주의 중국에의 조공권 이외의 세계 주요국가들의 간단한 정치 경제 교육 문화 등을 예수회 선교사들의 견문기를 참고하여 편찬하였다. 이 책에서는 인문지리 설명에서 적절하게 천주(天主)의 은총과 선량한 자의 천당행, 악한자의 지옥행의 선교사의 이야기를 삽입하여 중국 이외의 세계의 넓은 다른 대륙을 소개하면서 천주교를 선교하였다.

---

35) 『紀聞編』, 甲辰春 見李星湖紀聞 참조.

하빈은 『직방외기』를 읽은 후 성호를 방문하여 "제가 일찍이 서양(西泰)인이 지은 『직방외기』를 구하여 보았더니, 곧 그 도(道)가 전적으로 불교(佛敎)를 답습하였는 바, 이는 그 사학(邪學)임이 의심없습니다. (그럼에도) 선생님이 그것(서학)을 취하시는 뜻을 깨닫지 못하겠습니다"[36]고 질문하였다.

성호는 그렇지 않다고 생각하고 "서태지학(西泰之學, 서학)은 가볍게 보아서는 안 된다"고 간단히 가볍게 답변한 후 더 설명해 주지 않았다.

하빈은 1724년 제2차 방문 때 성호의 답변을 듣지 못하고 돌아온 직후 성리학의 입장에서 서학을 날카롭게 비판하는 『서학변』을 저술한 것으로 보인다.

그리고 그후 친우이며 역시 성호의 애제자인 윤동규(尹東奎, 호 幼章)에게 『서학변』에 기초하여 서학을 날카롭게 비판했던 것으로 보인다.

하빈이 이듬해 1725년(을사) 7월 27일 안산의 성호 선생댁을 방문했더니, 성호는 "내가 일찍이 윤유장(윤동규)의 말을 들으니 군이 서태지학(西泰之學)을 배척하는데 진력한다고 들었는데 군은 서태지학(서학)을 어떻게 생각하는가. 내가 군을 위하여 설명해 주겠다" 하고, 다음의 요지로 '서학'을 설명하였다.[37]

---

36) 『紀聞編』, 甲辰秋 見李星湖紀聞, 「甲辰七月十七日, 與往拜李星湖丈于鵝峴寓舍. 問曰, 頃見先生深取西泰之學. 竊嘗求西泰所撰職方外記觀之, 則其道全襲佛氏, 其爲邪學無疑. 先生取他之意, 竊所未曉.」 참조.

37) 『紀聞編』, 乙巳秋 見李星湖紀聞, 「李丈問曰, 吾嘗聞尹幼章之言, 則君斥西泰之學, 不遺餘力云, 君知西泰之學爲何如也, 吾且爲君言之. 西學如天堂地獄之說, 固未免染於佛氏, 而其論星曆之數, 則實有前古之所未發者. 要之天堂地獄之說, 亦是其見不到處, 非故有誣世之意, 如佛氏之爲也. 大抵西國去中國, 八萬餘里, 而彼耶蘇會諸人, 獨以敎世爲心, 航海遠來, 少無抱戀之意, 及達中國, 見官之而不拜, 祿之而不受, 獨眷眷於揚其道而敎天下. 想其胸次廣大, 意思之宏淵, 足以破世俗齷齪卑狹, 物我計較之私. 而人或謂其遠來之意, 實欲張僞敎而陷一世, 則吾將以百口保其必不然也. 至其天主之說, 昧者瞠爲, 而今以經傳所載上帝鬼

(1) 서학의 '천당지옥설' 같은 것은 진실로 불교에 물들었음을 면치 못하였다. 그러나 그 성력(星曆, 천문·역법)의 수(數)를 논한 것은 실로 이전 사람들이 밝히지 못한 것이 있다. 천당지옥설 역시 그 미치지 못하는 곳을 볼 수 있으나, 불교가 하는 것처럼 혹세무민하려는 뜻이 있는 것은 아니다. 그들은 8만 여리나 먼 서국(西國)에서 와서 단지 세상을 구제하는 일에만 마음을 쓰고 다른 세속적 사사로운 외물에는 구애받지 않는 것이지, 위교(僞敎, 거짓 종교)를 전파하여 세상을 함정에 빠뜨리려고 하는 것이 아니다.

(2) 천주(天主)설에 대해서는 몽매한 사람들은 놀라겠지만, 유교 경전에 실려 있는 상제귀신(上帝鬼神)설을 보면 그 설 역시 암암리에 서로 연계되는 바가 있다. 이 때문에 중국 선비(中士)가 '천주설'을 배척하다가 서양선비(西士)에게 굴복당한 것이다. 그러한즉 군이 오늘날 (서학을) 배척하는 것은 역시 깊이 고찰하지 않았기 때문일 것이다.

하빈은 성호에게 가르침을 받고 서학 시비에도 깨뜨릴 수 없는 부분이 있음을 알았지만 저의 낮은 생각으로는 "저들은 대개 '재주가 있고 기술은 높은 자(有才而高於術者)'입니다. 그러므로 성력(星曆, 천문·역법)의 설에는 정묘한 곳이 없지 않을 것입니다. 그러나 도(道)를 논하는 곳의 황탄(荒誕)한데 이르러서는 어질고 지혜롭다는 자들(천주교 선교사)의 과오일 것입니다"[38]라고 반론을 제기하였다.

하빈은 서학의 기술(器, 術)과 도(道)를 구분하여 서학의 기술은 높고 정교한 것 같지만, 그러나 도(道)는 황탄하여 우리 유학에 도저히 미치지 못한다고 반론한 것이었다.

神之說視之, 則其說亦有嘿相契者. 此中士斥天主之說, 所以見屈於西士者也. 然則君之今日之斥, 亦恐有未深考者也.」

38) 『紀聞編』, 乙巳秋 見李星湖紀聞,「彼盖有才而高於術者也. 故其星曆之說, 容不無精妙處. 而至其論道之荒誕, 則所謂賢智之過也.」

하빈은 이어서 스승 성호에게 서양선교사의 천문·역법이 중국의 천문·역법보다 어떻게 어디가 더 정교한 가를 질문하였다.

성호는 중국의 천문·역법의 진(秦)·한(漢) 시대부터 당시 까지의 발전과정을 자세히 설명해주고 서양 선교사의 천문·역법보다 낙후되어 있으며, 서양의 일식·월식의 설명은 중국의 일식·월식의 설명보다 훨씬 더 정교하고 정확한 것임을 상세히 설명해 주었다.[39]

하빈은 서양의 천문·역법이 그렇게 정교하고 정확하다면 중국 선비(中士)들이 그것을 수용한 사람이 얼마나 되는가고 질문하였다. 성호는 중국 선비들 가운데 서양 역법 이론에 접한 사람들은 대개 많이 이를 받아들였고, 그 중에서도 이지조(李之藻)가 이를 수용 깊이 연구하여 『혼개통헌(渾盖通憲)』을 저술했다고 설명하였다.[40]

하빈은 천문·역법을 잘 모르므로 앞으로 더 공부하겠다고 응답하였다. 그는 이때 스승의 가르침으로 서양 과학기술의 선진성과 우수성을 많이 인식하게 된 것으로 보인다. 하빈은 이때 성호 스승의 가르침을 들으려고 이틀이나 성호선생 댁에 유숙하였다.

4. 하빈과 성호의 제4차 토론

하빈은 1726년(병오) 11월 25일 안산으로 성호를 방문하였다. 이때 하빈은 작년에 성호가 칭찬하며 설명해 준 서양의 천문·역법·수학 등의 저서를 자신도 독파하여 그것이 정확하고 들어맞으며 진실로 명확히 증명할

---

39) 『紀聞編』, 乙巳秋 見李星湖紀聞 참조.
40) 『紀聞編』, 乙巳秋 見李星湖紀聞,「余對曰, 如此爲說亦不礙理, 抑西泰之論易學也, 中士之新後, 而聽受之者, 果有哉人. 李丈曰, 當時中士之接其論者, 盖多信聽, 李之藻尤酷信之, 終傳其法, 嘗渾盖通憲一書, 謂其法渾盖天相發也.」 참조.

수 있음을 확인하고, 마테오 리치 등 서양 선교사들이 비범한 인물이며 서양의 천문·역법·수학이 동양의 그것보다 선진했음을 확인한 후였다.

그러나 하빈은 서양 선교사들이 저술한 『천학정종(天學正宗)』, 『영언여작(靈言蠡勺)』 등의 저서에서 주장하는 학설(천당지옥설 등)은 전부 불교를 답습하고 있어서 족히 취할 것이 없다고 생각하였다. 또한 그들 저서에서 전하는 천주의 영험한 기적(靈應之蹟) 같은 류는 황당하고 이치에 안 맞는 것이 많아서, 세상을 속이는 뜻이 현저하다고 보았다. 그래서 하빈은 "(서학의) 그 기술(術)은 취함이 가하다 할지리도 그 도(道)는 불가불 배척해야 한다(其術雖或可取 而其道不可不斥)"41)고 생각하는데, 선생의 견해는 어떠한지 질문하였다.

여기서 주의할 것은 하빈이 이때(1726년)에 서학을 '기술(器, 術)'과 도(道)를 구분하여 서학의 선진기술은 취하고 서학의 도(道)는 배척해야 한다고 동도서기(東道西器)론의 사상을 피력하고 있다는 사실이다.

성호는 이에 대해 "서양 선비(西士)들이 어찌 반드시 세상을 속이고자 하겠는가. 단지 귀신(鬼神)을 너무 신앙(酷信)하기 때문일 뿐이다."42)고 응답하였다. 성호는 서양 선교사들을 변호하면서도, 그러나 그들의 천주신앙은 귀신신앙의 혹심한 형태라고 해석하여 하빈의 주장을 묵인하였다.

하빈은 이를 받아서 서양 선교사들의 "귀신을 믿는 폐단"(信鬼之弊)이 황탄한 데에 이른 것의 예로 "천주강생"(天主降生)설을 들어 다시 질문하였다. 하늘이 각각 그 자리에 자리잡음과 하늘의 도수(度數)가 각각 법칙에

---

41) 『紀聞編』, 丙午冬 見李星湖紀聞, 「余問曰, 西泰星曆象數之學, 嘗贊之矣. 且其推步符驗之妙, 誠亦有鑿鑿可徵者, 是知瑪竇輩亦間世之異人也. 然觀其所著, 天學正宗靈言蠡勺等書, 則其所論學之說, 全襲佛氏, 無足可取. 且其所傳靈應之蹟類. 多矯誕而不近理, 顯有誣世之意. 某窃謂, 其術雖或可取 而其道不可不斥, 未知先生以謂何如.」(아랫줄-인용자) 참조.

42) 『紀聞編』, 丙午冬 見李星湖紀聞, 「星湖曰, 西士豈必欲誣世者哉, 但酷信鬼神而然耳.」

따라 운행하는 것이 모두 천주(天主)의 주재(主宰)함에 말미암은 것이라고 천주설은 주장하는데, 그렇다면 천주는 하루라도 하늘을 떠날 수 없는 것이 분명한 것이다. 그런데 (천주가) 서양 땅에 (하늘로부터) 내려와 탄생해서 33년 간이나 오래 살다 갔다면 하늘의 자리와 도수(度數)가 문란하여 무너지는 폐해가 있었을 것이 아닌가. 하빈은 이 모순만 보아도 서학의 "천주강생설"과 "천주주재설"은 황탄한 것이라고 비판하였다.[43]

또한 하빈은 서양 선교사의 『천학정종』 제3편 첫머리에서 유학의 성(誠) 과 유(有)를 논하고, 또 그들은 태극(太極)의 개념을 배척하는 주장을 했는데, 이것은 육상산(陸象山)과 왕양명(王陽明)의 성리학 비판을 답습한 것으로 보인다고 지적하고, 혹시 이것은 서양 선교사의 작품이라기 보다 중국 호사가들의 돌아다니는 말을 모아 이루어진 것이 아닌가 질문하였다.[44]

성호는 이에 대해 "그들이 말한 천신(天神)의 일은 비록 황탄함에 이르기도 하지만, 서양선비들이 어찌 혹세무민하려고 했겠는가. 그 '태극설(太極說)'의 배척은 비록 육·왕(陸·王)의 학설과 우연히 합치한다 할지라도 그 설은 역시 그들 스스로의 견해로 본다"[45]고 응답하였다.

여기서 명확한 것은 성호는 서학 중에서 천주교의 천신(天神: 天主) 교리는 귀신신앙의 혹심한 형태로 받아들이지 않으나, 선교사들의 선교 활동

---

43) 『紀聞編』, 丙午冬 見李星湖紀聞, 「余問曰, 信鬼之弊, 如所謂天主降生之說, 其誕亦太甚. 此其嘗論天主之說曰, 天之次舍, 各依其所, 度數, 各依其則者, 由天主之爲之主宰也云, 則天主之不可一日離天也, 亦明矣. 而顧乃降生西士, 至於三十三年之舊, 則天之次舍度數, 能無紊舛壤隊之弊乎.」 참조.

44) 『紀聞編』, 丙午冬 見李星湖紀聞, 「且其正宗第三篇篇首, 所謂儒之曰誠, 曰有, 未盡聞其釋者, 初若不知有儒家書, 而不文所論, 出入經傳, 無不貫穿, 其於儒家書, 亦甚熟矣. 此固牴牾可疑處而也. 至其辨斥太極之說, 則全襲陸王氏餘論, 鄙意則竊恐此未必西士所爲也, 惑是中國之好事者, 傳會而成之也.」 참조.

45) 『紀聞編』, 丙午冬 見李星湖紀聞, 「星湖曰, 其言天神之事, 雖涉荒誕, 然西豈士必欲惑世而誣人者哉. 至其辨斥太極之說, 雖與陸王偶合, 然其說亦自有見.」

은 불교처럼 자기들이 신앙하는 독자적 종교를 포교하려는 것이지 혹세무민하려고 선교하는 것은 아니라고 선의로 해석하고 있는 사실이다.

하빈과 성호의 네 차례의 토론(또는 논쟁)에서, 하빈은 서학을 기·술(器·技·術)과 도(道·敎)로 명료하게 구분하여, 서학의 기술의 우수성·선진성은 인정하여 수용할지라도, 도(道·敎)는 유교·유학(儒敎·儒學)이 더 합리적이고 우수하므로 이를 지키고 서학의 도(道·敎)는 배척해야 한다고 주장했음을 알 수 있다.

한편 스승 성호는 서학의 기술 측면의 우수성·선진성에 경탄하어 이의 수용을 주장하면서, 하빈의 지적에 따라 서학을 기술과 도(道)를 구분하여 그 도(道)는 존숭하지 않으면서도 서학도 불교와 같이 하나의 학설이므로 배척할 필요까지 있겠는가라는 견해를 갖고 있었음을 확인할 수 있다.

두 분이 모두 실용과 과학기술의 중요성을 강조하고 서양의 선진 과학기술의 수용에는 견해를 같이한 실학자(實學者)였다. 그러나 서학의 천주교 교리(道)에 대해서는 하빈은 성리학을 수호하고 천주교 교리는 배척해야 한다고 본 데 대하여, 성호는 서양 선교사들이 선진과학 기술도 함께 가져오므로 교리(道)의 선교에도 방관하는 견해를 갖고 있었다고 볼 수 있다.

5. 하빈의 이식(李栻) 및 이만부(李萬敷)와의 토론

하빈은 『서학변』을 저술하고 성호와의 토론을 끝낸 두 해 뒤에 1728년 이천(利川) 성동(城東)에 사는 (무신) 익위(翊衛) 이식(李栻)을 방문하였다. 이식은 '심신설(心腎說)'을 제시하여 성호 이익과 논쟁을 한 일이 있었다. 이식은 하빈에게 '심신설'에 대한 하빈의 견해를 물었다.

하빈은 자기는 '심신설'을 연구한 바 없다고 사양하고, 다음과 같이 스승 성호의 '심신설'에 대한 견해의 변화를 설명해 주었다.

"일찌기 성호 선생을 따라 배웠는데 서양의 '아니마(亞尼瑪, anima)'의 학에 이르렀습니다. 성호 선생께서는 지난번 高城丈(이식에 대한 하빈의 존칭인 듯-인용자)의 腎이 大本이 되고 心이 大用이 된다는 설을 보고 그릇됨을 변척하였다. 지금 '아니마'에 대해 논한 설을 보니 두개 골 정수리 사이에 '뇌낭(腦囊)'이 있어 바쁘게 활동할 때 기억의 주체 가 된다고 운운하였다. 그 설은 비록 경전에 보이지는 않지만 역시 자 못 맞는 바 있어 하나의 도리가 됨에 해롭지 않다. 이로 인해 高城丈 의 心腎說을 돌이켜 보니 또한 묘맥(苗脈)과 내력이 있는 것 같다고 하셨습니다."46)

성호는 서학의 '아니마설' '뇌낭설'을 읽고 그것을 합리적 학설로 수용 하면서 이전에 배척했던 이식의 심신설(心腎說)도 일리가 있는 견해로 생 각이 바뀐 것을 하빈이 이식에게 알려준 것이었다.

이식이 '아니마설'은 처음 듣는 바라하고 하빈에게 성호의 '아니마설'에 대한 견해를 묻자 하빈은 다음과 같이 성호의 견해를 요약해 설명하였다.

"'아니마'라는 문자는 『天學正宗』『靈言蠡勻』 등서에서 그 학설의 대략을 볼 수 있습니다. 상단에 '뇌낭설' '三魂說' 등은 성호가 취한 바입니다. '천당지옥설' 같은 것은 성호가 배척한 것입니다. 소위 三 魂은 生魂·覺魂·靈魂을 말합니다. 초목에 속한 것은 오직 '생혼'만 있고, 금수에 속한 것은 '생혼'과 또 '각혼'이 있으며, 사람인 즉 '생 혼'과 또 '각혼'과 또 '영혼'이 있다는 것이 그 대략입니다. 이밖에 천 문·역학[受曆]과 수학[籌數]의 설은 『天問略』『幾何原本』 등서에 보 이는데, 성호는 모두 깊이 취하고, 그들의 역학(曆學)은 만고에 으뜸 이라고 칭찬하셨습니다. 그러나 그들의 『천학정종』은 한 곳에서 주

---

46) 『紀聞編』, 戊申春 見李瀷衛紀聞, 「抑嘗從安山, 言及西洋亞尼瑪之學, 安山云, 嚮見高城丈, 腎爲大本, 心爲大用之說, 而卞其非矣. 今見亞尼瑪文字, 謂有腦囊, 悤之際, 爲記含之主云云. 其說雖不經見, 亦頗有會, 自不害爲一般道理. 因此而 反思高城丈心腎之說, 亦似有苗脈來歷, 所聞於安山者如此, 蓋未能深扣其說也.」

염계(周濂溪)의 『太極圖』와 『太極圖說』을 비판한 것이 있는데, 陸象山의 무리의 말과 의연히 일치합니다. 이러한 류의 말들은 중국의 육상산 학파의 무리들의 말을 (서양 선비들이) 견강부회하여 말한 것 같습니다"[47)]

여기서 하빈은 성호가 서학 중에서 수용한 것은 '뇌낭설' '삼혼설' 등이고 '천문·역학'과 '수학'은 만고의 으뜸이라고 칭찬하면서 수용했으며, '천당지옥설'은 배척했다고 정확히 요약하여 설명하였다. 여기에 하빈 자신의 견해로 서양 선교사들이 주염계의 『태극도』, 『태극도설』을 비판한 것은 그들의 창의가 아니고 중국의 육상산·왕양명 학파의 주염계 비판을 갖다가 견강부회한 것 같다고 설명하였다.

하빈은 1729년(기유년) 윤 7월 29일 서울 서쪽 강촌에 사는 식산(息山) 이만부(李萬敷)를 방문하였다.

이만부가 서학에 대해 묻자, 하빈은 서학의 특징을 '삼혼설'과 '뇌낭설'을 들어 답변하였다.

이에 대해 이만부는 "삼혼설은 비록 독창적이고 새로운 듯 하나 그 분등(分等)의 뜻을 보면 사실은 우리 유가(儒家)의 인(人)과 물(物)의 통(通)하고 막히는(塞) 이론(人物通塞論)에서 나온 것이다. 뇌낭설 또한 (우리) 의학서에 뇌수를 논한 바와 서로 연계되어 있으니, 이것은 그 명칭을 새롭게 하고 그 기술을 기이하게 한 것에 불과하고 반드시 특출한 견해가 아니

---

47) 『紀聞編』, 戊申春 見李翊衛紀聞, 「余對曰, 亞尼瑪文字, 如天學正宗靈言蠡勺等書, 可見其學之大略, 而如上項腦囊說及三魂等說, 安山之所取也. 如天堂地獄之說, 安山之所斥也. 所謂三魂者, 曰生魂, 曰覺魂, 曰靈魂, 草木之屬, 只有生魂, 禽獸之屬, 有生魂又有覺魂, 人則有生魂有覺魂又有靈魂, 此其略也. 其論天堂地獄, 則如佛氏同, 此外又有論受曆籌數之說, 見於天問略幾何原本等書, 安山皆深取之, 稱其曆學冠絶萬古. 抑其天學正宗, 有一處論濂溪太極圖及圖解之非, 如象山輩說話, 依然一套. 若此之類, 似是皇朝陸學之徒, 傳會而爲之也.」

다"48)고 서학의 삼혼설과 뇌낭설을 높게 평가하지 않았다.

하빈은 이만부가 '서학'과 성호의 서학의 '삼혼설' '뇌낭설'에 대한 높은 평가에 동의하지 않고 있음을 인지한 것이다.

---

48) 『紀聞編』, 己酉秋 見李息山紀聞, 名萬敷 居尙州, 「李丈曰, 三魂之說, 雖若創新, 而觀其分等之意, 實出於吾儒家人物通塞至論. 腦囊之說, 又與醫書之所以論髓海者相契, 此不過新其名奇其術, 而未必有絶出之見也.」

Ⅳ. 하빈의 서학 '아니마(anima, 영혼)'설 검토

1. 서학의 아니마(anima, 영혼) 불멸설 검토

하빈은 서학에 대한 본격적 검토 비판을 이탈리아 출신 선교사 삼비아시(Francesco Sambiasi, 중국명 畢方濟, 1582~1649)가 저술하고 중국 명나라 서광계(徐光啓, 1562~1633)가 정리한 『영언여작(靈言蠡勺)』의 집중적 주제인 서학의 '아니마(anima, 영혼)' 불멸설 검토로부터 시작하였다.

하빈은 먼저 『영언여작』 서문에서 서양선비 삼비아시가 제시한 바 군자의 격물치지의 목적인 죽은 후의 영혼의 천당에서의 영생의 근저 학설인 '영혼(아니마)불멸설'의 핵심을 다음과 같이 삼비아시의 주장대로 요약하였다.

> "저들이 아니마(anima, 亞尼瑪)라고 말하는 것은 이것이 이른바 靈魂이다. 이른바 天上에서 영원히 常在 하는 일을 구한다는 것은 영혼이 不滅하여 善을 행하는 자는 天堂에 오르고 惡을 행하는 자는 地獄에 들어가므로 배우는 자는 마땅히 마음을 다 진력하여 天堂에 오르는 일을 구해야 한다는 것이다"[49]

---

49) 『河濱先生全集』卷7, 『遯窩西學辨』(이하 『西學辨』으로 약함), 『靈言蠡勺』, 序, 「今按彼所謂亞尼瑪, 此所謂靈魂也. 所謂求天上常在之事者, 言人死而靈魂不滅, 爲善者升天堂, 爲惡者入地獄, 故學者當盡其心力以求升天堂之事也.」

하빈은 우선 『영언여작』의 서문에서 삼비아시가 요약한 이 책의 기본학설인 '아니마' 불멸설을 '영혼불멸설'로 번역하면서 다음과 같은 요지로 이를 검토 비판하였다.

(1) 사람이 죽음에 몸은 죽어도 영혼은 영생한다는 서학의 주장은 우리 유가와는 다른 견해이다. 유학의 사생관은 『역경(易經)』, 『예기(禮記)』 등에 기록되어 있는데, 혼(魂, 영혼)과 백(魄, 육체, 형체)이 하나로 일체가 되어 융합되어 있는 것이 생(生)이다. 죽으면 '혼'은 하늘로 돌아가 흩어지고, '백'은 땅으로 돌아가 썩어버리는 것이다. 비록 돌아가는 곳은 다를지라도 몸은 땅으로 돌아가 썩어서 소멸되고 영혼은 떠돌다가 흩어져서 변하여 결국 사람은 죽어서 몸과 영혼이 결국 모두 소멸되는 것이다.

> "사람의 生(출생)은 음양의 정기가 모여서 物을 이루는 것이다. 죽음(死)에 이르러서는 魂(혼)은 (공중에) 떠돌고 魄(백)은 (땅으로) 내려가는 것이다(魂遊魄降). (혼과 백이) 흩어지면 변한 것이고 바로 이 흩어져 변한 것은 生存한 것이 死亡한 것이다. 견고한 것이 썩으니 物(육체)은 다시는 없게 된다. 저들이 소위 永永常在한다는 것은 과연 무엇에 근거한 것인가(이치에 닿지 않는다)."[50]

하빈은 사람이 죽으면 육체와 영혼이 분리되어 모두 소멸된다는 유가의 설이 사실과 이치에 합치하는 진실한 학설이고, 서학의 영혼(아니마) 불멸설은 천당지옥설로 세상 사람들을 자기 종교로 유인하기 위해 만든 가공의 견해라고 비판하였다.

(2) 서학의 '천당지옥설'은 불교에서 빌려 왔거나 답습한 것 같다. 불교에는 사람이 죽어도 정신은 불멸하며, 천당(극락)·지옥의 법이 있고 윤회

---

50) 『西學辨』, 『靈言蠡勺』, 序, 「人之生也, 陰精陽氣, 聚而成物, 及其死也, 魂遊魄降, 散而爲變, 旣是變則存者亡, 堅者腐, 更無物也. 彼謂永永常在者, 果何據也.」

(輪回)와 인과응보의 등급이 있다는 설을 지어 사람들의 마음을 붙들어 두렵게 하고 유혹하는 설명이 있다. 그러나 이것은 가상의 것으로 사람을 두렵게 하고 유혹하는 거짓이고 이단이다. 서학은 불교와 한 가지로 이단일 수 밖에 없다. "설사 천당·지옥이 있다 해도 사람이 죽은 후에는 형체가 썩어 없어지고 이미 영혼이 또한 흩어지니 천당·지옥이 장차 어디에 펼쳐지겠는가."51) 서양의 천당지옥설은 불교의 극락지옥설과 마찬가지로 황당한 사설이다.

(3) 서학은 사람이 선(善)을 행하고 군자가 격물치지하는 목적에 대해서 죽은 후에도 불멸하는 영혼이 천당(天堂)에 올라가는 복을 구하고 지옥에 떨어지는 화를 피하기 위한 것이라고 설명한다. 이것은 사람이 자기개인의 영혼만 천당에 올라가 복을 구하는 '이기(利己)' '사리(私利)' 추구의 비루한 것이다.

우리 유학의 군자의 도는 처음부터 일상생활의 가까운 곳에서 선을 행하여, 가까이는 부모를 봉양하며 크게는 나라를 다스리고 세상을 평안케 하는 즉물궁리를 한다. 그러므로 사개인의 '이기' '사리'를 추구하면 이미 군자의 학이 아닌 것이다.

우리 유학에도 '복선화음(福善禍陰)', 선하면 복을 받고 음하면 화를 입는다는 유사한 설명이 있다. 그러나 이것은 이치(理)가 그러하다는 것이지 허황되게 죽은 후 천당(天堂)에 올라가서 영혼이 영생불사(永生不死)의 복락(福樂)을 구하는 이기심(利己心)에서 나온 것은 아니다. 하빈은 다음과 같이 썼다.

"명나라 말기에 서학(西泰之學)이 처음으로 중국에 들어와서, 불교의

---

51) 『西學辨』, 『靈言蠡勺』, 序, 「設有天堂地獄, 而人死之後, 形旣朽滅, 魄亦飄散, 則天堂地獄將安所施」

나머지 이론을 인습하여 바꾸고 새롭게 하여 天主에 의탁하니, 그 설이 이치에 가까운 듯하나 요체를 논하면 그 生을 탐하고 死를 애석해 하는 利心을 스스로 감출 수 없었다. 배우는 이들이 단지 (서학의) 본원이 利益에서 나왔음을 알고, 異端의 학문임을 판단하여, 死·生에 내 마음(吾心)을 동요하지 않도록 삼간다면 그들의 설에 유인되지 않을 것이다.”[52)

즉 하빈은 이기심(利己心)에 근거를 두어 자기 영혼만 천당에 올라가서 영생의 복락을 구하려는 ‘서학’보다 자기에 가까운 부모형제의 봉양부터 시작하여, 나라와 세상을 평안케 하는 ‘유학(성리학)’이 우수하고 이치(理)에 훨씬 더 잘 부합한 학문이므로 서학에 유인되지 않아야 한다고 주장한 것이었다. 하빈은 이러한 관점에서 『영언여작』의 서학 내용을 장별로 낱낱이 비판하였다.

2. 서학의 아니마(영혼) 실체설 검토

삼비아시는 『영언여작』 제1편에서 ‘아니마(anima)’의 실체적 특징으로 ① 자립체(自立體) ② 본자재자(本自在者) ③ 정신의 류(神之類) ④ 불사체(不死體) ⑤ 나의 체모(我體模) ⑥ 그라시아(聖寵)에의 의존 등 6개 특징을 들었다. 하빈은 삼비아시의 각각의 설명에 대해 그 주장의 핵심을 검토하고 유학(성리학)의 관점에서 낱낱이 검토 비판하였다.

---

52) 『西學辨』, 『靈言蠡勺』, 序, 「至於皇朝之末, 西泰之學始入中國, 則又因佛氏之餘論, 而変而新之依
托天主. 其說愈爲近理, 而要而論之, 則亦不能自掩其貪生惜死之利心. 學者但知其本源之出於利, 斷其爲異學而愼勿以死生動吾心, 則不至爲其說之所引取矣.」

1) '아니마(영혼)' 자립체(自立體)설 검토

서학은 어찌하여 '아니마(anima)'를 '자립체'로 보는가? 사물을 탐구하는 자는 사물의 명칭을 정함에 있어서 '총칭(보편적 일반칭)'과 '전칭(專稱: 부분적 전문칭)'의 구분법을 사용한다. '자립체'라 함은 아니마의 '총칭'이다. 삼비아시는 다음과 같이 썼다.

> "사물탐구의 이론(格物之說)에는 자립(自立, substantia)과 의리(依賴, accidentia)가 있다. 자립자는 스스로 체(體)가 되어 다른 사물의 의존하는 바(곳)가 된다. 한편 의뢰자는 자립할 수 없고, 자립체에 의존하여 존재한다."53)

삼비아시는 영혼의 자립체·독립체임을 강조한 것이었다.

하빈은 이것을 다음과 같이 검토 비판하였다.

(ㄱ) 사람이 태어남에 먼저 형체(形體)가 있고 그런 연후에 (이 형체에) 양기(陽氣)가 와서 붙어 혼(魂)이 된다. 그러므로 『춘추전(春秋傳)』에서 "물(物)이 생겨나 처음으로 태어나는 것을 백(魄)이라 하고, 이미 백이 생긴 후에 양(陽)을 혼(魂)이라 한다"고 하였다.54) 그러므로 영혼은 홀로 자립하는 것이 아니라 형체가 생긴 후 그 형체에 결합하여 영혼이 생겨서 형체에 의지하는 것이다.

(ㄴ) 『태극도설』에 이르기를 "형(形)이 이미 생겨나면 신(神)이 지(知)를

---

53) 『西學辨』, 『靈言蠡勺』, 第一, 論亞尼瑪之體, 「凡格物者, 欲定一物之稱謂, 必以總專爲法, 自立之體者, 亞尼瑪之總稱也. 一格物之說, 有自立有依賴, 自立者, 自爲體而爲他物所賴, 依賴者, 不能自立, 依自立之體而爲有.」

54) 『西學辨』, 『靈言蠡勺』, 第一, 論亞尼瑪之體, 「按此言人之靈魂, 自爲体而未嘗依賴於他物, 故爲自立之体也. 然人之生也, 先有形体, 然後方有陽氣來附而爲魂. 故春秋傳曰, 物生始化曰魄, 旣生魄陽曰魂」 참조.

발(發)한다"고 하였다. 사람이 죽으면 형체가 이미 썩어 없어지고 혼 역시 흩어져 사라지니, 혼(魂)은 스스로 존재할 수 없는 것이다. 주자는 이르기를 "혼기(魂氣)가 하늘로 돌아간다는 것은 오직 기(氣)가 흩어진다는 것이다"라고 하였다. 이로 미루어 보면 혼은 형체에 의지하여 존재하는 것이고 형체가 이미 죽으면 죽 흩어져서 무(無)로 돌아가는 것이다. 그러므로 영혼은 자립체가 아니라 형체(신체)에 의지 결합하여 존재하는 것이다.[55]

2) 서학의 '아니마' 본자재자설(本自在者說) 검토

삼비아시는 『영언여작』에서 아니마를 본래 자재(自在)하는 실체라고 다음 요지로 주장하였다.

> "어찌하여 (아니마를) 본래 그 자체로 존재하는 것[本自在者]이라고 하는가? 생혼(生魂)과 각혼(覺魂)으로부터 구별하기 위해서다. 생혼과 각혼은 형질에서 나오며 모두 그 형체에 의존하여 존재하는 것이다. 의존하는 바가 다하면 생혼과 각혼도 모두 사라진다. 사람에게 있는 영혼은 형질에서 나오는 것이 아니며 그 형체에 의존하여 존재하지 않는다. 비록 사람이 죽더라도 소멸하지 않기 때문에 본래 그 자체로 존재한다고 하는 것이다."[56]

하빈은 이 주장을 검토하고 다음의 요지로 비판하였다.

---

55) 『西學辨』, 『靈言蠡勺』, 第一, 論亞尼瑪之體, 「太極圖曰, 形旣生矣, 神發知矣. 人之死也, 形旣朽滅而魂亦飄散, 不能自有. 故張子曰, 遊魂爲変者, 自有而無也. 朱子曰魂氣歸于天者, 只是氣散也. 以此推之則魂者乃是依於形體, 而爲有形體旣亡, 則消散而皈於無者也. 烏得爲自立之体乎.」 참조.

56) 『西學辨』, 『靈言蠡勺』, 第一, 論亞尼瑪之體, 「何謂本自在者? 以別於生魂覺魂也. 生魂覺魂, 從質而出, 皆賴其體而爲有. 所依者盡, 則生覺俱盡. 靈魂在人, 非出於質, 非賴其體而有. 雖人死而不滅, 故爲本自在也.」

(ㄱ) 서학(삼비아시)은 인간의 영혼은 생혼·각혼과 다르기 때문에 죽어도 소멸하지 않는다고 말하는데, 이는 그렇지 않다. 한 사람의 몸에는 단지 하나의 혼이 있으니 생장하는 바도 이 혼이요, 지각하는 바도 이 혼이다. 다만 만물 가운데 사람이 천지의 빼어난 기를 품부받았기 때문에 그 혼은 만물에 비해 영명(靈明)하다. 이미 영혼이 있고 또한 생혼·각혼까지 세 가지가 각각 있는 것이 아니라 하나의 영혼이 되어 한 몸에서 함께 행하는 것이다.[57]

(ㄴ) 인간의 영혼은 하나의 통합된 영명한 혼이다. 그 가운데는 서학이 말하는 생혼과 각혼과 영혼이 하나로 통합되어 있다. 그러므로 생혼과 각혼이 죽어서 모두 없어지면 동시에 영혼도 함께 죽어 흩어져 없어지는 것이지 어찌 영혼만이 분리되어 홀로 존재할 수 있겠는가.[58] 하빈에 의하면 영혼은 본래 스스로 존재(存在)할 수 있는 것이 아니라 반드시 형체에 의지 결합하여 존재하는 것이다.

3) 서학의 '아니마' 신류설(神類說) 검토

삼비아시는 아니마의 특징을 신(神)의 류(類)라고 다음의 요지로 주장하였다.

어찌하여 (아니마는) (정)신의 부류라고 하는가? 신의 부류에 속하지

---

57) 『西學辨』, 『靈言蠡勺』, 第一, 論亞尼瑪之體, 「必謂靈魂異於生覺, 故死而不減, 則此有不然. 人之一身, 只有一魂, 所以生者此魂也, 所以覺者此魂也. 但萬物之中人稟天地之秀氣, 故其魂此物爲靈. 非旣有灵魂又有生魂覺魂三者, 各爲一物, 而並行於一身之中也.」

58) 『西學辨』, 『靈言蠡勺』, 第一, 論亞尼瑪之體, 「故此不文亦曰, 亞尼瑪是一非三, 只此灵魂亦生亦覺. 俱盡之後, 寧有靈魂獨在之理乎. 참조.

않는 것, 예를 들어 생혼·각혼 등과 구별하기 위해서이다. 이전에(昔) 또한 (그것으로써) 다른 여러 망령된 설을 바로잡았으니 예를 들어 혼을 기(魂爲氣)라고 여기는 것 등이다.59)

하빈은 삼비아시(서학)의 이 주장을 다음의 요지로 검토 비판하였다.

(ㄱ) 하빈에 의하면, 서학(삼비아시)의 이 이론은 생혼과 각혼은 사람과 동물이 함께 가지지만 영혼은 사람이 홀로 가지고 있기 때문에, 영혼은 (정)신의 부류에 속하여 생혼이나 각혼과 구별된다는 것을 말하는 것이다. 그러나 사람의 혼이 사물의 혼과 구별된다고 하는 것은 괜찮지만, 영혼이 생혼·각혼과 다르다고 말한 것은 삼혼(三魂)이 마치 각각 하나의 사물이 되는 혐의가 있으니 그 폐단은 위 단락의 '본래 그 자체로 존재한다[本自在]'는 설과 마찬가지다.60)

(ㄴ) 또한 서학의 위의 이론에서 혼이 기[魂爲氣]라는 설을 배척하는데 이르러서는 조금 의미가 있지만, 그 말이 또한 분명히 통하지 않는다. 혼(魂)과 기(氣)의 관계는 백(魄)과 정(精)의 관계와 같다. 백(魄)은 정(精)의 신(神)이며, 혼(魂)은 기(氣)의 신(神)인 것이다. 이미 기(氣)의 신(神)이니 본래 그것을 곧 기(氣)라고 말할 수 없지만, 기(氣)가 아니라면 또한 혼(魂)이라 할 수 있는 것이 없다. 지금 다만 혼(魂)이 기(氣)가 아니라고만 말하고 그것이 기(氣)의 신(神)이라고 말하지 않는다면 장차 모르는 사람들로 하여금 기(氣)를 떠나서 혼(魂)을 찾게 할 것이다. 어찌 잘못이 아니겠는가?61)

---

59) 『西學辨』, 『靈言蠡勺』, 第一, 論亞尼瑪之體, 「何謂神之類? 以別於他不屬神之類, 如生魂覺魂等. 昔又以正他諸妄說, 如爲魂爲氣等也.」

60) 『西學辨』, 『靈言蠡勺』, 第一, 論亞尼瑪之體, 「按此謂生覺則人物之所共有, 而靈魂則人之所獨有, 故靈魂爲神之類而別於生覺魂也. 然謂人魂之別於物魂則可, 謂靈魂之別於生覺魂, 則是三魂者疑若各爲一物, 而其蔽與上文本自在之說同也.」

하빈에 의하면 "혼(魂)은 기(氣)의 신(神)"이고 "백(魄)은 정(精)의 신(神)"으로서 '혼백(魂魄)'은 분리될 수 없는 하나인데, 서학은 "혼(魂)은 기(氣)이다"의 설을 배척한다면서 일반인들로 하여금 마치 기(氣)를 떠나서 혼(魂)을 찾을 수 있는 것처럼 오해하게 만든다고 비판한 것이었다.

4) 서학의 '아니마' 불사설(不死說) 검토

하빈은 서학(암비아시)의 특징의 하나가 '아니마' 불사설(不死說)을 다음의 요지로 주장하는 것이라고 보았다.

> 어찌하여 (아니마는) 죽지 않는다고 하는가? 다른 생물의 생혼·각혼이 자립할 수 없어 몸과 함께 모두 사라지는 것과 구별하기 위해서다. 또한 사람이 죽으면 혼도 함께 사라진다는 망설을 바로잡기 위해서다. 또 사람에게는 세 가지 혼이 있어 죽으면 생혼과 각혼은 사라지고 영혼만이 홀로 존재한다는 잘못된 이론을 바로잡기 위해서이다. 아니마는 하나이지 셋이 아니다. 다만 이 영혼이 또한 생혼이고 또한 각혼이다. 사람이 죽은 후에는 육체가 없기 때문에 생혼과 각혼은 쓰이지 않는다. 만약 다시 살아난다면 영혼이 육신과 더불어 다시 결합하여 생혼과 각혼이 죽기 전과 같이 다시 사용된다.62)

---

61) 『西學辨』, 『靈言蠡勺』, 第一, 論亞尼瑪之體, 「至其斥謂魂爲氣之說, 則微有意思, 而其辭亦未明暢. 魂之於氣, 亦猶魂之於精. 魄者精之神也, 魂者氣之神也. 旣是氣之神, 則固不可便謂之氣, 而非氣則又無所謂魂也. 今但言魂之非氣, 而不言其爲氣之神, 則將使不知者離氣而覓魂矣, 豈不誤耶」

62) 『西學辨』, 『靈言蠡勺』, 第一, 論亞尼瑪之體, 「何謂不能死? 以別於他物之生魂覺魂不能自立, 與體偕滅也. 又以正人死, 魂與偕滅之妄說也. 又以正人有三魂, 死則生覺已減, 靈魂獨在之誤論也. 亞尼瑪, 是一非三. 只此靈魂, 亦生亦覺. 人死之後, 因無軀殼, 故生覺不用. 倘令復生, 靈魂與肉身復合, 仍用生覺如前未死.」

하빈은 서학이 사람은 죽어도 다른 사물과 달라 생혼과 각혼은 쓰이지 않고 영혼은 쓰여서 불사(不死)한다는 위의 서학 영혼불사설은 모순에 찬 학설이라고 다음의 요지로 비판하였다.

(ㄱ) 하빈에 의하면, 저들의 용어를 빌려도 생혼과 각혼이 몸(體)에 의존하는 것은 사람과 만물이 마찬가지이다. 만물의 생혼과 각혼은 몸[體]과 함께 소멸하는데 사람에게 있는 생혼과 각혼만은 사람이 죽어도 불멸하겠는가? (그들은) 지금 영혼이 불멸함을 논증하고자 하였으나 삼혼(三魂)이 나뉠 수 없음을 어찌할 수 없어서 결국 생혼과 각혼이 함께 불멸한다고 말한 것이다. 생혼과 각혼이 불멸함을 논증하고자 하였으나 생혼과 각혼이 몸에 의존함을 어찌할 수 없어서 결국 사람의 생혼과 각혼이 사물의 생혼과 각혼과 다르다고 한 것이다. 이리저리 변명하고 있으나 깨닫지 못하는 사이에 틈이 벌어지고 새는 것을 스스로 드러내는 것이니 이 설 또한 논변하기에 부족하다. 또한 사람이 죽은 후에 생혼과 각혼이 쓰이지 않는다고 말한다면 생혼과 각혼은 어디에서 그것이 불멸함을 증험하겠는가? 또한 생혼과 각혼이 쓰이지 않는다면 영혼만이 홀로 쓰이는 것이다. 어째서 살아 있을 때는 하나이고 셋이 아니어서 나뉠 수 없다가, 죽으면 하나는 쓰이고 하나는 쓰이지 않아 나뉘어 두 사물이 되겠는가?[63]

(ㄴ) 하빈에 의하면, 생혼과 각혼이 이미 쓰이지 않는다면 비록 영혼이

---

63) 『西學辨』, 『靈言蠡勺』, 第一, 論亞尼瑪之體, 「按此段生覺魂不能自立, 及人魂不滅之說, 竝已詳辨于前矣. 其以生覺已滅, 靈魂獨在之說爲誤論則是矣. 而因謂生覺之竝與不滅則可乎. 生覺之依於体人與物均焉, 何獨在物之生覺, 則與体偕滅, 而在人之生覺, 則人死而不滅乎. 今欲訂靈魂之不滅, 而無奈三魂之不可分, 則遂謂生覺之竝與不滅. 欲訂生覺之不滅, 而無奈生覺之依於体, 則遂謂人之生覺異於物之生覺. 轉轉流遁不覺罅漏之自露, 其亦不足辨也. 且謂人死之後生覺不用, 則生覺於何而驗其不滅乎. 且生覺不用則靈魂獨用也. 奈何生也, 則是一非三而不可分. 死也則一用一不用而分爲二物耶.

불멸한다 해도 멸한 것과 다름이 없을 것이니 비록 천당의 즐거움이 있다 해도 반드시 그것이 즐거움임을 깨닫지 못할 것이요, 비록 지옥의 고통이 있다 해도 반드시 그것이 고통임을 깨닫지 못할 것이다. 만일 이와 같다면 반드시 하늘에 올라갈 일을 구하고자 하는 것이 무슨 의미가 있겠는가.[64] 그러므로 서학의 영혼 불사설은 자기모순에 차 있는 오류이다. 사람은 죽으면 몸은 땅으로 돌아가 썩어서 죽고, 혼은 하늘로 올라가 흩어져서 사멸한다는 유학의 사상이 사실과 이치에 합당한 정당한 학설이라고 하빈은 강조하였다.

5) 서학의 '아니마' 체모설(體模說) 검토

하빈은 서학의 삼비아시가 '아니마(영혼)' 체모설(體模說)을 다음의 요지로 주장했다고 지적하였다.

> "어찌하여 (아니마를) 나의 체모(體模, 실체적 형상)라고 하는가? 무릇 물(物)에는 모두 두 가지 형상[模]이 있다. 하나는 체모(體模)이고 하나는 의모(依模, 우연적 형상)이다. 실체적 형상(체모)이라는 것은 내적인 형상으로 물(物)이 이로부터 말미암아 이루어지는 바다. 이 실체적 형상이 아니면 이 물이 이루어질 수 없다. 우연적 형상(외모)은 외적인 형상이니 눈으로 볼 수 있는 물(物)의 형태가 이것이다."[65]

---

64) 『西學辨』, 『靈言蠡勺』, 第一, 論亞尼瑪之體, 「生覺旣不用, 則雖不滅而其滅無異. 雖有天堂之樂, 而心不能覺其爲樂, 雖有地獄之苦, 而必不能覺其爲苦. 如是而必欲求升天之事者, 亦何意也.」

65) 『西學辨』, 『靈言蠡勺』, 第一, 論亞尼瑪之體, 「何謂爲我體模? 凡物皆有兩模, 一體模, 一依模. 體模者, 內體模, 物所由成. 非是模, 不成是物. 依模者, 外形模, 物之形像可見者, 是也.」

하빈에 의하면 서학의 이러한 주장은 영혼을 실체적 형상으로 보는 오류이다. 하빈에 의하면, 혼이라는 것은 몸에 의지하는 것이니, 이 몸이 있은 후에 혼이 있는 것이지 먼저 혼이 있은 후에 이 혼의 형상[模像]에 의지하여 몸이 되는 것이 아니다. 이로써 실체적 형상[體模]이라는 설이 그릇됨을 알 수 있다.[66]

하빈은 혼(魂)은 홀로 분리될 수 있는 실체적 형상(體模)이 아니라, 백(魄)과 결합하여야 비로소 그 형상을 볼 수 있는 생명이 있는 한 불가분리의 정신(精神)이라고 본 것이었다.

6) 서학의 '아니마' 성총특우설(聖寵特祐說) 검토

하빈은 서학의 아니마(영혼) 이론이 천주의 성총특우(聖寵特祐)에 있다고 보고 다음과 같이 그 요지를 비교적 상세히 지적하였다.

> "어찌하여 결국에는 그라시아(額辣濟亞, Gratia, 聖寵)에 의지하고 사람의 선행에 의지해야 진정한 복을 누릴 수 있다고 말하는가? 이는 아니마의 '작용임[爲者]'을 말하는 것이다. 사람에게 있는 아니마는 다른 종국의 지향[向, 목적]이 없으니, 오로지 성스러운 은총[聖寵]에 의지하여 힘을 다해 신을 향하고 섬겨 공적을 세움으로써 천상의 참된 복을 누릴 수 있다. 그라시아(額辣濟亞)라고 한 것은 하늘의 참된 복은 사람의 지력(志力)과 천주의 보편적 도움[公祐]으로 얻을 수 있는 바가 아니며 반드시 그라시아의 특별한 도움[特祐]이 있어야 하기 때문이다. 또한 (그라시아)에는 세 가지가 있는데 하나는 처음에 깨닫도록 하는 특별한 도움[提醒特祐]이고, 두 번째는 다음의 유지시켜 주는 특별한 도움[維持特祐], 세 번째는 그 후의 영원하고 최종적인 특별한

---

66) 『西學辨』, 『靈言蠡勺』, 第一, 論亞尼瑪之體, 「按魂者依於体, 有是体然後, 有是魂, 非先有是魂, 然後依是魂之模像而爲形體也.」

도움(恒終特祐, 성화 은총, gratia sanctificans)이다.

처음에 깨닫도록 하는 특별한 도움[提醒特祐]은 나의 공력으로 이룰 수 있는 것이 아니라 천주께서 다만 사람들에게 주는 것이다. 다음의 유지시켜 주는 특별한 도움[維持特祐]은 사람이 이미 깨닫도록 하는 특별한 도움[提醒特祐]을 얻은 뒤에 또한 이 유지시켜 주는 특별한 도움[維持特祐]에 의존하는 것으로, 나와 더불어 함께 행하여 날로 의(義)로 옮겨가서 의(義)를 더욱 열심히 행하면 도움을 얻는 것이 가중된다. 이러한 유지시켜 주는 특별한 도움은 줄 만하여 주는 것이다. 이 유지시켜 주는 특별한 도움에 의지하여 함께 선을 행하고 끊임없이 의(義)를 행하면 또한 천주가 나에게 주는 영원하고 최종적인 특별한 도움[恒終特祐]을 얻을 수 있게 된다. 시시각각 죽음에 이르기까지 의를 행하여 잠시도 끊김이 없어야 하니 이 영원하고 최종적인 특별한 도움도 역시 줄 만하여야 주는 것이다. 이와 같이 목숨이 다하여 참된 복을 받게 된다면 마땅히 줄 만하여 준 것이 된다.'[67]

하빈은 서학 선교의 요체는 이 학설에 초점이 있다고 보아 상세히 검토하고 다음의 요지로 신랄하게 비판하였다.

(ㄱ) 하빈에 의하면 서학의 아니마 실체론은 결국 살았을 때 '공적'을 세워서 죽으면 '천당'에 올라가 '복락'을 누리게 된다는 것으로 귀결되는데, 이 학설 전체가 이기심(利己心)에서 나온 것이다.[68]

(ㄴ) 이른바 그라시아(聖寵, 恩寵)에 의존한다 하고 사람의 선행에 의존한다고 하는 것은 비록 두 가지 단서가 있더라도 모두 천주의 특별한 도움[特祐]에 의존하여 기다리는 것이고, 모두 사람의 의지와 천주의 보편적 도움[公祐]으로 얻을 수 있는 것이 아니라는 것이다. 무릇 사람의 의지로 얻을 수 없고 반드시 천주의 특별한 도움에 의지하여 얻는다면 이는 사람된

---

67) 『西學辨』, 『靈言蠡勺』, 第一, 論亞尼瑪之體 참조.
68) 『西學辨』, 『靈言蠡勺』, 第一, 論亞尼瑪之體, 「按此論亞尼瑪之体者, 至於此而其所飯宿, 不過在於立功業享眞福. 其學之全, 出於利心者如此.」 참조.

자[爲人者]가 단지 마땅히 천주의 특별한 도움[特祐]을 기다려야 할 것이고 반드시 선을 행하려고 마음 쓸 필요가 없다는 것이다.69) 하빈은 서학의 이 주장이 선행한 자가 불행한 경우를 변명하고 사람을 천주의 은총으로 위협하려는 매우 모순되고 비루한 요소가 있다고 지적한 것이었다.

(ㄷ) 하빈에 의하면 서학은 사람들의 선행이 모두 천주의 도움이고 의지의 관여할 바가 아니라고 하는데, 그렇다면 여기에 무슨 상줄만한 공이 있어서 천당(天堂)의 복락을 누릴 수 있겠는가?70) 모순된 이론인 것이다.

(ㄹ) 또한 천당에 가는 복이 천주의 보편적 도움[公祐]으로 얻어지는 것이 아니고 반드시 천주의 특별한 도움[特祐]으로 얻어지는 것이라면, 이는 천주가 천하의 모든 사람을 널리 사랑할 수 없고 그중에 사사롭게 사랑하는 자들이 있어서 그를 특별히 도와준다는 것이다. 똑같이 사람이고 똑같이 의지에서 말미암지 않았는데도 누군가는 돕고 누군가는 돕지 않는다면 천주가 또한 어찌 이처럼 심하게 편벽되고 공평하지 못할 수 있는가? 이역시 변론하기에 부족하다.71)

하빈은 서학(삼비아시)의 천주 성총설은 이치에 합치하지 않고 매우 불공정한 모순된 내용의 가상 이론을 설정하여 사람들의 이기심을 부추겨서 신도로 유인하려는 잘못된 학설이라고 보았다. 하빈은 이에 비하여 유학

---

69) 『西學辨』, 『靈言蠡勺』, 第一, 論亞尼瑪之體, 「今姑不論, 其所謂賴額辣濟亞, 賴人之善行者, 雖有兩端, 而均待於賴天主之特祐, 均非人之志力與天主公祐之所能得. 夫非人志力之所能得, 而必賴天主之特祐而得之, 則是爲人者, 但當待天主之特祐, 而不必留意於爲善.」

70) 『西學辨』, 『靈言蠡勺』, 第一, 論亞尼瑪之體, 「此莫非天主之所祐, 而非其志力之所與, 此有何功之可賞而得亨天堂之福乎.」

71) 『西學辨』, 『靈言蠡勺』, 第一, 論亞尼瑪之體, 「非天主公祐之所能得, 而必賴特祐而得之, 則是爲天主者, 亦不能普愛天下之人, 而於其中有所私愛而特祐之也. 均是人也, 均是不由志力, 而惑祐惑不祐, 則天主又何其偏倚不公之甚也. 其亦不足辨也.」

(儒學)과 그 가운데서도 성리학(性理學)의 혼백(魂魄) 사상과 천(天)과 사물의 이기(理氣)론이 훨씬 더 사실과 이치에 합치하는 우수하고 정당한 사상임을 강조하였다.

3. 하빈의 서학 '아니마' 능력설(能力說)의 검토

1) 서학의 '아니마' 자각과 능력의 분류설 검토

하빈은 서학(삼비아시)이 『영언여작』에서 서술한 '아니마'의 자각과 능력의 분류 방법을 정확하고 상세하게 다음과 같이 길게 요약한 다음 이를 검토 비판하였다.

「각능(覺能)에는 두 가지가 있다. 하나는 외각(外覺, 외적 감각, sensus exteriores)이고, 하나는 내각(內覺, 내적 감각, sensus interiores)이다. 외각이 행해지는 것은 외능 때문으로, 외능에는 다섯 가지 기관[五司]이 있으니, 귀·눈·입·코·몸 등이다. 내각이 행해지는 것은 내능 때문으로, 내능에는 두 가지 기관[二司]과 네 가지 직능이 있다. 첫째는 공사(公司, 공통감각, sensus communis)이니 다섯 가지 기관에서 거두어들인 소리·빛·냄새·맛 등을 받아서 분별하는 것을 주관한다. 둘째는 사사(思司, 구상력, phantasia, imaginatio)로, 사사에는 세 가지 직능이 있다. 첫 번째는 오관이 거두어들인 것을 간직하는 것을 주관하는 것이다. 두 번째는 그 사물이 자연히 통달한 뜻을 거두어들이는 것을, 세 번째는 주로 받아들인 모든 사물의 뜻을 간직하는 것이다.
내능의 두 가지 기관 이외에 별도로 한 가지 능력이 있으니, 기사(嗜司, 감성적 능력, sensualitas)라 한다. 외능의 다섯 가지 기관과 내능의 두 가지 기관이 거두어들인 것을 좋아할 수도 있고 버릴 수도 있으니 이것이 기사(嗜司)가 하는 일이다. 기사의 능력은 또한 두 가지로 구분된다. 하나는 욕능(欲能, 호의적 욕구)이요, 하나는 노능(怒能, 거부적 욕구)이다. 대개 좋아하거나 버리는 데에 있어 자기에게 서로 합당하면 구하고자 하고, 합당하지 않으면 버리고자 하는 것이 욕능(欲能)이 하는 것이다. 좋아하거나 버리는 데 있어 자기에게 서로 합당하면 감히 구하고 서로 합당하지 않으면 감히 버리니 이것이 노능(怒能)이 하는 바이다. (기사는) 혹은 좋아하고 혹은 버리는데 각각 이 두 가지를 겸하고 있다. 그러나 욕능은 부드럽고 노능은 강하기 때문에 노능은 욕능의 적이다. 이미 위에서 본 내능과 외능의 여러 기관은 사람이나 조수(鳥獸) 등에 차이가 없는데 이는 각혼이 가지고 있는 능력이다. 천주는 사람의 아니마에 있어 이를 온전히 갖추어 주셨다. 즉 사람의 아니마도 역시 각혼이라고 칭할 수 있다. - 아니마는 생혼·각혼·영혼의 세 가지 능력을 가지고 있는데, 여기서는 아니마의 각능을 논하였다.」[72]

하빈은 서학의 위의 학설을 유학의 주로 성리학 이론으로 다음과 같이 검토 비판하였다.

(ㄱ) 우리 유학의 성리학에서는 '심(心, 마음)'이 일원적으로 사물의 궁극적 지각을 완수하는 것이다. 그러므로 유학의 관점에서는 서학의 "이 문단의 외각·내각의 설은 전혀 이치에 맞지 않는다. 사람의 지각은 단지 마음[心]이 하는 일이다. 예를 들어 귀나 눈 등 오관 같은 것은 바깥 사물과 서로 접촉할 뿐이요, 일찍이 지각이 있는 것은 아니다. 비록 귀나 눈의 접촉으로 인하여 그것이 어떤 사물인지를 지각한다고 하더라도, 그 지각하게 하는 것은 귀나 눈이 아니라 마음이다. 그러므로 사람의 지각은 단지 마음의 지각 한 길뿐이며 마음의 지각 이외에 다시 별도의 지각은 없다."[73]

---

72) 『西學辨』, 『靈言蠡勺』, 第二篇, 亞尼瑪之能 참조.
73) 『西學辨』, 『靈言蠡勺』, 第二篇, 亞尼瑪之能, 「按此段外覺內覺之說, 全不近理. 人之知覺, 只是此心之所爲. 至如耳目等五司, 不過與外物相接而已, 未嘗有覺也. 雖因耳目之所接, 覺其爲某物, 而其所以覺之, 則非耳目也, 心也. 故人之知覺, 只有心覺一路, 而心覺之外更無別覺.」

(ㄴ) 서학의 뇌능과 내능의 구분도 불필요한 가정이다. "지금 외각이 행해지는 것은 외능 때문이고 내각이 행해지는 것은 내능 때문이라고 하는데, 그렇다면 사람의 한 몸에는 마땅히 두 가지 지각이 있어 내외에 별도로 근거하여 각각 하나의 사물이 있게 된다. 외각이 행해질 때 곧바로 외능으로 지각하고 마음은 그 사이에 관여하지 않는다면 이것이 과연 말이 되겠는가?"[74]라고 하빈은 지적하였다.

(ㄷ) 서학이 내능의 두 가지 기관과 욕능 및 노능의 분류를 하는 것도 불필요한 것이니, 모두 '심(心, 마음)'의 통합된 능력으로 하는 일을 헛된 가공의 개념으로 쪼개는 것일 뿐이다. 서학의 "내능에 두 가지 기관[司]과 욕능·노능이 있다는 설의 경우 역시 모두 억지로 명칭을 만들어 그 설을 기이하게 하였으나 그 귀착처를 살펴보면 특히 정확하지 않다. 공사(公司, 공통감각)의 분별은 곧 사유[思]인데 그것이 사사(思司, 구상력)와 구별되는 것은 어째서인가. 무릇 일을 구하고자 하거나 버리고자 하는 것과 감히 구하거나 감히 버리는 것은 모두 마음이 하는 바가 아님이 없으니, 기사(嗜司, 감성적 능력)의 두 가지 구분은 바로 내능에 속하는 것인데 그것을 두 가지 내사의 밖에 둔 것은 또한 어째서인가. 그런데 그 내능을 논하는 방법은 혼이라는 한 글자에 의탁하는데 지나지 않는데도 어지러이 허황되게 말하여 애초에 이 마음이 안[內]에서 주가 된다는 것에 대해서는 언급하지 않았으니, 이른바 (내능의) '내'라는 것은 우리가 말하는 '내'가 아니라 단지 가공의 헛된 것을 췌언한 것일 뿐이니 그 역시 반드시 논변할 필요가 없다."[75]

---

74) 『西學辨』, 『靈言蠡勺』, 第二篇, 亞尼瑪之能, 「今日行外覺以外能, 行內覺以內能, 則是人之一身當有兩覺, 分據內外而各有一物, 外覺之時, 直以外能而覺, 心則無與於其間, 是果成說乎.」

75) 『西學辨』, 『靈言蠡勺』, 第二篇, 亞尼瑪之能, 「至其內能二司及欲能怒能之說, 亦皆强作稱謂以奇其說, 而攷其皈着, 殊不端的. 公司之分別, 便之思也. 其所以

2) 하빈의 서학 '아니마'의 기억(記憶) 능력설 검토

하빈은 서학(삼비아시)이 서양의 고대의학의 '뇌(腦)' 이론을 수용하여 수정한 아니마의 '기억능력'의 학설을 매우 상세하게 제시하였다. 그가 이 것을 상세하게 문제삼은 것은 취할 바가 많이 있었기 때문이기도 했던 때 문이라고 볼 수 있다. 하빈은 서학의 '기함(記含; 記憶)'의 설명을 이례적으로 매우 길게 다음과 같이 요약하였다.

(1) 어찌하여 사물의 상(像)을 저장하였다가 때에 따라 쓴다고 하는가? 이것이 바로 기함(記含, 기억)의 직분으로, 다른 기관[司]과 구별되는 바이 다. 외능의 다섯 가지 기관에 의해 거두어들인 것들은 모두 형질을 가지고 있어서 내사에 들어갈 수 없으므로 그 상을 취하여 우선 공사(公司, 공통 감각)에 수용하는데, 그때의 상은 매우 거칠다. 이윽고 사사(思司, 구상력)를 통해 분별하여 세밀한 것을 취한 뒤에 기함(記含, 기억)의 기관으로 들 어가게 되는데 쓰이기를 기다렸다가 쓰고자 할 때, 때에 따라 취한다. 무형한 사물은 외사에 속하지 않고 내능의 두 가지 기관에 의해 수용되어 역사 공사(公司)에 들어가나, 본래 거친 상이 없으므로 세밀한 것을 취할 필요 없이 곧바로 사사(思司)를 통해 기함(記含)의 기관에 저장되었다가, 때에 따라 취한다. (기함이) 취한 것에서 저장된 사물은 여러 종류이고 하나가 아니다. 만약 때에 따라 한 사물을 취하고자 한다면 기함의 기관은 저장되 어 있던 사물을 모두 내놓고 얻고자 하는 바에 맡기게 된다. 마치 창고를 맡은 관리가 저장을 주관하다가 명령을 기다려 내어주는 것과 같다.

別於思司者何哉. 凡事之欲求欲去敢求敢去者, 莫非心之所爲, 則嗜司二分正屬
內能, 其在內二司之外者, 亦何哉. 抑其所以論內能者, 不過依托於魂之一字, 怳
惚胡說, 而初不及於此心之爲主於內, 則其所謂內者, 非吾之所謂內, 而特架虛
之贅談而已. 其亦不心辨也.」

(2) 어찌하여 (기함의) 작용[功]에 두 가지가 있다고 하는가? 하나는 억기(憶記, 구상적 기억)요, 하나는 추기(推記, 추상적 기억)이다. 억기란 먼저 내가 알았던 것을 다시 되돌이켜 아는 것이다. 추기란 한 사물에 따라서 다른 사물을 기억하는 것이다. 추기는 반드시 여러 사물로 인하여 한 사물을 알게 되는 것이며, 억기는 반드시 여러 사물을 필요로 하지 않으니 직접 그 사물을 기억하는 것이다. 이 두 가지 기함이 기억하는 바는 총괄하면 모두 경험한 일들이다. 이 두 가지 기함이 기억하는 바는 총괄하면 모두 경험한 일들이다. 사물의 상이 아직 남아 있기 때문에 기억[憶]도 할 수 있고 미루어 생각[推]할 수도 있으므로 실제는 하나다. 만약에 본래 알지 못했던 것이나, 알았지만 모두 잊어버린 것은 이 사물의 상이 없는 것이니 기억할 수도 미루어 생각할 수도 없다.

(3) 기함(記含, 기억)은 둘로 나뉜다. 하나는 사기함(司記含, 감각적 기억)이고, 다른 하나는 영기함(靈記含, 이성적 기억)이다. 사기함의 기능은 단지 유형(有形)의 사물만을 기억할 수 있으므로 이것은 짐승들도 모두 가지고 있다. 영기함의 기능은 형상(形象)이 없는 사물도 기억할 수 있으므로 이것은 오직 사람만이 가지고 있다.

(4) 영기함은 명오(明悟, 이성, intellectus)나 애욕(愛欲, 욕구, appetitus)과 마찬가지로 아니마의 실체(體, substantia)에 의존하므로 모두 분리될 수 없는 의뢰자(賴者, 우유(偶有), accidens)라고 말한다. 사기함이 있는 곳은 뇌낭(腦囊, 두뇌)으로, 정수리의 뒤쪽[顱顙之後]이다. 어째서 두 가지 기함이 두 곳에 머문다고 말하는가? 시험 삼아 생각해 보면, 천주께서 나에게 유형한 사물을 볼 수 있도록 하기 위해 이미 유형한 눈을 주셨다면, 무형한 것을 통찰하기[明] 위해 반드시 무형한 눈을 주셨을 것이다. 유형의 맛을 보게 하기 위해 이미 유형의 혀를 주셨다면, 무형의 맛을 볼 수 있도록 하

기 위해 반드시 무형한 혀를 주셨을 것이다. 유형한 기관[司]은 유형한 사물을 거두어들이므로 그러한 기함이 있는 곳은 반드시 유형한 곳일 것이며, 무형한 기관[司]은 무형한 사물을 거두어들이므로 그러한 기함이 있는 곳은 반드시 무형한 곳일 것이다. 유형한 곳이란 뇌낭이요, 무형한 곳이란 아니마이다. - 아니마의 영능에는 기함·명오·애욕 등 세 가지 기관[司]이 있다고 하였는데 이상 네 개의 문단은 기함을 논한 것이다.[76]

서학의 기억에 대한 '뇌낭설(腦囊說)'은 일찍이 성호 이익이 감탄한 것인데, 하빈도 이를 매우 깊게 상세히 요약한 것을 보면 역시 크게 감복한 바가 있었던 것으로 추측된다.

하빈은 이를 정면 비판하지는 않고 성리학의 심성설(心性說)의 관점과 대비함으로써 검토만 하고 있다. 하빈의 논점의 요지는 다음과 같이 정리할 수 있다.

(ㄱ) 하빈은 '뇌낭'이 두개골의 정수리에 있다고 하는 것은 우리 유학의 심학(心學)과 다르다. "이것은 기함(기억)을 논한 것으로 대략 사람이 사물을 저장하여 때에 따라 쓰는 것과 억기(憶起)와 추기(推記)의 등속은 모두 기함에 달려 있는 것이며, 사기함(司記含)은 뇌낭으로 정골의 뒤에 있고, 영기함은 아니마로 무형한 곳에 있다고 하였다. 사기함이 두개골 정수리 뒤에 있다고 한 것은 우리 유교의 마음[心]에 관한 이론[心學]과 판연히 다르다.

무릇 사람의 몸은 안에는 장부(臟腑)가 있고 밖에는 백체(百體)가 있으니 그 수를 어찌 한정하겠는가. 그럼에도 우리 유학에서 반드시 마음을 근본으로 삼는 것은 어째서인가. 마음이란 것은 광명하고 발동하여 신명이 오르내리면서 그것을 집으로 삼는 것이다. 그러므로 허령지각하여 한 몸의

---

76) 『西學辨』, 『靈言蠡勺』, 第二篇, 亞尼瑪之能 참조.

주재가 되는 것이니, 기억을 저장하고 생각하고 응대하고 말하고 행동하는 것은 이 마음이 하는 바가 아님이 없다. 『시경(詩經)』에서 이른바 '마음 속에 저장한다'라고 한 것, 맹자가 '마음의 직분[官]은 생각하는 것이다'라고 한 것, 주자가 이른바 '(마음은) 모든 이치가 갖추어져 만 가지 일에 응한다'라고 한 것이 이것이다. 만약 이 책에서 말한 것처럼 사람이 기억을 저장하고 생각하고 응대하고 말하고 행동하는 것이 모두 뇌낭이 하는 행위라면 마음은 하나의 군더더기가 되고 말 것이어서 허령지각이라고 말할 수 있는 바가 없게 된다. 이는 결코 있을 수 없는 이치이다."[77]

(ㄴ) 하빈에 의하면, 서학의 '뇌낭설'은 의학이론이다. 동양에서는 『황제내경(黃帝內經)』의 천곡(天谷)의 니환(泥丸)에 해당한다. 하빈은 "지금 아니마의 학은 오로지 영성·영혼의 설을 주로 하고 있는데 뇌낭이라는 명칭은 또한 니환의 의미와 서로 부합한다. 지금 만약 이것으로 의학 이론을 논한다면 안될 것도 없다. 그러나 기억을 저장하는 것과 생각하고 응대하

---

77) 『西學辨』, 『靈言蠡勺』, 第二篇, 亞尼瑪之能, 「按此論記含大略以爲人之藏物時用, 與夫億記推記之屬, 皆係記含, 而司記含則爲腦囊而在顱顖之後, 靈記含則爲亞尼瑪, 而在無形之所. 其謂司記含之在顱顖之後者, 與吾儒心學之說, 判然不同. 夫人之一身, 內而臟腑, 外而百體, 其數何限. 而吾儒之學, 必以心爲本者何也. 心之爲物, 光明發動, 而神明升降於是乎舍焉. 故虛靈知覺以爲一身之主宰, 凡所以記藏思推酬之云爲者, 莫非此心之所爲. 詩所謂中心藏之, 孟子所謂心之官思, 朱子所謂具衆理應萬事者是也. 今如此書所言, 則是人之記藏思推酬酌云爲, 皆腦囊之所爲, 而心則成一寄贅之物, 無有虛靈知覺之可言矣. 此心無之理也.」 또한 하빈은 이어서 비판하기를, "영기함이라는 이론[說]의 경우, 또한 영기함은 무형한 곳에 있어서 무형한 사물을 기억한다고 하였으며, 이른바 사기함과는 각기 (다른) 하나의 것이라고 하였는데, 이는 대개 마음의 영명함이 헤아릴 수 없고, 생각이 만 가지 은미한 이치를 관통하는(思徹萬微) 묘함을 살피지 못하고 억지로 영기함이 맡도록 한 것이다. 또한 도(道)와 기(氣)가 일치하고, 드러난 것과 은미한 것이 사이가 없으며 유형과 무형이 두 가지가 될 수 없음을 생각하지 않고 억지로 유형을 기억하는 것과 무형을 기억하는 것으로 나눈 것이다. 그 설이 지루하고 편벽되고 회피함이 또한 심하다"고 하였다.

고 말하고 행동하는 것이 모두 뇌낭에 관계되고 마음은 그 사이에 관여하지 않는다고 말한다면 그것은 이치에 어긋나는 말이 되는 것이다"[78]고 기술하였다.

하빈은 성호 이익에 버금가도록 서학의 '뇌낭설'에 감복하면서도 그것을 '의학이론'으로서 수용하려 하고 있음을 볼 수 있다. 즉 하빈은 유학의 '심성설'은 '도(道)'의 학설이고, 서학의 '뇌낭설'은 '기(器)'의 학설로서 수용할 여지가 있다고 본 것이었다.

하빈은 기억이 '뇌낭'에도 관계되지만, 여기에서 '심(心)'을 완전히 빼어버리면 이치에 어긋나는 것이고, '뇌낭'과 함께 '심(心, 마음)'을 다함께 기억에 관계되는 것으로 보아야 한다는 유학적 심학적 관점을 첨가하고 있다고 볼 수 있다.

3) 하빈의 서학 아니마의 명오(明悟, 理性)설 검토

하빈은 서학의 아니마의 명오(明悟, 理性; intellectus ratio)설에도 상세한 요약을 기술하여 그가 이 학설에도 상당히 감복하고 있음을 다음의 요지에서 보여 주었다.

(1) '명오(明悟, 이성, intellectus ratio)'는 둘로 나뉘지만, 합쳐서 하나가 된다. 두 가지로 나뉜 것에서 하나는 '작명오(作明悟, 능동이성, intellectus activus)'이고, 또 하나는 '수명오(受明悟, 수동이성, intellectus passivus)'이다. 작명오는 수많은 형상(形像)을 지어내어 수명오의 일을 돕고, 수명오는 빛을 비추어 만물을 밝게 깨달음으로써 그 이치를 얻는다. '일으킨다(作)'

---

78) 『西學辨』, 『靈言蠡勺』, 第二篇, 亞尼瑪之能, 「今亞尼瑪之學專主靈性靈魂之說, 而腦囊之稱又與泥丸之義相符. 今若以此而論醫理, 則亦無不可. 但謂記藏思推酬酢云爲, 皆係於腦囊, 而心乃無預於其間, 此其所以爲舛理之言也.」

는 것은 능히 얻을 수 있게 하는 것이고, '받아들인다(受)'는 것은 그로써 그것을 얻는 것이다.

(2) 어찌하여 반드시 두 가지라고 말하는가? 대개 사물의 소연(所然, 원인, causa)에는 모두 두 가지의 '인과(緣)'가 있는데, 하나는 '작연(作緣, 능동적 인과)'이요, 다른 하나는 '수연(受緣, 수동적 인과)'이다. 먼저 '능동자(作者)'가 있고, 다음에 '수동자(受者)'가 있다. 시험 삼아 그릇을 가지고 말하자면, 그릇을 만드는 사람은 '능동자'가 되고, 사용하는 사람은 '수동자'가 된다. 또한 귀가 듣는 소리(聲)는 '능동자'가 되고, 귀로써 듣게 되는 것은 '수동자'가 되는 것과 같다. 만약 '능동'이 없다면, 어떻게 '수동'이 있을 수 있겠는가? 모든 소연이 다 이와 같은데, 어떻게 명오(明悟, 이성)만 그렇지 않을 수 있겠는가?

(3) 지금 여기에는 한 가지 이치가 있으니 이미 명오를 가지고 있다면, 이는 '원인'이 된다. 그 '인과'에 있어서, 먼저 밝힐 수 있는 '능동자(作者)'가 있고, 다음으로 밝히는 '수동자(受者)'가 있어야 마침내 밝혀지게 되는 것이다. 시험 삼아 형체(形)를 가지고 있어 쉽게 볼 수 있는 것을 통해 풀이하자면, 대개 명오는 사물의 형체(體)와 사물의 재질(質)을 깨닫는 것(明悟)이 아니다. 반드시 그 형체와 재질은 버리고, 미묘(微)하고 현통(通)한 것을 정밀하게 인식한다. '형체'와 '재질'은 '개별적(專屬, individuatio)'인 것이지만, '미묘'하고 '현통'한 것은 '보편적(公共, unoversale)'인 것이다.[79]

하빈의 서학의 아니마 명오(明悟, 이성)론에 대한 검토는 역시 유학의 심성론(心性論)의 입장에서의 비판적 검토이다. 그의 검토의 요지는 다음과 같다.

(ㄱ) 사람의 명오(明悟)의 능력은 심(心, 마음)의 영명함에서 나오는 것

---

79) 『西學辨』, 『靈言蠡勺』, 第二篇, 亞尼瑪之能 참조. 하빈은 이에 계속하여 위의 明悟論에 대한 사례를 들어 상세한 설명을 추가하였다.

이다. "무릇 음과 양 두 기(二氣)가 교대로 운행하며 수·화·목·금·토의 오행이 순조롭게 베풀어져 삼라만상의 등속들이 그 가운데서 반드시 생명을 얻을 수 있는 것은 천리의 자연이 아님이 없으니 사람의 명오(이성)의 도움으로 그렇게 한 것이 아니다. 사람은 몸이 있으면 반드시 마음이 있어서 신명이 오르내리는 집이 되고 (이로부터) 지각이 나오게 된다. 그러므로 사람이 능히 사물의 이치를 깨달을(明悟) 수 있는 것은 마음의 영명함(心靈)이 하는 바가 아님이 없으니, 애초에 밖으로부터 와서 받아들이는 것이 아니다. 또한 이른바 사물의 이치를 깨닫는다(明悟)는 것은 역시 그 사물로 인하여 그 이치를 밝히는 것에 불과할 뿐이니 어찌 사람의 행위로써 빛을 가하는 것이겠는가."[80]

(ㄴ) 도(道)와 기(器)에는 비록 정밀함과 거침의 구분이 있지만 그 사물의 이치는 그 사물의 체(體)를 넘어서지 않는다. 만물의 이치는 비록 그 근원은 하나이나 나누어진 후에는 다양해서 모두 하나로 가지런히 할 수 없으니 (이는) 그 형체 때문이다. 천성(天性)의 이론은 맹자에 드러나 있으며, 성인(聖人)의 도는 반드시 일관됨을 귀하게 여긴다. 지금 아니마의 학설은 천지자연의 이치에 통달하지 못하여 망령되게 사적인 생각으로 (천지자연의) 조화를 엿보고 헤아려 만상이 일어나는 것이 명오의 작용의 도움에서 연유한다고 여긴다. 이는 우리 본심의 영명함을 살피지 못하고 한갓 그것이 바깥에 있는 사물의 본성(物性)을 밝힐 수 있음만을 보고 이로 인하여 억측하여 억지로 수명오(수동이성)의 설을 만든 것이요, 또한 사물의 이치의 본연이 사람의 지력으로 더하고 덜 수 있는 바를 넘어선다는 것을 알지

---

80) 『西學辨』, 『靈言蠡勺』, 第二篇, 亞尼瑪之能, 「夫二氣交運五行順市, 而林林之屬得必能生於其間, 此莫非天理之自然, 而非爲助人之明悟而作之也. 人有是身, 必有是心, 爲神明升降之舍而知覺出焉. 故人之所以能明悟物者, 亦莫非心靈之所爲, 而初非自外而受之也. 且所謂明悟物理者, 亦不過因其物而明其理而已. 豈以人爲而加之光哉.」

못하여 사람의 명오(이성)를 가지고 사물에 빛을 더한다고 말하는 것이다.[81]

(ㄷ) 도(道)와 기(器)가 정밀함과 거칢으로 구분된다는 것과 근본은 하나 이지만 만 가지로 달라지는 오묘함 같은 데에 이르러서는 더욱 그가 알 수 있는 바가 아니다. 그런즉 형체와 재질을 떠나고 피차의 구분을 버려 단지 그 정미한 것만 남는다고 말하는데 이른 것이다. 천성(天性)을 형색(形色) 밖에서 구하면서 한 가지만을 말하고 관통하는 바가 없으니 이른바 '만물을 깨달아 그 이치를 얻도록 한다'고 하지만 허무하고 적적하며 텅 비어 아무 것도 없는 지경에 빠져 실용에서 그것을 확인해 볼 수 없다. 이는 미봉책(彌補)으로 때우는 것이니 비록 교묘하다 해도 틈을 메운 것이 저절로 드러나는 것을 깨닫지 못하는 것이다.[82]

4) 하빈의 서학 아니마의 욕구(欲求)론 검토

하빈은 서학 아니마의 욕구(欲求)론에 대해 먼저 다음과 같이 비교적 상세한 요약을 제시하였다.

(1) 애욕(愛欲, 욕구, appetitus)은 나누면 셋이 되고 합치면 하나로 귀결

---

81) 『西學辨』, 『靈言蠡勻』, 第二篇, 論亞尼瑪之能, 「道器雖有精粗之分, 而此物之 理, 不外於此物之體. 萬物之理, 雖曰一原而其分之殊, 盖有不可以一齊者, 此形 也. 天性之說, 所以著於孟子, 而聖人之道, 必以一貫而爲貴者也. 今亞尼瑪之學, 不達天地自然之理, 而妄以私意窺測造化, 以爲萬象之作由於助明悟之功. 不察 吾人本心之靈, 而徒見其能明在外之物性, 則因緣臆度强爲受明悟之說, 不知物 理之本然, 出外人知力之所添減, 則以人之明悟, 而謂之加物之光.」

82) 『西學辨』, 『靈言蠡勻』, 第二篇, 論亞尼瑪之能, 「至如道器精粗之分, 一本萬殊 之妙, 尤非渠之所能識, 則至謂脫體體質, 棄彼此, 而但留其精微. 求天性於形色之 外, 而說其一而無所貫, 所謂明悟萬物而得其理者, 淪於虛寂空無之地, 而無以 之見之於用矣. 此其牽補之, 雖巧而不覺縫罅之自露者也.」

된다. 세 가지란 첫째 '성욕(性欲, 본성적 욕구, appetitus naturalis)'이요, 둘째 '사욕(司欲, 감각적 욕구, appetitus sensitivus)'이요, 셋째 '영욕(靈欲, 이성적 욕구, appetitus intellectivus)'이다. 성욕(본성적 욕구)이란 만물이 공유하고 있는 것으로 생혼·각혼·영혼이 모두 가지고 있는 것이다. 그것은 모두 각자의 실정이 (자기에게) 마땅한 데로 치우쳐 오로지 그 쪽으로 나아가려고 하는 것이지 인식하는 것을 기다리지 않는다. 예를 들어 돌은 아래로 향하고자 하여 땅의 중심으로 나아가고 불은 위를 향하고자 하여 본래의 장소로 나아간다 (이는) 또한 바다의 물고기가 오로지 바다로 향하고자 하는 것과 같고 또한 사람이 오로지 영원한 삶과 참된 복으로 나아가고자 하는 것과 같다. 이러한 마땅한 바를 버리면 비록 백방으로 억지를 쓴다 하더라도 편안하지 않아서 반드시 그만두게 된다. 아우구스티누스(Augustinus, 亞吾斯丁)는 "주(主)께서 사람의 마음을 자기를 향하도록 만드셨으니 (인간의) 만 가지 복으로도 채울 수 없다. 주(主)를 얻지 못한다면 평안할 수 없다."라고 말하였다.

(2) 사욕(司欲, 감각적 욕구)은 생혼만 가진 식물에게는 없고, 각혼과 영혼을 가진 동물과 인류에게 있는 것이다. 이것은 각각의 실정이 치우친 것으로, 육체적 즐거움의 선성(美好)에 치우친 것이니 사람에게 있어서는 하급의 요구(下欲)이다. 이 하급의 욕구는 사람을 아래로 낮추어 금수의 실정에 가깝게 하는 것이며, 사람으로 하여금 보편적이고 공적인 것(大公)을 잃게 하여 오로지 자신의 사사로움만 친하게 하는 것이다.

(3) 영욕(靈欲, 이성적 욕구)이란 생혼이나 각혼을 가진 사물에게는 없고 오직 영재(靈才)를 가지고 있는 천신(天神, 천사, angelus)과 사람만이 가지고 있는 것이다. 영욕의 실정이 지향하는 것은 의로움의 선성(義美好)으로 향하는 것이다. 사람에게 있어서는 아니마의 본체에 거하므로 상급의 욕구(上欲)이며 (이것만이 진정한) 애욕(愛欲, 욕구)이 된다.

(4) 사욕과 영욕은 몇 가지 점에서 다르다. 첫째, 영욕은 리(理)와 의(義)

가 이끄는 바를 따르지만 사욕은 사사(思司, 구상력)가 이끄는 바를 따른다. 둘째로 영욕이 행하는 바는 모두 자제에 의한 것이지만 사욕이 행하는 바는 자제에 의한 것이 아니라, 오직 바깥 사물이 시키는 대로 본성을 따르고 의(義)를 따르지 않는다. 이 욕구가 금수에게 있으면 결코 자제하지 못하며, 한 번 욕구할 만한 것을 보면 그것을 따르지 않을 수 없게 된다. 그러므로 성 토마스(St. Thomas, 聖多瑪斯)는 "금수가 행하는 바는 (진정으로) 행한다고 할 수 없고 행함을 입는 것이다."라고 하였는데, 이것은 자제할 수 없음을 말한 것이다. 이 욕구가 사람에게 있으면 한 번 욕구할 만한 것을 보면 혹 곧바로 따르기도 하고 혹 선택하기도 하며 혹 따를지 말지 사이에서 정하지 못한 채 결정을 미루기도 한다. 이와 같은 것은 약간 자제하는 것과 비슷하나 실은 영욕에 의해 명령을 받아 그렇게 된 것이지 본질로부터 말미암은 것이 아니므로 자제의 가상(假象)일 뿐이다.

(5) 세 가지를 총합하여 하나로 귀결된다는 것은 그 세 가지가 본래의 실정에 따라 비록 세 가지 지향이 있으나 예를 들어 성욕이 본래 지향하는 것은 이로움의 선성(利美好)이고, 사욕이 본래 지향하는 것은 즐거움의 선성(樂美好)이며, 영욕이 본래 지향하는 것은 의로움의 선성(義美好)이라고 해도 총체적으로는 선성(美好) 하나로 귀결된다는 것이다. 그래서 세 가지를 합하여 한 가지로 귀결된다고 하는 것이다. - 이 단락은 애욕(욕구)을 논한 것으로 아래 두 단도 모두 같다.[83]

하빈은 위의 서학의 아니마 욕구론을 다음의 요지로 검토 비판하였다.

(ㄱ) 저들이 말하는 본성적 욕구(성욕)는 우리 유학에서 본성적 욕구라고 보는 덕(德)을 제외했으니 우리 유학과 서학은 근본적으로 다르다. "진실로 우리 유학의 서적에서 돌이켜 구하여 본성과 이치의 실제를 볼 수 있

---

83) 『西學辨』, 『靈言蠡勺』, 第二篇, 論亞尼瑪之能 참조.

다면 저들 이론의 진위는 장차 말할 수 있을 것이다.『시경(詩經)』에 '하늘이 뭇 백성을 내심에 사물이 있으면 반드시 그에 따른 법칙도 있게 하셨네. 백성은 떳떳한 성품을 가졌으니 아름다운 덕행을 좋아하네'라고 하였다. 대개 사람은 천지의 바른 이치를 받아 떳떳한 본성(秉彛之性)으로 삼았기 때문에 좋아하는 바가 오직 아름다운 덕행에 있다는 말이다. 그렇다면 덕행을 좋아하는 마음을 일러 성욕(性欲, 본성적 욕구)이라고 하는 것이 옳다. 만약 반드시 형기의 본성(形氣之性)을 함께 가리켜 그 설을 갖추고자 한다면 (맹자가 말한) '입이 맛을 보고 눈이 색을 보며 귀가 소리를 듣고 코가 냄새를 맡고 사지가 편안함을 추구하는 것 역시 성(性)이다'라는 것과 같다. 그렇다면 맛·빛깔·소리·냄새 같은 부류를 성욕이라 하는 것 또한 가하다."[84]

(ㄴ) 서학의 아니마의 영생(永生)의 욕구는 진실이 아니고 세상을 속이는 것이다. 죽은 후에는 형체가 썩어 없어지고 정신은 분산하여 소멸되므로 영혼만의 영생은 없다. "(저들의) 영원히 살고자 하는 욕구에 이르러서는 비단 떳떳한 성품이 덕을 좋아하는 본성에 준거한 것이 아닐뿐더러 형기의 본성과 섞어 놓았으니, 역시 타당하지 않다. 그것은 다만 노장과 석가와 같이 후세에 사리사욕을 추구하는 무리들로부터 나온 것으로 지금 그 나머지 이론을 주워 모아 사람의 본성이 오로지 영원한 삶과 진정한 복을 욕구하는 데 있다고 구구절절 견강부회한 것이다. 이것이 그들 이론의 구차함이니 진실로 천하를 속이기에 부족하다. (…) 영원한 삶과 참된 복이

---

84)『西學辨』,『靈言蠡勺』, 第二篇, 論亞尼瑪之能,「誠能反求乎吾儒之書, 而有見於性理之實, 則彼說之眞僞, 將有可得而言者矣. 詩云, 天生蒸民, 有物有則, 民之秉彛, 好是懿德. 盖人受天地之正理而以爲秉彛之性, 故所好者, 惟在於懿德. 然則以好德之心而謂之性欲, 可也. 必若兼指形氣之性以備其說, 則如口之於味也, 目之於色也, 耳之於聲也, 鼻之於臭也, 四支之於安佚也, 亦性也. 然則以味色聲臭之屬而謂之性欲, 亦可也.」

비록 인정이 치우치기에 마땅한 바라 할지라도 이미 몸이 쇠하고 기가 다하면 억지로 하는 것을 기다리지 않아도 죽을 것이니 죽더라도 명(命)에 통달한 군자는 일찍이 편안하지 못한 마음을 가진 일이 없다. 비록 편안하지 못한 마음이 있더라도 이미 죽은 이후에는 형체가 썩고 정신 역시 흩어지므로 본래 다시 사는 이치가 없으니 이른바 '억지를 쓴다 해도 편안하지 않으니 반드시 그만두게 된다.'는 이치가 또한 어디에 있겠는가."[85]

(ㄷ) 서학의 아니마설의 "사욕과 영욕의 이론에서 사욕은 사사(司思)가 이끄는 바에 따라 육체적 즐거움의 선성(形樂之美好)에 치우치고, 영욕은 리(理)와 의(義)가 이끄는 바를 따라 의로움의 선성(義美好)으로 향한다고 말하는 것은 우리 유학의 인심(人心)과 도심(道心)의 설과 비슷하여 취할 만하지 않은가 생각해 볼 수 있지만 그 실상은 크게 같지 않음이 있다. 생각하는 것은 마음의 직분(心之官)으로, 그 생각이 리(理)에서 나오면 도심(道心)이 되고, 그 생각이 기(氣)에서 나오면 인심(人心)이 된다. 주자의 이른바 '어떤 것은 성명의 올바름에 근원하고 어떤 것은 형기의 사사로움에서 생기니 지각하는 바가 같지 않기 때문이다'고 한 것이 이것이다. 지금 만약 전적으로 육체의 즐거움에만 치우쳐 있는 것을 생각(思)이라 한다면 일찍이 이 마음은 신명해서 헤아릴 수 없는 것이라 하였는데 생각한 바가 형기의 사사로움에 그치겠는가? (그에 따르면) 무릇 사람이 선한 일을 하려고 생각하는 것도 역시 육체의 즐거움에 치우친 것이라고 할 수 있는데 『서경』「홍범」편에서 말한 '생각은 슬기로움(睿)을 말하는 것이요, 슬기로

---

85) 『西學辨』, 『靈言蠡勺』, 第二篇, 論亞尼瑪之能, 「至於常生之欲, 則非但不準於秉彝好德之性, 而桼以形氣之性, 亦無所當. 此特出於後世自私自利之徒老莊釋迦之屬, 而今乃掇其餘論, 區區傳會以爲人性之專欲在於常生之眞福. 此其爲說之陋, 固不足以欺天下. 而至以爲舍此所宜, 雖百方强之不安, 必得乃已, 則此尤有不足辨者. 常生眞福, 雖曰人情之所偏宜, 而形衰氣盡, 不待强之而死, 死而達命之君子, 未嘗有不安之心. 雖有不安之心, 而旣死之後, 形旣朽滅, 神亦飄散, 固無復生之理, 則所謂强之不安, 必得乃己者, 抑何在也.」

워야 성인이 된다(思曰睿, 睿作聖)'고 한 것에서 즐거움(樂)은 무엇을 가리키는가?"86)

하빈에 의하면, 서학은 인심만 논하고 도심(道心)을 모르며 슬기로움(睿)의 본성을 알지 못하는 한계가 있다.

(ㄹ) 하빈에 의하면 서학의 아니마의 욕구론은 '心(마음)' 안에 리(理)와 의(義)가 있음을 알지 못하고, '심(心)'의 통합적 상위성을 인지하지 못하고 있다. "마음은 한 몸의 주재이면서 사려하는 것인데 마음의 생각함이 혹 외물에 의해 이끌려지는 때가 있어도 마음의 생각함 위에 다시 한 사물(理義)이 있어서 마음의 생각함을 이끄는 것이 아니다. 외물이 밖으로부터 들어와 마음을 이끌어 낸다면 그것을 일러 이끈다고 해도 괜찮다. 그러나 리(理)와 의(義)는 하늘로부터 부여받은 시초에 사람의 본성 속에 갖추어져 있으므로 군자는 오직 이것을 확충하고 그에 따라서 행할 뿐이다. 이 몸의 바깥에 리(理)와 의(義)가 스스로 한 사물이 되어서, 리(理)와 의(義)가 사람을 이끌고 사람이 그것을 따라가는 것이 마치 사람이 말을 끌고 말이 사람을 따르는 것과 같은 것이 아니다. 그가 말하는 리(理)와 의(義)가 이끄는 바에 따른다는 것은 또한 오류가 아니겠는가."87)

---

86) 『西學辨』, 『靈言蠡勺』, 第二篇, 論亞尼瑪之能, 「其論司欲靈欲之說, 以司欲爲隨思司所引而偏於形樂之美好, 靈欲爲隨理義所引, 而向於義美好者, 近於吾儒人心道心之說, 疑若可取, 而其實有大不同者. 夫思者, 心之官也. 而其思之發於理則爲道心, 其思也發於氣則爲人心. 朱子所謂或原於性命之正, 或生於形氣之私, 所以爲知覺者不同是也. 今若專以其偏於形樂者而謂之思, 則曾謂此心之神明不測, 而所思者止於形氣之私乎. 凡人之思爲善事者, 亦可謂偏於形樂, 而洪範所謂思曰睿, 睿作聖者, 樂何指也.」

87) 『西學辨』, 『靈言蠡勺』, 第二篇, 論亞尼瑪之能, 「且心爲一身之主而思廬焉, 心思或有爲外物所引之時, 非心思之上有一物爲心思之所引也. 外物由外而入引心而出則謂之引, 可也. 而義理者得於天賦之初, 其於本性之中, 君子惟有擴而充之, 循而行之而已. 非此身之外理義自爲一物, 理義引人而人隨理義, 如人之引馬而馬之隨人. 其謂隨理義所引者, 不亦謬乎.」

(ㅁ) 하빈에 의하면, 서학은 '성(性)' 가운데 리(理)와 의(義)가 포함되어 있는 것을 알지 못하고 性과 理를 별개의 둘로 분리하는 오류를 범하고 있다. "(서학은) 사욕(私欲, 감각적 욕구)의 실행을 논하면서 성(性)에 따른 것이요, 의(義)에 따르는 것이 아니라고 한 설에 이르러서는 잘못이 더욱 분명하게 드러난다. 그는 리(理)와 의(義)가 성(性) 가운데 갖추어져 있음을 알지 못하고 성(性)과 의(義)를 나누어 둘로 만든 것이다. 성을 따르는 것을 잘못되었다고 한 것에서 그가 대본(大本)을 알지 못한다는 것을 참으로 알 수 있다. 그리고 사람의 성욕이 이미 영원한 삶과 참된 복에 있다고 하였으니 영원히 산다는 이론을 잘못되었다고 하지 않은 것인데 유독 본성을 따르는 것만 그르다고 하는 것은 또한 유독 어째서인가? 이리저리 변명해 가는 가운데 전후가 서로 (맞지 않음을) 가릴 수 없게 된 것이다"[88]

신유학과 하빈의 '심성론(心性論)'에 의거한 '심(心)'의 분석은 현대심리학과 사회학의 '마음(mind, 心)'의 분석과 상통되는 바가 있다. 현대사회학이 '사회'와 관련시켜 개인의 '마음'을 분석하려는 동기와 유사하게, 하빈은 당시 '도덕·인륜'의 정립과 관련하여 '심성(心性)'을 중심개념으로 분석하고 강조한 것이었다고 볼 수 있다.

5) 하빈의 서학 아니마의 천주(天主)의 완전선(完全善)·최고선(最高善) 론에 대한 검토

서학 선교사 삼비아시는 『영언여작』에서 토마스 아퀴나스가 『신학대전(神學大典)』에서 설명한 '완전선(完全善, bonum perfectum)'과 '최고선(最高

---

88) 『西學辨』, 『靈言蠡勺』, 第二篇, 論亞尼瑪之能, 「至於下文論司欲所行而有隨性不隨義之說, 則綻露益 甚. 夫不識理義之具於性中, 而以性義分爲兩物. 至以隨性而爲非, 則此其無見於大本者, 固可知矣. 而人之性欲旣在於常生眞福, 則不非常生之說而獨非隨性者, 亦獨何哉. 此其轉輾流循而前後之不相掩者也.」

善, bonum ultimum)'을 각각 한문으로 '완전지미호(完全之美好)', '지미호(至美好)'로 번역하면서 천주(天主)만이 완전선(完全之美好)이고 최고선(至美好)이라고 설명한 내용을 하빈은 다음과 같이 요약하였다.

(1) '선성'에는 세 가지가 있다. 첫째는 '즐거움의 선성(樂美好)'이고, 둘째는 '이로움의 선성(利美好)'이며, 셋째는 '의로움의 선성(義美好)'이다. 세상에 있는 만물의 '선성'은 '최고의 선성(至美好, 최고선)'의 작은 부분일 뿐이지만 천주(天主)는 곧 완전한 선성(完全之美好)이어서, 즐겁고 이롭고 의로운 것이 갖추어지지 않은 바가 없고, 완전히 갖추지 않은 바도 없다. 그러므로 세상 만물의 선성(美好)은 애욕(愛欲, 욕구)의 부분적 대상이 되고, 천주는 애욕의 전체적인 대상이 된다. 세상 만물을 비록 모두 얻을 수 있다 해도 나는 만족할 수 없고 편안할 수 없으나, 천주의 참된 복을 내가 얻으면 지극히 만족하고 지극히 편안하게 된다. (…)

이 세 가지 선성을 바라고 나아감에 어렵고 쉬운 등급이 나뉘어 다른 까닭은 사람의 영혼이 육체에 매어 있기 때문이다. 즐거움과 이로움은 최고로 육체가 매우 편하게 여기는 것이지만, 의로움의 선성은 영혼은 편하게 여겨도 육체는 불편하게 여기기 때문이다.

천주의 경우라면 그 선성이 되는 바가 전혀 형상(形像)이 없으므로, 평범한 사람들이 볼 수 있는 바가 아니다. 반드시 원대한 생각과 탁월한 식견으로 사색이 (다른 이들을) 뛰어넘어야 천주의 선성을 알 수 있다. 가령 어떤 사람이 천주의 이 선성을 목적(向)으로 삼을 수 있다면 그의 행동은 반드시 즐거움과 이로움을 아득히 벗어나 차라리 세상의 만 가지 즐거움을 버리고 만 가지 고통을 해로움을 취할지라도, 또 차라리 세상의 만 가지 이로움을 버리고 만 가지 해로움을 취할지라도, 반드시 의로움을 얻은 뒤에야 그만두고자 할 것이다.

(2) 무릇 사람들이 고생을 달게 여기고 위험을 무릅쓰면서도 구하려고 하는 것은 즐거움과 이로움이 그 가운데에 있기 때문이다. 천주를 찾아 얻

으려면 온갖 고통과 해로움을 받아야 하는데도 흔연히 하고자 하는 것은 지극한 즐거움과 큰 이로움이 그 가운데에 있기 때문이 아니겠는가? 다만 일상적인 식견이나 생각으로는 여기에 이를 수 없는 것이다. 그래서 비록 지극한 즐거움과 큰 이로움이 완전히 갖추어져 만족스럽다 하더라도 도리어 세상의 잠깐의 즐거움과 미미한 이로움이 사람의 뜻을 움직이기에 족한 것이다. 평범한 사람들은 오로지 육체를 따라 오직 즐거움과 이로움만을 구하지, 그것이 의(義)를 어기고 천주를 거스르는 일인 줄 알지 못한 채 온갖 죄악에 빠진다. 그래서 죄인을 어리석은 사람이라고 하는 것이다.

(3) 어째서 (욕구는) 오직 최고의 선성(至美好, 최고선, bonum ultimum)에 대해서는 자유롭게 선택(自專)하지 못하면서도 '지극히 자유로운 선택(至自專)'이 된다고 하는가? 만약 최고의 선성을 분명히 알 수 있으면, 곧 그것을 사랑하지 않을 수 없으니 이 형세는 자신에게 달려 있지 않다는 것을 말하는 것이다.

어째서인가? 분명하게 안 이후에는 여러 지극한 즐거움과 큰 이로움을 원할 수 있고 구할 수 있어서, 애욕(욕구)이 지향하는 것이 완비되어 만족스러워, 스스로 애욕을 전적으로 통섭(統攝)하면서 욕구하게 되는데, 이것이 아니마의 애욕의 '완전한 대상(목적, 全向)'이 되는 것이다.

그러므로 얻은 것이 지극한 만족을 얻게 되고, 지극한 편안을 얻게 되고, 지극한 즐거움을 얻게 되며, 지극한 이로움을 얻게 되며, 지극한 의로움을 얻게 된다. 이것은 사랑하지 않을 수 없는 것이므로 자유롭게 선택(自專)할 수 없는 것이다. 그러나 이렇게 선택할 수 없는 것은 바로 (인간의) 본래 성품이 최고의 목적(向)으로 삼아 지극히 사랑하고 지극히 바라는 바이니 그러므로 또한 지극히 자유로운 선택(至自專)이 되는 것이다.[89]

하빈은 이러한 서학(삼비아시)의 이론이 우선 사람들의 애욕과 이기심

---

89) 『西學辨』, 『靈言蠡勺』, 第二篇, 論亞尼瑪之能 참조.

(利己心)을 자극하여 유혹하는 설명이라고 다음 요지로 비판하였다.

(ㄱ) "생각건대, (선성을 논한) 두 단락에서 누누이 되풀이한 것은 의로움의 선성(義美好)에 반드시 지극한 즐거움과 큰 이익이 있어서 세상 사람들을 유혹한다고 말한 것에 불과하다. 무릇 선을 행함에 복을 요구하는 것이 옳지 않음은 앞에서 이미 변론하였으니 지금 거듭 말하지 않고 우선 그 문장을 기록하여 그들의 학문이 오로지 이익에서 나온 것이 이와 같음을 보이고자 한다."[90]

(ㄴ) 하빈은 서학이 천주(天主)를 완전선·최고선으로 신앙하도록 이끌면서 천주의 완전선·최고선을 아니마가 신앙할 때, 지극한 만족을 얻게 되고, 지극한 편안을 얻게 되고, 지극한 즐거움을 얻게 되며, 지극한 이(利)로움을 얻게 된다고 설명하는 이론은 자기 영혼의 안락을 추구하는 이기심(利己心)을 유혹하여 서학을 전파하려는 것으로 본 것이었다. 하빈은 이러한 이(利) 추구의 이론은 성리학의 의(義) 추구의 이론보다 저급한 것이라고 보았다.

하빈은 천주의 완전선·최고선설을 비교적 상세히 잘 요약하면서도, 그에 대한 검토 비판은 뒤에서 전개할 검토 비판과 중복된다고 다음의 항목으로 넘기었다.

---

90) 『西學辨』, 『靈言蠡勺』, 第二篇, 論亞尼瑪之能, 「按此二段反復縷縷, 不過言義美好之必有至樂大利, 以誘世人. 夫爲善要福之爲不是, 前已辨之矣. 今不疊說而姑錄其文, 以示其學之專出於利者如此.」

4. '아니마' 존엄(尊嚴)의 천주상사설(天主相似說) 검토

1) 서학의 아니마의 존엄이 천주(天主)와 비슷하다는 설

서학의 삼비아시는 천주(天主)의 선성(美好)은 무한하고 사물의 선성은 유한하므로 어떠한 것도 천주에 비교할 수는 없다고 하면서도, 천주의 전능과 지혜 찬양을 전제로 아니마를 천주의 능력에 비유했다고, 하빈은 다음과 같이 요약하였다.

「세상의 모든 사물들은 그것이 선성(美好)의 정수(精粹)라 하더라도 모두 한정된 도수(度數)를 가지고 있다. 그것들은 천주의 한이 없는 선(善)함과 한이 없는 오묘함과 서로 같을 수 없으며, 또한 헤아릴 수 없이 수많은 것들 중에서 한 두 가지라도 조금도 천주와 비슷할 수 없다. 지금 아니마가 천주와 비슷하다고 말하는 것은 단지 임시로 빌려서 비유한 것일 따름이니, 아니마는 천주의 그림자일 뿐이다. 형상과 그림자는 같은 것일 수 없으며, 크고 작음, 많고 적음을 비교할 수 없는 것이다. 만일 이 의미를 깨닫지 못하고 그 말에만 구애되어, '내가 진실로 (천주와) 비교하여 견줄 수 있다.'고 말한다면 어찌 천주를 꺾어 누르고 사람들에게 막대한 오만(傲慢)을 조장하는 것이 아니겠는가? 이후의 여러 비유들은 오로지 천주의 전능하시고 지혜로우시며 지극히 선한 본성을 현양(顯揚)하고 또 사람의 아니마에 무궁한 은혜를 널리 베푸셨음을 찬미하기 위해 말한 것이다. 서로 비슷하다고 말한 것은 여러 가지 단서가 있지만, 종합하면 세 가지로 귀결된다. 하나는 '본성(性)'이요, 또 하나는 '형상(模)'이요, 다른 하나는 '작용(行)'이다.」[91]

---

91) 『西學辨』, 『靈言蠡勺』, 第三篇, 亞尼瑪之尊與天主相似

2) 하빈의 서학 아니마의 존엄 천주상사설(天主相似說) 검토

하빈은 서학의 천주(天主)가 우리 유학의 상제(上帝)에 해당하고 아니마가 유학의 혼(魂)에 해당한다는 서양 선교사들의 번역을 받아들이면서, 상제의 존엄과 인간의 혼(魂)은 유사할 수 없다고 다음과 같은 요지로 비판하였다.

(ㄱ) 하빈에 의하면, "다만 아니마를 천주에 견주어 그 존엄이 비슷하다고 한 것은 크게 그렇지 않은 바가 있다. 우리 유학에서 혼을 논할 때에는 대개 반드시 백(魄)과 대대(待對)하여 거론한다. 혼이라는 것은 양기의 신령한 것으로서 펴지는(伸) 것을 주로 하며, 백이라는 것은 음기의 신령한 것으로서 굽히는(屈) 것을 주로 한다. (…)

그러나 상제의 경우에는 주재한다는 것 때문에 이름을 얻은 것이고 음양의 굽히고 펴는 자취와는 본래 분별이 있는 것이니 그것을 사람의 혼에 비교할 수 없음은 명백하다. 그러므로 경전 가운데에 상제에 관해 말한 것이 한둘이 아니며 혼백에 관해 말한 것도 한둘이 아니지만, 일찍이 상제와 혼백을 유비하여 논한 것이 없으니 진실로 유비할 수 없음을 알 수 있다."[92]

(ㄴ) 하빈에 의하면, 상제(上帝, 天主)와 비유할 수 있는 것은 '혼'이 아니라 오직 '심(心, 마음)'이다.

"지금 이 책(『영언여작』)이 아니마를 논함에 비록 아니마를 혼이라고 하지만 그 논하는 바를 살펴보면 음양이 굽히고 펴지는 것의 자취에 대해 일

---

92) 『西學辨』, 『靈言蠡勺』, 第三篇, 亞尼瑪之尊與天主相似, 「但以亞尼瑪比於天主而以爲其尊相似, 則此有所不然者. 吾儒之論魂也, 盖必與魄而對擧, 魂者陽之靈也, 而主於伸, 魄者陰之靈也, 而主於屈. (…) 至於上帝則旣以主宰而得名, 與陰陽屈伸之迹, 自有分別, 其不可比之於人魂也, 明矣. 故經傳中言上帝者非一言, 魂魄者亦非一, 而未有以上帝與魂魄比而論之者, 誠知其不可比也.」

찍이 간략하게라도 언급하지 않으므로, 우리 유학에서 혼에 대해 논한 것과는 전혀 유사하지 않으니, 이것은 진실로 혼이 혼이 되는 까닭을 모르는 것이다.

이미 아니마를 혼이라 하고서 곧 그것을 다시 상제가 천지를 주재하는 것에 유비하였으니 이것은 또한 상제가 상제가 되는 까닭을 모르는 것이다. 이는 모두 이름이 걸맞지 않는 것이요, 끌어 비유한 것이 마땅함을 잃은 것이다. 이제 우리 유학의 설로 논한다면 사람을 상제에 유비할 수 있는 것은 오직 이 마음이 있기 때문이다. 하늘을 주재하는 것은 상제요, 한 몸을 주재하는 것은 마음이다. 사람에게 이 마음이 있음은 하늘에 상제가 있음과 같다. 그러므로 마음은 천군(天君)이라고도 하는데, 군이라는 것은 주재(主宰)라는 뜻이다. 그러나 사람의 마음을 상제에 유비할 수 있는 것은 다만 그 주재함으로써 유비하는 것이 아니라 대개 주재하는 이치가 있기 때문이다."93)

(ㄷ) 하빈에 의하면, 아니마의 학문은 '심성(心性)'을 모르기 때문에 영혼을 이치로 탐구하지 못한다. 유가의 학문은 한문자 '性'자가 '心'과 '生'을 모은 글자인 것처럼 상제가 내려준 성품을 이치에 따라 밝히고 '治心'을 학문의 근본으로 삼는 것이다. "그러므로 '성(性)'이라는 글자는 육서(六書) 가운데 회의(會意)의 방식을 따라 심(心) 자를 따르고 생(生) 자를 따른 것이니, 그것이 마음(心)과 더불어 함께 생겼음을 말하는 것이다. 오

---

93) 『西學辨』, 『靈言蠡勺』, 第三篇, 亞尼瑪之尊與天主相似, 「今者此書論亞尼瑪也, 雖以亞尼瑪謂之魂, 而觀其所論, 未嘗略及於陰陽屈伸之迹, 與吾儒之所以論魂者, 全不相似, 則此固不知魂之所以爲魂矣. 旣以亞尼瑪謂之魂, 而乃以比之於上帝之主宰天地, 則此又不知上帝之所以爲上帝矣. 斯皆名言之不稱, 而引喩之失當者也. 今以吾儒之說論之, 則人之可比於上帝者, 惟有此心耳. 上帝乎上天者帝也, 主宰乎一身者心也. 人之有此心, 如天之有上帝也. 故心有天君之名, 君者主宰之義也. 然人心之可比於上帝者, 非但以其主宰而比之也, 盖有所以主宰之理存焉.」

직 상제가 내려준 성품이 마음과 더불어 함께 생겨서 나의 성(性)이 된 것이다. 그러므로 우리 유가의 학문은 반드시 마음을 다스리는 것(治心)을 근본으로 삼으며 오직 그 공효의 지극함을 미루어 천지에 참여하고 화육(化育)을 돕는 데에 이를 수 있는 것이다. 이것이 곧 마음이 신령스러워서 상제와 유비될 수 있는 까닭이다. 그러므로 사람이 지극히 몸이 작고 그 마음의 크기도 사방 한 치에 불과하여 상식적으로 헤아리면 상제와 유비하여 논할 수 없음이 마땅한 듯하나, 그 갖추고 있는 성(性)이 하늘이 내려준 성품에 근원하기 때문에 그 주재가 되는 이치를 궁구하면 진실로 부설(符契)처럼 딱 들어맞으니 임시로 빌려와 억지로 견주는 것이 아니다."[94]

(ㄹ) 하빈에 의하면, 서학의 아니마의 해석은 '심성(心性)'의 이치를 모르기 때문에 '영혼'을 애매모호하며 몽롱하게 밝힐 수 없는 곳에 놓아두고서 사람들에게 거짓말을 퍼뜨리는 것이다. 즉 "지금 아니마의 학문은 일찍이 심성(心性)의 이치를 따라 궁구한 바가 없고, 하늘과 사람이 서로 꼭 맞는 묘함을 살피지 못하며, 다만 영혼의 설에 의탁하여 상제를 혼에 비교하려 하니 이 때문에 그것이 도리 밖의 일이 되는 것이다.

오직 저들의 견해가 정확하지 못하므로 실제에 의거하여 직접적으로 말할 수 없어서 빌린 것이라고 말하고 그림자라고 말하고 진실로 견줄 수 없다고 말하였으니, 우물쭈물하며(依違) 구차한 설을 꾸미고, 간교하게 술수를 부려 거짓말을 퍼뜨리는(閃奸打訛) 구습으로 희롱하며, 이를 미루어 어둡고 애매하며 몽롱하여 쫓아가 따질 수 없는 지경에 놓아 둔 것이다.『역』

---

94) 『西學辨』, 『靈言蠡勺』, 第三篇, 亞尼瑪之尊與天主相似, 「故性字在六書會意之法從心從生, 謂其與心而俱生也. 惟其上帝所降之衷與心俱生而爲吾之性. 故吾儒之學必以治心而爲本, 推其功效之極, 而可至於叅天地贊化育之域. 此則心之所以爲靈而可比於上帝者也. 故人以至眇之身, 而其心之大不過方寸, 度以常情, 宜不可比論於上帝, 而因其所具之性原其所降之衷, 而究其所以主宰之理, 則實如符契之脗合, 而非爲假借而强擬也.」

에 이른바 '마음에 의심이 있는 자는 그 말에 지엽(枝葉)이 많다.'고 한 것이나, 맹자가 이른바 '변명하는 말(遁辭)에서 그 궁벽함을 알 수 있다'고 한 것이 바로 이것을 가리킨다.'"95)

5. 하빈의 서학 지미호(至美好, 최고선)설 검토

1) 서학의 지미호(至美好, 최고선) 개념 검토

하빈은 서학의 (天主에 대한) '최고선' 개념인 '지미호(至美好)'의 개념이 눈과 귀로 지각할 수 없지만 오직 믿고, 소망하고, 사모하여, 영원한 삶의 은혜와 복락을 받는다는 설이라고 다음과 같이 요약하였다.

> 「이 최고의 선성(至美好, 최고선)은 현재는 눈으로 볼 수 없고, 귀로 들을 수 없다. 오직 믿어야 하고, 오직 소망하여야 하며, 오로지 사모해야 한다. 나의 이 믿음과 소망과 사모함이 곧 은혜로운 교훈이요, 내려주신 도움이다. 훗날에 이르러 분명히 알게 되는 날이 오면 저절로 마땅히 아득하고 두려워지지만, 마치 내 마음을 붙잡은 듯, 내 몸을 잃어버린 듯, 내 눈이 아찔한 듯, 내 마음의 정(情)이 만족한 듯 즐거이 올바른 자리를 얻어 크게 편안해지고 나를 복 주고 나를 영원하게 하니 곧 영원한 삶이 된다.」96)

---

95) 『西學辨』, 『靈言蠡勺』, 第三篇, 亞尼瑪之尊與天主相似, 「今亞尼瑪之學, 未嘗從事於心性之理, 不察乎天人脗合之妙, 而顧乃依託於靈魂之說, 欲以上帝而比於魂, 則此其爲道之已外矣. 而惟其所見之不的, 不能據實而直言, 謂之假借, 謂之影像, 謂之非眞實可擬, 飾其依違苟且之說, 弄其閃奸打訛之習, 而推而置之於幽昧怳惚不可致之境. 易所謂中心疑者, 其辭枝, 孟子所謂遁辭, 知其所窮者, 正指此也.」

96) 『西學辨』, 『靈言蠡勺』, 第四篇, 論美好之情.

하빈은 서학의 위의 주장을 다음의 요지로 검토 비판하였다.

(ㄱ) 하빈에 의하면, 서학은 최고선을 눈·귀로 지각할 수 없는 것만 알고 '심(心, 마음)'은 알 수 있음을 모르는 맹점이 있다.

> 「그러나 귀와 눈이 미치지 못하더라도 오직 마음은 능히 통할 수 있다. 맹자의 이른바 "그 마음을 다하는 자는 그 본성을 알고, 그 본성을 아는 자는 하늘을 안다."는 것이 그것이다. 그러므로 우리 유가의 학문함은 그 마음에서 자득한 것을 미루어 실제의 이치를 분명히 하는 것이니 그러므로 독실하게 믿어 미혹되지 않을 수 있으며, 부지런히 사모하여 나태하지 않을 수 있다.」[97]

(ㄴ) 하빈에 의하면, 서학은 최고선(至美好)에 대하여 "일찍이 본심의 신령스러움을 돌이켜 그 알 수 있는 도를 제시하지 않았으니, 이는 단지 눈과 귀가 보고 듣지 못하는 바일 뿐 아니라 또한 이 마음이 알 수 없는 것이다. 이와 같은데도 오히려 '믿고(信之)', '소망하고(望之)', '사모한다(存想之)'고 말한다면 또한 마음이 알 수 없는 사물을 어떻게 그것이 믿을 수 있는 것임을 알아서 믿으며, 또한 어디를 소망하고 사모한다는 것인지 묻고 싶다. 이 설에 근거가 없음이 진실로 이미 심한 것이다"[98]

(ㄷ) 하빈에 의하면, 서학이 사람이 죽은 이후 훗날 천주(天主)의 지미호(至美好, 최고선)를 알 수 있다고 한 것은 오류이다. "훗날 명확히 알게 된

---

97) 『西學辨』, 『靈言蠡勺』, 第四篇, 論美好之情, 「然而耳目之所不及者, 推心能通之, 如孟子所謂盡其心者, 知其性也, 知性則知天是也. 是以吾儒之爲學也, 推其自得於心, 而明其實然之理, 故有以篤信而不惑, 有以勉慕而不怠.」

98) 『西學辨』, 『靈言蠡勺』, 第四篇, 論美好之情, 「今此段之論至美好也, 但謂之目不可見, 耳不可聞而已. 未嘗反之於本心之靈, 而示以可知之道, 則是非但耳目之所不可見聞也, 亦此心之所不可知也. 如是而猶曰信之望之存想之, 則且問心所不知之物, 何以知其可信而信之, 亦何所指的而望想之乎. 此其爲說之無據固已甚矣.」

다는 설에 이르러서는 사람이 살아가는 현세 이후를 가리키는 것이다. 그러나 사람이 죽으면 지각할 바가 없음은 앞에서 이미 상세히 설명하였으니 그 이치가 매우 분명하다. 어찌 분명히 알 수 있다고 논할 수 있겠으며 어찌 즐거이 올바른 자리를 얻어서 영원히 사는 일이 있을 수 있겠는가?"[99]

(ㄹ) 하빈에 의하면, "서학이 말하는 최고의 선성은 공허하고 모호한 설에 의탁한 것에 불과한 것으로, 우리 유가 학문에 참으로 증험할 수 있는 실리가 있는 것과 같지 않으니, 이 때문에 비록 그 마음의 수고를 지극히 한다 하더라도 반드시 터득한 이치가 없는 것이다."[100]

(ㅁ) 하빈에 의하면, 서학은 "무릇 사람으로 하여금 볼 수도 들을 수도 없는 것을 믿으라고 하면서 그 알 수 있는 길을 말하지 않으니, 사람이 비록 심히 어리석고 미혹되어 있다 하더라도 반드시 그 설이 의심할 만한 것임을 알게 되어 반드시 따르고 좇지 않을 것이다. 그러므로 죽은 후에 명확히 알게 된다는 설을 지어내어 영원한 삶의 복으로써 유혹하고, 스스로 사후의 일은 사람이 있고 없음을 따질 수 없다고 하면서도 또한 (사후의) 복과 이익으로 유혹한다. 이와 같이 하여 천하를 속일 수도 있겠지만 죽음과 삶, 끝과 시작의 설에 스스로 알 수 있는 이치가 있으며, 이치에 밝은 군자는 이치가 없는 것으로써 속일 수 없다는 것은 특히 알지 못하는 것이다. 또한 매우 비루하여 많이 토론할 만한 것이 못 된다."[101]

---

99) 『西學辨』, 『靈言蠡勺』, 第四篇, 論美好之情, 「至於後來明見之說, 盖指人生現世之後. 而人死之無所知覺, 前已詳言, 其理甚明, 夫豈有明見之可論, 而有何怡然得所乃以常生之事乎.」

100) 『西學辨』, 『靈言蠡勺』, 第四篇, 論美好之情, 「大抵彼所謂至美好者, 不過依託於空虛范然之說, 而非若吾儒之學眞有實理之可驗者, 則是雖極其心思之勞, 而必無見得之理.」

101) 『西學辨』, 『靈言蠡勺』, 第四篇, 論美好之情, 「此其所以誘之於不見不聞之境, 强之以信之望之之事, 而不能質言其有可知之道也. 夫使人而信其不見不聞之物, 而不信其可知之道, 則人雖愚迷之甚, 必知其說之可疑, 而未必廳從. 故假

2) 서학의 진광(眞光)·진복(眞福)설 검토

하빈은 먼저 서학의 진광(眞光)설과 진복(眞福)설의 특징을 다음과 같이
요약하였다.

"사람에게는 두 가지의 빛이 있다. 하나는 자연적인 본래의 빛(本光)
이다. 이치로 미루어 아는 것으로 사람의 능력으로 미칠 수 있는 것이
다. 또 하나는 자연을 뛰어넘는 진정한 빛(眞光)이니 이치를 넘어서서
오직 천주가 내려주시는 것으로 사람의 식견으로 미칠 수 있는 바가
아니다.

이 최고의 선성(至美好, 최고선)은 나의 현재에 있어서 나의 본래의
빛에 의존하여 조금씩이라도 인식할 수 있지만, 미래에 있어서는 참된
빛에 의존해야 결국 볼 수 있다. 그러나 이렇게 인식하고 보는 것도
마치 바다의 물 한 방울을 마시는 것과 같고, 햇빛을 틈새로 보는 것
과 같아서 모두 다 인식하고 보기 어렵다. 오로지 스스로 궁구할 수
있고, 스스로 완전히 깨달을 수 있으며, 스스로 완전히 욕구할 수 있는
데, 이러한 온전한 깨달음과 온전한 욕구를 끝없는 '참된 행복(眞福,
beautitudo)'이라고 이름한다."[102]

하빈은 서학의 진광설·진복설을 다음의 요지로 검토 비판하였다.

하빈에 의하면, 서학은 이치로 알 수 있어서 사람의 힘이 미칠 수 있는
것을 자연의 본광(本光)이라 하고, 이치를 넘어서 사람의 식견으로는 미칠
수 없는 바를 자연의 진광(眞光)이라고 구분하였다. 문제는 '진광'에 있다.
"이치로 따질 수 없는 것은 어디에서 그것의 있고 없음을 증험할 수 있는

爲死後明見之說, 而誘之以常生之福, 自以爲死後之事, 人不能詰其有無, 而又
有福利之誘, 如是而可欺於天下也. 殊不知死生終始之說, 自有可知之理, 而明
理之君子, 不可欺之以理之所無也. - 其亦甚陋而不足多辨也.」

102) 『西學辨』, 『靈言蠡勺』, 第四篇, 論美好之情 참조.

지 알 수 없다. 저들은 또한 사람의 식견에 미칠 수 없다고 말하는데 서양 선비(西士)도 역시 사람이니, 알 수 없는 것은 반드시 우리와 다르지 않을 텐데 오히려 억지로 그것을 말하는 것은 어째서인가? 무릇 이치로 따질 수 없고 자기가 알 수 없는 것을 입으로 말하고 글로 써서 천하의 사람들로 하여금 그 설을 믿게 하고 그 도를 따르게 하고자 하니 그 역시 난감한 일 이다."103)

하빈은 서학의 초자연적 진광(眞光)의 개념은 최고선(至美好)를 신비화 하기 위한 가공적 허구라고 비판한 것이었다.

3) 서학의 최고선(最高善, 至美好)론 불가지(不可知)론 검토비판

하빈은 서학의 최고선(=천주)의 전지전능함을 찬탄한 서술을 다음과 같 이 요약 인용하였다.

> "최고의 선성(至美好, 최고선)을 찬탄하고자 해도 형용할 수 없고, 이 루 다 표현할 수 없다. 바닷물로 먹을 갈아도 오히려 그 부족함이 한 스럽고, 넓은 하늘을 종이로 써도 오히려 그 협소함이 한스러우며, 천 신(天神, 천사)들의 총명한 지혜로도 오히려 그 둔함이 한스럽고, 억만 년의 무궁한 세월도 오히려 그 짧음이 한스럽다. 먼 옛날로부터 세상 이 끝날 때까지 무수한 성현들과 무수한 천신들이 자신들의 지혜와 생각을 함께 모아서 한이 없고 무량한 지혜와 생각을 극진히 사려하 고 생각해 보아도 오히려 그 만분의 일도 모방할 수 없을 것이다."104)

---

103) 『西學辨』, 『靈言蠡勺』, 第四篇, 論美好之情, 「理所不能推之物, 未知於何而驗
其有無乎. 彼亦謂非人知見所及, 則西士亦人也, 其所不知, 必與我無異, 而猶
且强言之者何也. 夫以理之所不能推, 已之所不能知, 而宣之於口, 筆之於書,
欲使天下之人信其說而從其道, 其亦難矣」
104) 『西學辨』, 『靈言蠡勺』, 第四篇, 論美好之情 참조.

하빈은 서학의 최고선의 무한대하고 전지전능한 것의 찬탄을 황탄하고 근거없는 학설이라고 유가의 관점에서 다음과 같이 비판하였다.

> "생각건대, 이 단락에서는 최고의 선성(至美好, 최고선)의 실정을 극찬하였으나, 장황하고 황탄하여 군자는 그 요령을 얻을 수가 없다. 그러나 이치로 미루어 보면 그것이 황탄하고 근거가 없는 설로, 우리 유학이 도를 논한 것과 다른 것임을 알 수 있다. 무릇 군자의 도는 비록 광대하여 끝이 없으며 미묘하여 보기 어렵다고 하나, 그 이치는 지극히 진실하여 진실로 정밀하게 생각하고 깊이 탐구할 수 있으니 반드시 알 수 없는 이치가 없으며, 앎이 이미 분명해지면 반드시 형용할 수 없는 이치가 없는 것이다. 옛 성현들도 본래 이 도를 분명히 알아서 그에 따라 문자로 나타내어 후세에 남겼음은 육경(六經)에 실려 있는 바와 같으니 속일 수 없는 것이다. 어찌 무수한 성현들이 자신들의 지혜와 생각을 함께 모아도 그 만분의 일의 이치도 모방할 수 없는 이치가 있겠는가."[105]

하빈은 서학(삼비아시)이 최고선(至美好=천주)에 대해 인간의 지식으로 능히 알 수 있다고 생각하는 것은 식견이 없는 것이고, 최고선은 인간의 지식으로는 알 수 없는 것이라고 생각하는 것이 식견이 있는 것으로 보았다고 지적하였다.

> "이 최고의 선성(至美好, 최고선)에 대해 만약 사유를 통해 헤아리고

---

105) 『西學辨』, 『靈言蠡勺』, 第四篇, 論美好之情, 「按此段極讚至美好之情, 張皇怳惚, 君子不可以得其要領者. 然而以理而推之, 則可見其爲荒誕無據之說, 而異於吾儒之論道也. 夫君子之道, 雖曰廣大而無窮, 微妙而難見, 然而其理至爲其實, 苟能精思而探究, 則必無不可知之理, 知之旣明則必無不可形容之理. 古昔聖賢固有明知此道, 而因以形之於文字, 垂之於後世者, 如六經之所載, 不可誣也. 夫豈有無數聖賢, 幷合其才智心思, 而不能摹擬其萬一之理哉.」

따져서 자기가 능히 알 수 있는 것이라고 여긴다면 이는 틀림없이 지극히 식견이 없는 것이다. 만약 더욱 궁구(窮究)해 나가고 극진히 사려해도, 혼미하여 얻는 바가 없음에 이르면 스스로 지극히 어리석고 지극히 몽매하여 내가 생각한 것, 내가 공부한 것, 내가 아는 것이 마땅히 생각해야 할 것, 공부해야 할 것, 알아야 할 것에 전혀 한 터럭도 들어 갈 바가 없다고 여기게 된다. 이것이야말로 아는 바도 있고 식견도 있는 것이다."106)

하빈에 의하면, "생각건대, 이 단락의 뜻은 앞의 문단과 비슷하나 (본색이) 탄로남이 더욱 심하다. 저들의 이른바 최고의 선성이라는 것은 이미 허구의 학설이요, 본래 증험할 만한 실질이 없는 것이므로 아무리 사려를 지극히 하여 궁구하더라도 반드시 혼미하여 얻는 바가 없으며, 어리석고 몽매함을 스스로 벗어날 수 없음이 마땅하다

우리 유가의 학문함은 그렇지 않으니 실제로 그러한 마음(實然之心)으로 실제로 그러한 이치(實然之理)를 궁구하여 그것을 알면 반드시 정밀하기를 기대하고, 그것을 보면 반드시 명확하기를 기대한다. 이것이『대학』에 격물치지(格物致知)의 가르침이 있는 까닭이고『중용』에 명(命)과 성(誠)의 설이 있는 까닭이다.

이와 같으니 어찌 일찍이 혼미하여 얻는 바가 없는 것을 귀하게 여겼겠는가? 앎이 이미 정밀하고 본 것이 이미 명확하다면 반드시 그로써 그 나아간 영역을 스스로 증험할 수 있다. (…) 이것으로 미루어 본다면 우리의 유학과 저들 학문의 허(虛)와 실(實), 진(眞)과 위(僞)의 같지 않음을 단연코 알 수 있을 것이라"고 그는 강조하였다.107) 즉 유학이 실학(實學)이고

---

106)『西學辨』,『靈言蠡勺』, 第四篇, 論美好之情 참조.

107)『西學辨』,『靈言蠡勺』, 第四篇, 論美好之情, 「按此段之意, 亦與前段相似, 而其爲綻露益甚. 彼所謂至美好者, 旣是架虛之說, 而本無可驗之實, 則是雖眞思極慮而窮之, 其必昏無所得, 而不能自脫於愚懵也, 宜矣. 若吾儒之爲學也則不

진학(眞學)이며, 서학의 이 학설은 허학(虛學)이고 위학(僞學)임을 단연코 판별할 수 있다고 강조한 것이었다.

하빈은 서학의 최고선(至美好, 天主) 불가지론의 허구성, 비실증성에 비하여 유학의 실제적 실증성과 격물치지, 명(命)과 성(誠) 학설이 훨씬 더 우수한 실리적(實理的) 학문임을 지적하고 강조하였다.

然, 以實然之心而窮實然之理, 知之必期於精, 見之必期於明. 此大學所以有格物之訓, 中庸所以有明誠之說也. 若是者何嘗以昏無所得而爲貴乎. 知之旣精, 見之旣明, 則必有以自驗其所造之域. 此伊尹所以以先覺自許, 孔子所以以知命自謂也. 若是者豈有自視爲至愚至憒之理乎. 以此推之, 則吾學之與疲學, 虛實眞僞之所以不同者, 斷可知矣.」

V. 하빈의 서학의 '천주(天主)' 학설 검토

1. 천주실의(『天主實義』)의 용어 채용 동기 파악

하빈은 『영언여작』 검토 비판에 이어서 당시 조선에서 서학서적 중에 가장 큰 영향력을 발휘하고 있었던 마테오 리치(Mateo Ricci) 『천주실의』를 검토 비판하였다.

하빈은 먼저 마테오 리치가 중국에서 저술한 『천주실의』(1603년 간행)의 서문에서 천주의 학설이 불교를 배척하고자 하며, 요·순·주공·공자의 학설에 어긋나지 않는다고 말한 것은 유교의 용어를 빌려다 그들의 뜻을 넣어 서학 포교를 목적으로 한 내적 동기 때문임을 다음과 같이 지적하였다.

"『천주실의』의 첫머리에 있는 이마두의 서문(題引)에서 이 책은 불교를 배척하고자 하며, 요·순·주공·공자의 도에 어긋나지 않는다고 스스로 말한다. 또한 명나라 사람 이지조(李之藻)·빙응경(馮應京) 등이 (『천주실의』의) 서문을 쓰고 (이마두의) 말을 구술하였으며, 그 학문이 우리 유학과 다르지 않으나 불교와는 같지 않다고 여겨 찬탄하였으니 사람을 속임이 이보다 심한 것이 없다. 저들의 천당·지옥·영혼[精靈] 불멸의 설은 분명히 불교의 찌꺼기 이론으로, 일찍이 대략 우리 유가의 말에 보이지 않는 것이다. 나는 (저들의 학설이) 불교와 다른 점이 무엇이고 우리 유가와 같은 점이 무엇인지 모르겠다. 구구절절 불교의 찌꺼기 이론을 주워 모았음에도 도리어 불교의 배척을 명목으로 삼고 있으니, 이마두와 그 동료들은 단지 우리 유가의 죄인일 뿐 아니라 오히려 또한 불교의 적대자이기도 하다."[108]

하빈은『천주실의』를 중국선비의 질문과 서양선비의 응답의 '문답식'으로 짓고, 중국선비가 승복당하는 형식을 취한 것과 중국 실제 선비와 가상 선비를 합하여 가정으로서 서학포교를 목적한 방식으로 파악하였다. 하빈은 마테오 리치의 '적응주의' 선교방식의 본질과 방법의 전술을 정확히 간취하여 지적한 것이었다. 하빈은『천주실의』의 8편 편제에 대응하여 8편 항목으로 이를 다음의 요지로 검토 비판하였다.

2. 천주의 천지(天地)·만물(萬物) 창조(創造)설 검토

중국선비의 첫 번째 질문은 사생설(死生說)에 대한 것인데, 서양선비의 응답은 "몸이 죽은 후의 영혼의 불멸과 천당에서의 영원한 안락을 도모하는 것"이다.

하빈에 의하면, 이 한 구절에서 서학의 연원이 전적으로 이익(利益)을 바라는 마음에서 나온 것을 알 수 있는데, 이것은 불교의 왕생설(往生說)과 함께 탄망(誕妄)한 것이다.

서학은 여기서 천주(天主)가 천지와 만물을 창조(創造, 制作)하고 주재(主宰)하며 안양(安養)한다고 말하는데, 이를 유학적 관점에서 검토하면 천주가 천지·만물을 창조(제작)했다고 하는 것은 틀린 강령이고, 주재(主宰)한다고 하는 것만 옳은 것이라고 다음과 같이 설명하였다.

「이른바 천주가 천지와 만물을 창조하고(制作) 주재(主宰)하며 편안히 길러 낸다(安養)는 것이 제일편의 가장 중요한 강령이다. 그러나 그

108)『西學辨』,「天主實義」題引.

말과 뜻을 살펴보면 자못 우리 유학의 상제의 설에 근거하여 참된 것에 의탁해서 거짓된 것으로 현혹시키는 계책을 삼았으니 끝내는 스스로 가릴 수 없는 바가 있다. 정자는 "(천은) 주재(主宰)로 말하면 제(帝)라 한다"고 하였으니, 저들이 천주가 천지를 주재한다고 한 것은 이론이 또한 옳다. 주자도 "만물이 제(帝)를 따라서 출입한다."고 말하였으니, 저들이 천주가 만물을 편히 기른다고 말한 것과 그 뜻이 또한 가깝다. 그러나 천지가 천주의 제작(창조)으로 말미암아 만들어졌다고 말하는 데 이르러서는 이는 이치상으로도 징험할 것이 없고 경전에서도 상고할 바가 없으니, 다만 억측에서 튀어나온 이론이다.」[109]

하빈은 마테오 리치가 천주의 천지창조를 목수의 집짓는 일에 비교한 것도 비판하고, 천지는 음(陰)·양(陽)의 원리로도 자연이 형성된 것이라고 유학적 관점에서 설명하였다.

하빈은 '천주(天主)'를 유학의 '상제(上帝)'라고 가정한다면, 상제(천주)는 천지가 형성된 후에 그 사이에서 주재(主宰)하는 것으로 도(道)와 기(器)를 합해서 이름한 것이라고 다음과 같이 강조하였다.

「이른바 상제는 또한 천지가 형성된 후에 그 사이에서 주재한다는 것으로, 도(道)와 기(器)를 합해서 이름한 것이다. 마치 사람이 생명을 부여받은 후에 바야흐로 이 마음이 있어서 사람의 몸을 주재하지만 본래 사람의 몸을 만들 수는 없는 것과 같다. 그러니 상제가 비록 천지를 주재한다 해도 어찌 천지를 만들어 내는 이치가 있겠는가? 이것이 저들의 설을 믿을 수 없는 까닭이다.」[110]

---

109) 『西學辨』, 「天主實義」 第一篇 首論天主始制天地萬物而主宰安養之,「其所謂天主制作天地萬物而主宰安養之者, 最是一篇之要領. 而覽其辭意, 頗因吾儒論上帝之說, 以爲托眞衒僞之計, 而終有所不能自掩者. 然程子曰以主宰之帝, 則彼謂天主之主宰天地者, 其說亦可矣. 朱子曰萬物隨帝而出入, 則彼謂天主之安養萬物者, 其義役近之. 而至謂天地之成由於天主之制作, 則此乃於理無徵, 於經無稽, 而特出於臆度之論也.」

하빈은 서학의 천주(天主)가 천지·만물을 창조했다는 '창조설'을 증거가
없는 '허구'라고 부정하고, 천지는 음과 양의 원리로 자연히 형성된 것이라
는 유학의 설명을 사실과 이치에 일치한 것이라고 설명한 것이다.

3. 서학의 유학 태극('太極')설 비판과
세인(世人) 천주(天主)오해설 검토

하빈은 마테오 리치가 처음에는 서학이 유학을 돕고 불교 도교를 배척
하는 척 하면서 중간에 주염계(周濂溪) 유학의 '태극설'을 신랄하게 비판
하는 것을 날카롭게 반비판하였다.

하빈은 마테오 리치가 리(理)는 영명함과 지각이 없기 때문에 사물에 베
풀 수 없다고 한 것은 리(理)가 무엇인지 모르는 소리이다. "사물이 영(靈)
명할 수 있고 지각(覺)할 수 있는 것은 기(氣)가 만드는 것이다. 그 영명하
고 지각하는 까닭의 근원을 추리해 나가면 (그 원리가) 리(理)인 것이다.
다만 물(物)은 형상(形象)이 있어서 볼 수 있으나 리(理)는 형상이 없어서
볼 수 없다. 그러므로 도(道)를 아는 사람은 형상이 있어서 볼 수 있는 물
(物)에서 나아가 형상이 없어서 볼 수 없는 리(理)를 증험하는 것이다. 만
약 리(理)는 형상이 없고 물(物)은 형상이 있다 해서 마침내 리(理)가 물
(物)에 관여하지 않는다고 말한다면, 리(理)를 논함에 있어 (공부가 없어 자
격이 없는) 먼 것이 아니겠는가"[111] 하빈은 마테오 리치가 유학의 이기(理

---

110) 『西學辨』, 「天主實義」 第一篇 首論天主始制天地萬物而主宰安養之, 「而所謂
上帝, 則盖亦天地成形之後主宰乎其間, 合道器而爲之名. 如人賦生之後, 方有
此心主宰乎人身, 而固不能制作人身, 則上帝雖主宰乎天地, 而豈有制作天地
之理乎. 此彼說之所以不可信也.」 하빈은 서학의 천주의 천지·만물 창조설을
부정 비판하고 천지·만물 창조 후의 주재(主宰)만을 합당한 설로 본 것이었다.

氣)설을 정확히 파악하지 못했다고 비판한 것이었다.

하빈에 의하면, '태극(太極)'은 음·양의 리(理)로서 공경의 대상이 아닌 지위 없는 원리이다. 그런데 마테오 리치가 이를 알지 못하고 마치 유학이 태극을 존숭의 대상으로 삼는 것처럼 가정한 후, 가상 중국선비로 하여금 "옛 성인이 태극을 존숭하여 받들었다는 것을 아직 듣지 못했다"[112]고 항복하는 응답을 지어내서 옛 성인도 천주(天主) 존숭을 한 것처럼 유도한 것은 오류인 것이다.

하빈은 천지개벽(창조)은 태극의 원리에 따른 음·양의 결합 원리의 자연으로 된 것이고, 천주(天主)나 상제(上帝)가 창조한 것이 아니다. 하빈은 천지와 만물이 자연으로 창조된 후, 상제(上帝, 천주)는 오직 관리(治)를 하는 것이라고, 서학의 천주의 천지·만물 창조설을 부정하였다.

4. 인간 영혼 불멸설의 재검토

하빈에 의하면『천주실의』제3편은 인간영혼의 불멸설을 피력했는데, 이에 대해서는 앞서『영언여작』에서 이미 검토 비판했으므로 중복을 피한다고 하였다.

유학은 생사(生死)의 원리에 가르침이 있어서 군자는 삶과 죽음을 근심하지 않는 즐거운 경지가 있다. 그럼에도 마테오 리치가 중국선비의 질문

---

111) 『西學辨』,「天主實義」第二篇 解釋世人錯認天主,「夫物之能靈能覺者, 氣之爲也. 而推原其所以靈覺者, 則理也. 但物則有形而可見, 理則無形而不可見. 故知道者, 旣其有形可見之物, 而驗其無形不可見之理. 若以理之無形, 物之有形, 而遂謂理之無與於物, 則其於論理也, 不亦遠乎.」

112) 『西學辨』,「天主實義」第二篇 解釋世人錯認天主,「未聞古聖之尊奉太極者.」云云.

에 "우리가 사는 세상이 고통스럽고 수고로우며 죽음에 이르러 흙에 묻히는 것이 큰 근심이 된다"고 극단적 질문을 설정한 것은, 죽어도 영혼은 불멸하여 천주의 뜻에 따라 천당에 가서 영생(永生)을 할 수 있다고 서양선비가 답해서, 사람들의 이기심을 자극하여 서학을 수용 전파하기 위한 방략에 불과한 것이다.[113]

하빈은 인간이 죽으면 몸은 땅에 돌아가 썩어 소멸되고 영혼은 공중에 흩어져서 분산되어 소멸된다는 동양과 공자의 사생관이 자연의 이치에 합당한 정직한 가르침(名敎)이라고 지적하였다.

5. 귀신과 인간 영혼 차이설과 만물일체설의 검토

하빈은 서학이 옛 임금의 제사(祭祀)하는 예(禮)와 『시경』 『서경』의 혼은 하늘에 있다는 설을 끌어다가 서학 신봉을 구실로 삼아 조상의 혼 제사를 귀신 우상숭배라고 주장하고 만물일체로 보아, 제사 폐지의 합리화로 악용할까 우려하였다.

하빈은 『주자어류(朱子語類)』를 인용하여 "필경 자손은 조상의 기(氣)이다. 조상의 기는 비록 흩어졌다 해도 그 뿌리는 여전히 여기에 있으니 정성과 공경을 다하면 또한 조상의 기(氣)를 여기에 불러 모을 수 있다"[114]고 하여 제사의 정당성을 설명하였다.

하빈은 또한 『주자어류』에서 주희가 답변한 "요컨대 천·지·인(天·地·人)을 관통하는 것은 다만 하나의 기(氣)일 뿐이다. 그래서 넓고 넓어 위에

---

113) 『西學辨』, 「天主實義」 第三篇 論人魂不滅大異禽獸 참조.
114) 『西學辨』, 「天主實義」 第四篇 辨釋魂神及人魂異論而解萬物不可謂一體, 「日畢竟子孫是祖先之氣. 他氣雖散, 他根卻在這裏, 盡其誠敬, 則亦能呼召得他氣聚在此.」

있는 것 같기도 하고 좌우에 있는 것 같기도 하다'고 한 것이다. 허공에 가득 찬 것이 리(理) 아닌 것이 없으니 사람들이 스스로 생생하게 알도록 해야지 말로 깨우쳐 주기는 어렵다"[115]는 말을 인용하여, 만물에 일체로 관통하는 아가설(理氣說)로 인간영혼도 해석하는 것이 이치에 맞는 것이고, 서학의 인간영혼만 떼어 내어 불멸해서 천당에 올라가 복락을 누린다는 설명은 이치에 맞지 않는 가상적 설명이라고 비판하였다.

6. 윤회(輪回)설과 천당·지옥설의 검토

『천주실의』는 제5편에서 불교의 '윤회'설을 배척하고, 제6편에서는 서학의 '천당·지옥'설을 제시하였다.

하빈은 서학의 윤회설 배척은 정당하지만, 서학이 천당·지옥설을 가상한 것은 불교의 천당(극락)·지옥(연옥)설의 찌꺼기 이론을 사용한 것이라고 다음과 같이 비판하였다.

> "생각건대, 이 편에서 불교의 윤회설을 배척한 것은 옳다. 그러나 불교가 전세(前世)에서 선악을 미루어 오는 것과 이들이 후세(後世)에서 화복을 지정하는 것은 현세(本世)를 떠나서 가공의 설을 만들었다는 점에서는 같다. 또한 이른바 후세의 화복이라는 것은 실제로는 불교의 천당지옥설의 찌꺼기 이론을 사용한 것이니, 이것으로써 윤회설을 배척한다면 아마도 불교의 웃음거리가 되지 않는 바가 거의 드물 것이다"[116]

---

115) 『西學辨』, 「天主實義」 第四篇 辨釋魂神及人魂異論而解萬物不可謂一體, 「要之, 通天地人只是這一氣, 所以說洋洋然如在其上, 如在其左右. 虛空侗塞, 無非此理, 自要人看得活, 難以言曉也.」
116) 『西學辨』, 「天主實義」 第五篇 辨排輪回之道戒生殺之謬說而揭齊素正志 참조

하빈에 의하면 본세(本世, 현세)에서 도리(道理)를 다하여 자연히 복락(福樂)을 실현하는 것이 이치에 합당한 것이다. 현세를 떠나서 전세(前世)와 후세(後世), 또는 천당(天堂)과 지옥(地獄)의 가공의 설을 만들어서 사람을 끌어들이는 것은 사실과 이치에 맞지 않는 것이고 거짓으로 사람을 속이는 것과 같은 것이다.

하빈은 『천주실의』 제6편에서 '죽은 후에 반드시 천당·지옥이 있어서, 선과 악으로 응보된다'는 '천당·지옥설'은 이미 『영언여작』에서 검토 비판했으니, 중복되므로 거듭 말하지 않는다고 하였다.

7. 인성(人性) 본선(本善)과 서학의 오론 교정

하빈에 의하면 서학은 "생장하고 지각(知覺)하며 이치를 추론할 수 있는 것이 인성(人性)이고, 인의예지(仁義禮智)는 이치를 추론한 후에 있는 것이므로 인성(人性)이 될 수 없다"고 하고, 또한 성(性)에는 일찍이 덕(德)이 존재하지 않으니 덕은 의(義)로운 생각과 의로운 행위를 오랫동안 익힘으로써 생겨나는 것이라고 하면서 유학(儒學)의 복성설(復性說)은 오류라고 비판한다고 지적하였다.

그러나 하빈에 의하면 서학의 이 주장은 틀린 것이다. 인의예지(仁義禮智)가 인성(人性)이라는 것은 맹자(孟子)의 성선설(性善說) 이래 이미 확정된 학설이다. 인성(人性) 안에 이미 인의예지(仁義禮智)의 선(善)과 덕(德)을 갖고 있기 때문에 사람은 세상에서 잘못하다가도 본래의 선(善)에 돌아가게 되는 것이다.

> 「또한 만약 인의예지가 진실로 추론 이후에 있는 것이고 본연의 성(本然之性)에 갖추어지지 않았다면, 이른바 측은(惻隱) 등 네 가지 마음

이 과연 어디에 깃들어 있다가 (아이가) 갑작스럽게 우물에 빠지려고 할 때에 별안간 나오는 것인지 모르겠다. 이것은 반드시 이치를 추론하기를 기다린 이후에 있게 되는 것이 아니다. 또한 (인의예지가) 이치를 추론한 뒤에 있는 것이므로 성(性)의 밖에 있어서 리(理)와 성(性)이 판연히 다른 두 가지가 된다는 것인가? 이것은 참으로 리(理)라는 말의 의미를 모르는 것이다.

덕은 의로운 생각과 의로운 행동에서 생겨나는 것이고 성에 갖추어진 것이 아니라고 말한다면, 사람에게 이 덕이 있는 것이 결국 밖에 있는 물(物)을 잡아당겨서 억지로 몸 안에 들여놓는 것이 된다. 그렇다면 『대학』에서 이른바 '명덕(明德)'이라 하고 『중용』에서 이른바 '덕성(德性)'이라고 한 것은 도대체 무엇을 가리킨 것인가? 이 또한 덕이라는 말의 의미를 모르는 것이다.」[117]

하빈은 맹자의 인성(人性)이 본래 선(善)하다는 성선설(性善說)이 정학(正學)이므로 천주교 신자들에게 이 정학(正學)을 설명해 주는 바라고 하였다.

8. 천주강생(天主降生)설 검토

하빈에 의하면 서학의 이른바 천주가 하늘에서 땅의 민간에 내려왔다는 천주강생설은 그 자체 내부 모순을 가진 설이다.

하빈은 서학의 천주강생설을 우선 두 측면 사례로 비판하였다.

(ㄱ) "서학은 일찍이 '하늘이 (운행하는) 도수(度數)는 각기 그 법칙에 의거하며 하늘이 머무는 바(次舍)도 각각 그 위치에 편안하여 조금의 어긋남도 없는 것은 천주가 하늘을 주재하기 때문이다.'라고 하였다. 그렇다면 천

---

117) 『西學辨』, 「天主實義」 第七篇 論人性本善而述天主門士正學 참조.

주가 하루라도 하늘을 떠날 수 없음은 명백하다. 그런데 지금은 곧 인간 세상에 강생한 지 33년이나 되었다고 하니, 이 33년 동안 하늘은 주재자가 없는 한가로운 물건이 되어 버린 것이다. 하늘이 머무는 바(次舍)와 (운행)의 도수(度數)에 조금도 어긋날 염려가 없을 수 있겠는가?"118)

(ㄴ) "또한 저들은 천주가 고금의 위대한 아버지(大父)이고 우주의 공평한 임금(公君)이라 하였는데, 그렇다면 이 천주는 반드시 사해를 두루 덮어야 할 것이므로, 사사로운 은혜와 작은 혜택으로써 한 지역의 사람들에게만 치우쳐 베푼다는 것은 부당한 것임에 분명하다. 지금 서양 이외의 천하의 나라는 만 가지 구역에 그치지 않는데, 천주 상제가 자녀 삼지 않는 곳이 없다고 했으나 천주가 각국에 강생했다는 말을 듣지 못했다. 유독 서양의 나라에만 강생했다면 천주가 은혜를 베푸는 도리의 치우침과 사사로움이 심하다고 할 수 있을 것이니, 어디에 (천주가) 위대한 아버지와 공평한 임금이 됨이 있겠는가? 단지 이 두 문단만으로 이미 그 허위가 다 탄로났음을 볼 수 있으니, 그 설이 신빙하기 부족함은 대개 많은 말을 기다리지 않고도 분명한 것이다."119)

하빈은 서학의 천주강생설은 사실이 아닌 모순된 설명이고, 우리 유학의 음·양과 태극과 리·기에 의한 천(天)의 설명이 이치에 합당한 정직한 설명임을 강조하였다.

---

118) 『西學辨』, 「天主實義」 第八篇 論傳道之士所以不娶而幷釋天主降生來由, 「彼嘗謂上天之度數, 各依其則, 次舍, 各安其位, 而無所差忒者, 由天主之主宰乎天, 則天主之不可一日離天也, 明矣. 而今乃降生于民間, 至於十三年之久, 則是其三十三年之間, 天固爲無主之一閑物矣. 度數次舍能無差忒之患乎.」

119) 『西學辨』, 「天主實義」 第八篇 論傳道之士所以不娶而幷釋天主降生來由 참조.

VI. 하빈의 서학 세계지리·종교·교육제도 검토

1. 『직방외기(職方外紀)』의 세계지리 소개 검토

하빈은 『서학변』에서 끝으로 천주교 선교사 줄리오 알레니(Giulio Aleni, 1582~1649)가 중국에서 서양세계를 중국인들에게 소개하기 위해 저술한 『직방외기』를 읽고 검토하여 간단한 평가를 하였다.

하빈은 이 책 등을 통하여 당시 세계의 인문지리적 구성을 상당히 정확하게 알게 된 것으로 보인다. 그는 이 책이 아시아(亞細亞)·유럽(歐羅巴)·아프리카·아메리카(亞墨利加)·마젤라니카(墨瓦蠟尼加)를 5대주라 한다고 하면서 서양 주요 지역의 위치와 거리를 기술하였다.

하빈의 이 책 세계지리에 대한 비판은 없다. 비판은 이 책이 천주교 선교사들의 세계 5대주를 모두 실지 여행한 견문에 의거하여 지은 저술이라고 오만하게 서술했는데, 다른 책을 보면 '마젤라니카'라는 대륙은 전하는 바가 없다고 하니, 무엇으로 고증을 했는지 그도 오만할 필요는 없다고만 논평하였다.

그러나 이 책을 요약한 내용만 보아도 하빈은 이 책 등의 세계지리 부분을 상세히 읽고 세계의 광대함과 그 구성을 잘 인식했으며, 그의 실학 형성에 도움을 받았음이 틀림없다.

하빈은 그럼에도 불구하고 '유학'을 산출한 중국(華夏)이 세계의 중심이라는 집착을 다음과 같이 표현하였다.

"나는 오직 중국이 천하의 중심에 있으면서 풍속과 기후의 올바름을 얻었고, 예로부터 성현이 번갈아 흥기하여 명교(名敎)가 높았으며 그 풍속의 아름다움과 인물의 번성함이 진실로 다른 나라가 미칠 바가 못 된다고 여긴다. 그러나 저 유럽의 여러 나라들은 모두 바다 끝의 외딴 지역에 있어서 명교(名敎)에 대해 들을 수 없었으니 스스로 중국 (華夏)에 진출할 수 없었다.

이제 한갓 그 토지의 크고 작음에 있어서는 대략 서로 비슷하다 할지라도 문득 감히 중국과 같은 반열에 두고 뒤섞어 일컫는 것은 진실로 심히 도리를 모르는 것이다. 또 천하의 수많은 지역 가운데『직방외기』에 기록된 것 외에 천하 안(寰瀛)의 광막한 경계에 있는 나라들은 길이 멀고 끊겨 있어 교통이 통하지 않으므로 비록 기이한 낯선 형상의 나라가 그 가운데 산포되어 있을지라도 직접 겪어 그 실제를 징험하지 못했다면, 군자는 담아둘 뿐 논하지 않는 것이다."[120]

하빈은 직접 세계를 여행해 보지 못해 실제를 징험해 볼 수 없는 여건과 함께, 당시 1720년대는 서양도 아직 '산업혁명'이 시작되기 이전이므로 서양세력의 급속한 강성을 객관적으로 인식하지 못하고 중국 중심의 세계관을 간직한 한계를 여기서 보이고 있다.

2. 서양 종교(천주교)의 검토

하빈은『직방외기』의 서양 종교 부분에 대해서는 세계지리 부분과는 달

---

120)『西學辨』,「職方外紀」,「余惟國中居天下中, 得風氣之正, 自古聖賢迭興, 名敎是尙, 其風俗之美, 人物之盛, 固非外國所可及. 而彼歐羅巴等諸國, 皆不過窮海之絶域, 裔夷之偏方, 其於名敎無所與聞, 不能自進於華夏. 今乃徒以土地之大小略相彷佛, 而輒敢竝列而混稱之, 固已不倫之甚矣. 且天下萬區, 自職方所記之外, 其在寰瀛曠漠之際者, 道里絶遠, 梯船不通, 雖有奇形異狀之國, 棋布其中, 顧無以親歷而驗其實, 則君子所以存而不議也.」

리 엄격하게 검토하고 더욱 날카롭게 비판하였다.

하빈의 서양 종교(천주교) 검토 비판의 요지는 다음과 같이 정리할 수 있다.

(ㄱ) 지금 서학(천주교)이 중국에 성행하고 있고 우리나라에서도 즐기고 사모하는 사람이 많아지기 시작하는데, 서책들을 보면 요체는 ① 천당·지옥설 ② 동정 수호 ③ 세속 차단 ④ 영혼불멸설 등이다. 대개 불교의 영향을 받은 것이다.[121]

(ㄴ) 이 책에서 서학의 가장 중요한 첫째 뜻은 천주(天主) 존숭인데, 그 특징은 "무릇 사람의 화복(禍福)과 수명[夭壽]은 모두 천주가 주재(主宰)하는 것이다. 그러므로 사람들은 마땅히 두려워하고 공경하며 아끼고 사모해

---

121) 하빈은 천주교가 불교의 영향을 받은 사례와 차이를 계속 다음과 같이 서술하였다. "예를 들어 이른바 세상 사람을 교화시키고 유도하여 끊이지 않고 (자신들의 학설을) 전파하는 것은 곧 불교의 선(善)을 권하는 뜻과 같고, 이른바 공동으로 첨례(瞻禮)하는 것을 미사(彌撒)라 이름하는 것은 곧 불교의 정례(頂禮)의 일과 같다. 또 이른바 세상의 복과 즐거움을 버리고 산속으로 피해 살면서 죽을 때까지 수양[修持] 하는 것은 곧 불교의 출가와 같으며, 이른바 처음에 죄를 처음 씻는 세례(拔地斯摩之禮, Sacramentum Baptismatis)가 있고, 죄를 거듭 풀어 주는 고해성사(恭裵桑之禮, Sacramentum Confessionis)가 있는 것은 곧 불교에서 죄를 참회하는 것과 같다. 윤회설을 배척하는 것은 비록 불교와 다른 것 같으나, 이른바 사람의 명이 다할 때 천주가 심판하여 상과 벌을 준다는 것은 곧 불교에서 (지옥에 가면) (칼로) 자르고, (불로) 태우고, (방아로) 찧고, (맷돌로) 간다는 찌꺼기 이론과 같다. 앞날의 일을 알아 예언하는 일의 경우 불교에서도 식견이 있는 자는 오히려 기꺼이 그것을 하려 하지 않고 사악한 마귀의[邪魔] 이단설(外道)이라며 배척한다. 그러나 이 책에서는 특히 아직 오지 않은 일을 미리 아는 것을 신성(神聖)의 지극한 공이라 하여 많은 서양의 성인들이 천주로부터 명을 받았다고 여긴다. 무릇 의심나는 일이 있으면 반드시 묵시를 받아 미리 알게 되는데 모두 경전에 실려 있으며 훗날에 맞지 않는 것이 없다고 했다. 예를 들면 천주가 강생하여 사람의 죄를 구원하는 일이 경전 가운데에 매우 상세하게 예언되었는데 후에 과연 유대(如德亞)의 베들레헴(白得稜) 땅에 강생하였다고 운운하는 것 등이다. 이런 말들은 불교에 비해 더욱 얄팍함을 드러낸 것으로 다만 스스로 그 황탄(荒誕)함을 드러내니 심히 가소로울 따름이다." 참조.

야 한다. 천주의 참된 가르침을 따르면 반드시 천당(天堂)에 올라가서 천신 (天神)과 여러 성현에게 참배하게 되고, 그렇지 않으면 반드시 지옥(地獄) 에 떨어져서 영구히 고난을 받을 것이다'라고 말하였다.

(ㄷ) 서학 천주 존숭의 이 뜻은 우리 유학과는 전혀 다른 것이다. 유학에 서 군자가 천(天)을 공경하는 것은 복을 구하고 화를 피하려는 것이 아니 라, 하늘이 부여한 본성(本性)과 인륜(人倫)의 도리(道理)를 자발적으로 지 키고 다하려는 것이다.

> 「나는 오직 화복과 요수가 하늘에 달려 있는 것은 그 이치가 진실로 그러하다고 여긴다. 그러나 군자가 하늘을 공경하는 것은 이를 두려워 해서 그런 것이 아니다. 하늘이 사람을 내실 때 인의예지의 본성을 부 여해 주셨고, 부자·군신·부부·장유·붕우의 인륜을 펼치셨으니, 사람 들은 마땅히 이 성을 확충하여 이 도리를 다해야 하니, 그런 연후에 바야흐로 (본성을) 더럽힘 없이 하늘이 부여한 것을 온전히 얻을 수 있 다. 성현들이 공경하고 받들어서 종일토록 (상제를) 마주 대하듯 함[對 越]이 이것이니, 이것이 어찌 복을 구하려고 한 것이고, 어찌 화를 피하 려고 한 것이며, 어찌 수명의 길고 짧음을 위해서이겠는가.」[122]

(ㄹ) 서학의 천주 공경은 성심(誠心)으로 하는 것이 아니라 천주가 자기 에게 복(福) 주기를 바랄 따름이고, 천주 사랑도 성심(誠心)으로 사랑하는 것이 아니라 천주가 자기에 화(禍)를 내릴까 두려워해서 하는 것뿐이니, 그 학문은 전적으로 이익(利益)을 바라는 이기심(利己心)에서 나온 것이다. 이

---

[122] 『西學辨』, 「職方外紀」, 「余惟禍福修短之係於天, 其理固然. 而君子之敬天, 非 畏此而然也. 天生斯人, 賦之以仁義禮智之性, 敍之以夫子君臣夫婦長幼之倫, 人當充是性而盡是倫, 然後方可以無忝而得全乎上天之付畀矣. 聖賢所以欽斯 承斯終日對越者此也, 是豈爲求福而爲之乎, 是豈爲畏禍而爲之乎, 是豈爲年 壽之修短而爲之乎.」

것은 유학이 도리(道理)에 따라 하늘을 성심(誠心)으로 존숭하는 것과는 비교할 수조차 없는 차이가 있다.

> 「지금 저들의 학문을 하는 자들은 이미 그 하늘이 부여한 본성에 근원을 두고 본래 가지고 있는 덕을 확충하지 않으며, 또한 하늘이 펴신 인륜을 살피고 그 마땅히 행해야 할 도리를 다하지 않는다. 그 공경하고 두려워하며 아끼고 사모하는 것이 한갓 하늘에 달려 있는 화복과 요수라 하니, 그 이른바 공경한다는 것이 성심으로 공경하는 것이 아니고, 그 공경은 진실한 마음[誠心]으로 공경하는 것이 아니라 하늘이 자기에게 복을 주기를 바라는 것일 따름이요, 그 사랑하는 것도 진실한 마음[誠心]으로 사랑하는 것이 아니라 하늘이 자기에게 화를 내릴까 두려워해서일 뿐이다. 그 학문은 전적으로 이익을 바라는 마음[利心]에서 나온 것이므로 성현이 (상제를) 마주 대하듯 하는 일에 대해 더불어 논하기에 부족하다.」[123]

(ㅁ) 서학의 천주 숭모는 화복(禍福)에만 매달리기 때문에 복(福)이 없으면 게을러지게 되고 화(禍)가 없으면 방자하게 된다. 이것은 유학이 살신성인(殺身成仁)하고 사생취의(舍生取義)를 가르치는 것과 크게 다른 것이다. 만일 서학이 널리 행해진다면 세계는 모두 이익(利益)추구로만 달려갈 것이다.

> 「(서학은) 천리 인륜의 그리함(所以然)에 전적으로 몽매하여 한갓 화복에만 매달리는 것이다. 이런즉 장차 복을 구해서 선을 행하는 경우 복이 없으면 게을러지게 되고, 화를 두려워하여 악을 행하지 않는

---

123) 『西學辨』, 「職方外紀」, 「今爲彼學者, 旣不原天賦之性而充其固有之德, 又不察天敍之倫而盡其當行之道. 其所敬畏而愛慕者, 特以禍福修短之繫於天, 則其敬也非誠心而敬之也, 要天之福己而已, 其愛也非誠心而愛之也, 畏天之禍己而已. 其學全出於利心, 以不足與論於聖賢對越之事矣.」

경우 화가 없으면 방자하게 되는 것이다. 몸을 버려 인을 이루는 일
(殺身成仁)이나 생을 버리고 의를 취하는 일(舍生取義)을 누가 기꺼이
하겠는가. 이 학설이 행해지면 내가 보건대, 천하가 모두 다 이익으로
만 달려가서 돌이킬 수 없을 것이다.」124)

하빈은 서학의 종지가 자기의 복(福)을 구하고 화(禍)를 피하여 죽어서
영혼이 천당(天堂)에 올라가기 위한 이기심(利己心)에서 나온 것이기 때문
에, 도리(道理)를 지키기 위하여 '살신성인'하고 '사생취의'하도록 자발적
도덕을 가르치는 유학이 훨씬 우수한 것이다. 서학이 널리 행해지면 세계
는 이익(利益)추구에만 달려갈 것이므로 이를 취하지 말고, 유학(儒學)을
지켜야 할 것이라고 강조하였다.

3. 서양 학교제도와 교육제도 검토

하빈은 『직방외기』가 서양의 학교와 교육제도를 소개한 것을 주목하고
이에 대해서는 상대적으로 길게 소개하면서 검토하였다. 이 부분이 상당히
긴 것은 하빈이 서양의 학교와 교육제도에는 취할 것이 다수 있다고 간취
했음을 시사하는 것이다. 그러나 그는 여기서도 유학의 입장에서의 비판적
검토를 떠나지는 않았다.

하빈은 『직방외기』에서 기술한 서양의 학교제도는 소학·중학·대학의 3
단계 제도인데, 이것은 유학의 소학·대학의 2단계 제도와 흡사한 것이라고
하면서, 각 단계의 교과 내용을 다음과 같이 요약하였다.125)

---

124) 『西學辨』, 「職方外紀」, 「全昧乎天理人倫之所以然, 徒以禍福已, 而則是將要
　　福而爲善, 無福則弛矣, 畏禍而不爲惡, 無禍則肆矣. 殺身成仁之事, 舍生取義
　　之節, 孰肯爲之. 此設行, 吾見天下滔滔趨利而不可返也.」

(1) 소학은 문과(文科)라 하고 4종류의 과목이 있다. ① 옛 현인의 명훈(名訓), ② 각국 사서(史書), ③ 각종 시문(詩文), ④ 문장(文章)과 의논(議論) 등이다. 학생들은 7·8세에 입학하여 17·18세에 학업을 졸업하며, 이 소학의 선생들이 시험을 보이어 우수한 자는 중학에 진학시킨다.

(2) 중학은 리과(理科)라고 하며 3학년을 두었다. 1학년에서는 로지카(落日加, Logica, 논리학)를 배우는데 번역하면 옳고 그름을 변론하는 법(辨是非之法)이다. 2학년에서는 피지카(費西加, Physaca, 자연학)를 배우는데 번역하면 성리를 살피는 도리(察性理之道)를 배운다. 3학년에서는 메타피지카(默達費西加, Metaphysica, 형이상학)를 배우는데 번역하면 성리(性理) 이상을 고찰하는 학문(察性理以上之學)이다. 총칭하여 필로소피아(斐錄所費亞, Philosophia 철학)라고 한다. 배움을 마치면 본 중학의 선생들이 다시 시험을 보이어 우수한 자는 대학에 진학시킨다.

(3) 대학은 4 학과(四科)가 있어서 (수업을) 듣는 사람이 스스로 선택한다. ① 하나는 의학과(醫科)로서 질병을 치료하는 것을 주로 하고, ② 하나는 정치과(治科)로서 정사(政事)에 관한 일을 익히는 것을 주로 하며, ③ 하나는 교회 법과(敎科)로서 교(회)법을 지키는 것을 주로 하고, ④ 하나는 신학과(道科)로서 교화를 일으키는 것을 주로 한다. 모두 몇 해 동안 배운 이후에야 마친다. 공부가 끝나면 선생들이 또 엄격하게 살펴서 그 가운데서 취하여 곧 임무 맡는 것을 허락한다. 신학을 배운 자(學道者)는 오로지 백성을 교화시키는 데만 힘쓰고 정사(政事)에는 참여하지 않으며, 백성을 다스리는 자(治民者)는 임기를 채운 후에 국왕이 그 정치의 실적을 살펴서 진급시키거나 강등시킨다.

하빈은 서양의 학교와 교육제도에 상당히 감복한 것으로 보인다. 그 중거는 서양의 학교제도가 "내가 보기에 세 단계로 학교를 분리해 세운 것은

---

125) 『西學辨』, 「職方外紀」 참조.

우리 유교의 소학·대학의 규정과 흡사하며, 선생들이 시험 치는 것도 우리 유교에서 (시험을 치러) 현(縣)이나 주(洲)로 올리는 법과 비슷하다"126)고 처음으로 감탄하면서 인정한데서 볼 수 있다.

하빈은 그러나 자세히 보면 교육의 이념과 내용에 차이가 있다고 지적하면서, 유학에서의 소학·대학의 교육 이념과 내용을 다음과 같이 요약하였다.

「무릇 우리 유교의 도는 하늘이 명한 본연의 선에 근원하여, 인륜일용(人倫日用)의 떳떳함에서 드러나므로 이른바 배운다는 것은 이것을 배울 뿐이고, 이른바 가르친다는 것은 이것을 가르칠 따름이다. 여덟 살에 소학에 들어가면 물 뿌리고 쓸며 응답하고 접대하며[酒掃應對] 나아가고 물러나는 절도[進退之節]와, 어버이를 사랑하고[愛親] 윗사람을 공경하며[敬兄], 스승을 높이고[隆師] 벗과 친하는[親友] 도리를 배우는 것에 지나지 않는다. 요컨대 덕성을 함양하고 근기(根基)를 배양하여 행함에 남은 힘이 있으면 또 시를 암송하고 글을 읽으며 노래를 읊조리고 춤을 추게 하여, 한 생각 한 동작에서라도 혹 뛰어넘음이 없도록 한다.

열다섯 살에 대학에 들어가면 또한 소학에서 이미 가르친 바에 따라 이치를 궁구하여 덕을 높이고 몸을 닦음으로써 그 업(業)을 넓혀서 하늘이 명한 선을 온전히 하고 인륜의 떳떳함을 다하도록 하는 것에 지나지 않는다. 그러므로 (인재를) 마을에서 현으로 올리고 현에서 주로 올리며 주에서 나라로 올리니, 비록 차례가 같지 않고 품절이 다양하나, 그 배우는 바와 가르치는 바는 도리가 아님이 없다. 배움이 이미 완성되고 도리에 이미 통하면 악정(樂正)이 그 우수함을 의논하고 사마(司馬)가 그 자질을 분별하여 조정에 올려 벼슬을 맡긴다. 작게는 사물을 대하여 생각을 발동하며 크게는 도를 논하고 교화를 넓히니,

---

126) 『西學辨』, 「職方外紀」, 「余觀三學之分設, 近於吾儒小學大學之規矣, 師儒之 歷試擬於吾儒升縣升州之法矣.」

또한 배워서 얻은 것을 미루어서 펼치는 데 불과하다. 이것이 우리 유학이 치우침이 없이 (치우치지 않는) 큰 중심이고 지극한 바름(大中至正)이어서 만세에 바뀌지 않는 도가 되는 까닭이다.」127)

하빈은 유럽의 교육·교과 내용에 대해서는 소학·중학·대학의 3단계별로 나누어 유학의 관점에서 다음과 같이 검토 비판하였다.

우선 유럽 학교의 소학에서는 덕성(德性) 함양과 근기(根基, 기초)를 교육시키는데 더 무게를 두어야 한다. 이를 고려하면 현인의 명훈(名訓)을 교육하는 것은 이치에 맞다. 그러나 시문(詩文)과 의론(議論)을 교육하는 것은, 유교에서는 행(行, 실천)하고 남은 힘이 있을 때 교육하는 것으로서, 순서가 이른 감이 있다. 특히 각국 사서(史書)를 가르치는 것은 순서가 너무 이른 것이라고 하빈은 다음과 같이 검토·비판하였다.

「지금 유럽의 학교 제도는 소학에 입학하면 일찍이 덕성을 함양하고 근기(根基)를 배양하는 일에 대략이라도 미치지 못하니, 이것은 이미 본령(本領)의 소재에 전적으로 몽매한 것이다. 옛 현인의 이름난 교훈을 가르치는 것은 조금 이치가 있는 듯하나, 문장(文)을 실천(行)에 앞세우므로 근본과 말단이 순서를 잃었으니, 우리 유교에서 행함에 남은 힘이 있는 연후에 바야흐로 또 시를 암송하고 글을 읽으면 노래를 읊조리고 춤을 추게 하는 절도에 미치는 것과 같지 않다.
역사서를 능숙하게 보는 일의 경우라면 더욱 처음 배우는 자가 미칠 바가 아닌데, 문득 먼저 단계를 뛰어넘어 가르치는 것은 어째서인가? 그 아래로 각종의 시문과 문장, 의논 등 허황된 습관을 가르친다면, 그 성질의 아름다움을 망치고 단지 황폐하게 만들 것이다. 그것들을 과목으로 삼아 감독하고 교훈으로 정하여 항상 힘쓸 일[恒務之業]로 삼는다면, 후학을 잘못 인도해 사람의 마음을 병들게 함이 역시 심하지 않은가.」128)

---

127) 『西學辨』, 「職方外紀」 참조.

하빈은 유럽의 중학에서 이과(理科)를 교육하는 것은 그럴 듯 하다고 동의하였다. 문제점이 있다면 이전의 소학 과정에서 덕성 함양과 근기(根基: 기초) 함양이 부족했었는데, 이에 대한 보충교육 과목이 없이 전문 이과(理科)만 교육하면 기술에 편벽된 것이 굳어질 불안요소가 있는 것이 문제점이라고 다음과 같이 지적하였다.

> 「중학에서 옳고 그름을 분별하고 성리를 살핀다는 것은 그 말이 그럴 듯하다. 그러나 다만 그 (덕성을) 함양하고 (근기를) 배양하는 공효의 단계가 이미 처음에 빠져 있으므로, 분별하고 살피는 것이 근거할 만하여 기초로 삼을 바가 없는 것과 같으니, 마침내 또한 치우쳐 굳어져 [偏枯] 불안하게 된다. 그 설의 오류는 이로부터 나아가 다시 성리(性理) 이상의 학문이 있다고 하는데 이르지만, 이는 도리어 성리 너머에 일찍이 물(物)이 있었던 적이 없음을 모르는 것이다.」129)

하빈은 유럽의 대학교육은 유학의 관점에서는 4과 분류에 문제가 있다고 지적하였다. 우선 의학을 대학전공으로 정치과와 동급으로 둔 것은, 소학·중학에서 업을 다 교육받지 못했는데, 유학의 관점에서는 이치에 맞지 않는 것이다. 다음으로 정치과(治科)와 교회법과(敎科) 신학과(道科)를 나눈 것은 처음부터 나눌 필요가 없는 것이었다. 유학에서는 치·도·교(治·

---

128) 『西學辨』, 「職方外紀」, 「今歐羅巴學校之制, 則其入小學也, 未嘗略及於涵養德性倍蓰根基之事, 此已全昧乎本領之所在矣. 其所以敎之以古賢名訓者, 稍若有理, 而以文先行, 本末失序, 非如吾儒之有餘力然後, 方及於詩書歌舞之節也. 至於史書之熱鬧, 尤非幼學所及, 而輒先躐敎者何哉. 下此而各種詩文文章議論, 敎此浮浪之習, 壞其性質之美, 而顧爲之荒. 以科目督, 以訓誨定, 爲恒務之業, 誤後學而痼人心, 不亦甚乎.」

129) 『西學辨』, 「職方外紀」, 「若中學之下是非, 察性理, 其說似矣. 而第其涵養倍蓰之功, 旣闕於始, 則所以下, 所以察者, 如無可據而爲之基, 終亦偏枯而不安矣. 其說之誤, 至以爲自此而進, 更有性理以上之學, 而却不知性理之上, 未嘗有物也.」

道·敎)는 하나이며, 세 가지를 모두 알아야 어느 하나를 행할 수 있는 것이다. 유럽 선비와 교육가들이 유학을 몰라서 통합해야 할 것을 3등분한 것이라고 다음 요지로 지적하였다.

「대학의 네 학과에 이르러서는 그 어그러짐이 더욱 심하다. 의학은 본래 축사(祝史)의 등속으로 기술자의 부류와 같은 곳으로 귀결되어, 선왕의 제도에서는 사림(士林)과 동류가 될 수 없는 자들이었다. 지금 곧 먼저 소학에서 가르치고 다음으로 중학에서 가르쳐서 장차 덕업을 성취하게 하고는 끝내는 이런 등속의 기술로써 뜻을 구하는 입지로 삼는다면 역시 매우 이치가 없는 것이 아닌가. 치과(정치과)와 교과(교회 법과), 도과(신학과) 세 가지는 애초에 판연히 각각 하나의 분과가 될 수 없다. 천명과 인륜의 전체를 가리켜서 말한 것이 곧 도(道요, 도의 당연함과 품절(品節)로 인하여 법이 되는 것이 곧 교(敎)이며, 이 가르침을 들어서 천하에 정치를 펴는 것이 곧 치(治)이다. 그러므로 다스림(治)은 그 가르침(敎)을 펴는 것이요, 가르침(敎)은 그 도(道)를 재배하는(栽) 것이다.

지금 치과(정치과)의 경우 정사를 익히는 것을 주로 하면서도 그 정치가 반드시 가르침(敎)에 근원한다는 것을 모르고, 교과(교회 법과)는 교법을 지키는 것을 주로 하면서도 그 가르침이 도에 필연하는 것임을 모르며, 도과(신학과)의 경우 교회를 일으키는 것을 주로 하면서도 (그 도가) 가르침(敎)과 정치(治)에서 미루어 나갈 수 있는 것임을 모르고 있다. 이는 곧 도는 스스로 도이고, 가르침은 스스로 가르침이며, 정치는 스스로 정치여서 판연히(다른) 각각의 일이 되어 서로 관통하여 통섭할 수가 없는 것이다. 이와 같다면 이치를 안다고 말할 수 있겠는가.」[130]

---

130) 『西學辨』, 「職方外紀」, 「至於大學之四科, 則其舛尤甚. 醫者本與祝史之屬, 同歸執技之類, 先王之制不得齒於士林者也. 今乃先敎於小學, 次敎於中學, 若將成就其德業, 而末以此等術, 爲究意之地者, 不亦無謂之甚乎. 治也敎也道也三者, 初不可判然各爲一物. 指其天命人倫之全體而言之, 則道也. 因其道之當然

하빈은 유럽의 소학·중학·대학의 교육제도의 문제점을 지적하면서,131) 유럽 교육제도가 학교를 세우고 선비를 취하는 방법을 유교에서 건강부회하여 그럴 듯하게 만들었기 때문에 고명한 선비들도 의혹되어 서학의 이단(異端)이 이토록 성행하게 되었다고 다음과 같이 지적하였다.

「오호라! 이단의 설이 우리 유교와는 결단코 같지 않은 것이라면 그들을 변척하기는 크게 어렵지 않을 것이고, 그 해로움도 크게 심하지는 않을 것이다. 다만 그것은 (유학을) 몰래 훔쳐내 글을 지어 거짓으로 가탁하여 속이고 그 거짓을 꾸며 교묘하게 우리 유교를 억지로 합치시킨 것이다. 그 참과 거짓, 정(正)과 사(邪)를 진실로 변척하기 어려울 것이니 혹세무민의 해는 장차 이루 다 말할 수가 없을 것이다.

지금 유럽의 학문은 이미 하늘이 명한 본연의 선에서 벗어났고 또 인륜일용의 일상에 어두우니, 그것이 우리 유교와 같지 않은 것은 진실

而品節而爲之法, 則敎也, 擧其敎而爲政於天下者, 則治也. 故治者所以敷其敎也, 敎者所以裁其道也. 今治科則主習政事, 而不知其爲政之必原於敎, 敎科則主守敎法, 而不知其爲法之必於道, 道科則主興敎化, 而不知其可以推於敎與治. 是則道自道, 敎自敎, 治自治, 而判然爲一物, 不相貫通而該攝也. 若是者可謂知理之言乎.」

131) 하빈은 유럽의 교육제도의 문제점을 거듭 지적하여 "저들의 이른바 소학의 가르침으로 말한다면, 함양의 공이 결여되어 있으므로 허황된 습관에 빠지게 되는 것이 이와 같다. 중학의 가르침으로 논한다면, 성리의 참됨에 몽매하여 치우쳐 굳어지는[偏枯] 폐단으로 흐르는 것이 이와 같다. 대학에서 가르치는 것에 이르러서는 의학의 잡박한 기술을 뒤섞어 같은 반열에 두었다. 도(道)와 교(敎)와 치(治)는 하나의 근원인데 갈라서 나누어 놓으니 잡박하고 어지러워 괴리되는 것이 이와 같다. 만일 그렇다면 이는 우리 유교가 천명과 인륜의 사이에 근원하여 몸소 실천하고 마음으로 얻는 실질에 힘쓰는 것과 어찌 얼음과 숯처럼 상반될 뿐이겠는가."라고 기술하였다(夫以小學之敎而言之, 則闕於涵養之功, 而淫於浮浪之習者如此. 以中學之敎而論之, 則昧於性理之眞, 而流於偏枯之弊者如此. 至於大學之所以敎, 則醫方之雜技也, 而混以列之. 道敎治之一原也, 而岐以分之其爲駁亂而乖離又如此. 若然者其與吾儒之原於天命人倫之際, 而務乎躬行心得之實者, 奚啻氷炭之相反哉.)

로 여러 말을 기다릴 것 없이 판별된다. 오직 그들이 학교를 세우고 선비를 취하는 법은 각각 유교를 견강부회(傳回)하여 간사하고 거짓된 자취를 덮어 가릴 수 있었다. 그러므로 고명한 선비도 또한 의혹되어 '이 학설이 이토록 횡행하니 모두 오랑캐라 할 필요가 없다.'고 하여 성학(聖學)이 황폐해지는 데에 이른 것이다.」[132]

하빈은 유럽의 학교·교육제도가 문제점도 있지만 취할 장점도 있으므로, 조선 선비들이 미혹될 것을 염려하여 『서학변』의 끝에서는 다시 『영언여작』의 서학(천주교)의 비신중적 영험과 기적 서술의 허황됨을 지적·비판하는 것으로 끝을 맺었다.[133]

---

132) 『西學辨』, 「職方外紀」, 「嗚呼, 異端之說, 其與吾儒而絶不同者, 則其卞不甚難也, 其害不甚酷也, 獨其窃取而文, 其詐假托, 而飾其僞, 巧與吾儒而牽合者, 則其眞假正邪固難卒卞, 而惑世誣民之害, 將不可勝言矣. 今歐羅之學, 旣外於天命本然之善, 又昧於人倫日用之常, 其與吾儒而不同者, 固不待多言而卞矣. 惟此建學取士之法, 各能傳會於儒教, 揜其邪僞之迹. 故高明之士或且疑之, 此說肆行幾何, 其不胥爲夷, 而以至於聖學之榛蕪也耶.」

133) 『西學辨』, 「職方外紀」, 「이 책의 천주의 영험한 자취를 기록한 것에서 말하기를 "아라비아(亞剌比亞)라는 나라에 시나이산(西乃山, Sinai)이 있었다. 천주가 모세(美瑟)라는 한 성인(聖人)을 이 산에 불러서 십계를 주어 석판에 써 두었다."라고 하였다. 또 말하기를 "천주께서 유대(如德亞)에 강생하여 이름을 예수(耶蘇)라 하고, 그후에 드디어 육신이 하늘로 올라갔다."고 하였다. 또 말하기를, "프랑스(拂郞察)의 국왕은 천주께서 특별히 은총을 내리셨다. 예로부터 지금까지 왕들은 모두 하나의 신통한 능력을 내려받았는데 (프랑스 국왕이 받은 능력) 손으로 사람의 종기를 어루만지면 손을 대자마자 낫는 것이다." 또 말하기를, "소돔성(瑣奪馬國)은 남색을 자행한 죄로 인하여 천주께서 중한 벌을 내리시고 그 나라를 모두 불태우고자 하여, 천신에게 세상에 내려가도록 명하였는데 다만 이름이 롯(落 得, Rot)이라는 성덕이 있는 선비와 그의 가족들을 인도하여 국경 밖으로 내보냈다."고 하였다.」 참조.

Ⅶ. 맺음말: 하빈의 서학의 도(道)·기(器) 구분론과
실학사상의 특징

지금까지의 고찰과 관련하면서 우리는 다음과 같은 결론을 얻을 수 있다.

(1) 서양문명의 산물인 가톨릭교(천주교)의 '예수회' 선교사들이 16세기 말~18세기초에 동양에 파견된 것은 전적으로 '가톨릭' 종교를 선교하여 신도들을 획득 선점하기 위한 것이었다. 선발되어 파견된 선교사들은 당시의 서양 선진 수학·천문학과 과학기술교육을 받은 매우 우수한 재능의 청년 선교사였을 뿐 아니라, 그들의 '적응주의' 선교방법 채택으로, 동양에 들어와서 먼저 현지인이 거부하지 않은 수학·천문학과 자연과학을 전파해서 친화력(親和力, affinity)을 형성하고 높이면서 신뢰를 얻은 후에 가톨릭 교리와 신앙을 전파하였다. 이 때문에 '서학(西學)'에는 서양과학기술을 의미하는 '서기(西器, 西技)'와 서교(西敎, 가톨릭교·천주교)가 통합되어 있었다. 그러나 선교사들의 동기와 목적은 서양 수학·천문학·자연과학·과학기술 등 서기(西器, 西技)는 선교 수단과 위장술이었고, 본심은 오직 서교(西敎, 가톨릭 교리)와 신앙 선교에 있었다.

(2) 동아시아문명의 유교문화권인 중국·조선·일본·베트남의 유림 지식인들에는 서양 예수회의 마테오 리치같은 매우 우수한 선교사의 '서학' 전파를 감복하여 수용할 능력은 있었으나 이를 세밀하게 분석하여 비판 극복할 능력이 크게 부족하였다. 중국의 명(明)나라 말기는 양명학(陽明學)이 유행하여 이론적 탐구가 약화되어 있었다. 일본과 베트남의 유학은 성리학

(性理學)이 주종이었으나, 중국과 조선으로부터의 유학 이론 수입에 치중하여 처음부터 비판 능력이 약하였다. 반면에 조선에서는 불교와 양명학을 이단으로 치부하면서, 성리학(新儒學, Neo-Confucianism)이 이례적으로 크게 발전하였다.

이러한 학문적 환경을 배경으로 조선왕국에서 신후담(愼後聃)이라는 청년 유학자가 『서학변(西學辨)』을 저술하여 예수회 선교사들의 가톨릭교리를 정면으로 비판하고, 객관적 관점에서의 유학(儒學)의 우월성을 논증한 것이었다.

하빈 신후담이 『서학변』을 저술한 것은 23세의 청년 유림때였지만, 이것은 다른 나라의 장년에 해당됨을 주목해야 한다. 당시 조선왕국의 유림 가문은 조기 교육이 유행하여 5~6세부터 한문교육을 실시했기 때문에, 조숙한 수재들은 학력으로 20대이면 다른 나라의 40대의 학문수준에 달했다. 하빈 신후담도 그러한 조기교육을 받은 매우 조숙한 천재적 청년 유학자였다.

(3) 하빈의 『서학변』 사상과 이론의 가장 큰 특징은 예수회 선교사들이 저술하여 선교하는 서학(西學)에서 '도(道)'와 '기(器, 技·術)'를 엄격히 준별하여 비교 검토한 것이었다. 그는 '도(道)'에서 유학(儒學)의 도(道)가 서학(西學)의 도(道, 西敎)에 비교하여 더 우수하고 우월하면 유학의 도를 지키고 서학의 도(서교)는 이단으로 거부 배척해야 할 것이며, 또한 '기(器, 技)'에서 동양의 기(器)가 저급하고 서양의 기(器, 技)가 우수하고 우월하면 서양의 기(器, 技)를 배우고 받아들여 활용해야 한다고 설파하였다. 이것은 서양(西洋)의 것, 서학(西學)의 것은 모두 이단으로 배척해야 한다는 주장과는 전혀 다른 합리적 접근의 하나였다.

하빈의 이러한 '도(道)'와 '기(器, 技)'의 준별과 구분은 예수교 선교사들이 가톨릭교 선교의 동양문명 침투의 일종의 위장전술로서 채택한 '적응주의' 선교방식의 '종교'와 '자연과학'의 위장통합을 예리하게 간취해 내어 원래의 '서교(西敎·가톨릭교·천주교)'와 원래의 '서기(서양 수학·천문학·자연과학)'을 원래 모습대로 다시 분리시킨 것이었다. 이것은 '도(道)' '종교'의 본질까지 접근한 대학자가 아니면 실행할 수 없는 차원 높은 접근방식이었다.

(4) 하빈의 '도(道)'와 '기(器, 技)'의 분리는 그의 스승 성호(星湖) 이익(李瀷)보다도 더 명확하고 적극적이었다. 예컨대 성호는 서학의 선진 역법·천문학·수학·과학기술에 매혹되어 마테오 리치를 성인(聖人)의 반열에 올리는 상찬을 하였다. 성호는 따라서 서학과 서교를 구태어 준별하려고 하지 않았다. 서양 과학기술을 가져오는 한 서교를 구태어 거부할 생각이 없었던 것으로 보인다.

그러나 하빈은 스승 성호에게 "저의 낮은 생각으로는 저들은 대개 재주가 있고 기술이 높은 사람들입니다(有才而高於術者). 그러므로 성력(星曆, 천문·역법)의 설에는 정묘한 것이 없지 않을 것입니다. 그러나 도를 논하는 곳의 황탄(荒誕)한데 이르러서는 어질고 지혜롭다는 사람들(예수교 선교사)의 과오입니다"[134]라고, 서양 선교사들의 '기(器, 技)'인 수학·천문·역법·과학기술의 우수성만을 인정했고, 서양 선교사들의 도(道)는 유학의 도(道)에 비교하여 황탄하다고 그들의 우수성을 인정하지 않았다. 성호가 제자 하빈에서 서양 선교사들의 지리·과학기술 서적의 독서를 추천하자, 그것을 구하여 정독한 후에도 하빈은 서기(西器)의 우수성을 인정했으나, 서교(西敎)의 유교에 비한 우수성은 인정하지 않았다. 하빈은 스승 성호에게 "(서학의) 기술(技術, 器)을 취함은 可할지라도, 그 도(道, 서교)는 불가불 배척할 수 밖에 없습니다(其術雖可取 而其道不可不斥)."[135]라고 응답하였다. 제자의 이러한 강경한 주장에 의하여 오히려 스승 성호가 서학의 서

---

134) 『紀聞編』, 乙巳秋 見李星湖紀聞 참조.
135) 『紀聞編』, 丙午冬 見李星湖紀聞 참조.

교(西教)와 서기(西器)를 분리하고 준별하는 영향을 받게 된 측면도 보인다.

(5) 하빈의『서학변』과 그의 사상이 서학에 포함된 서양의 '기(器: 과학기술·천문·역법·수학·자연과학)'는 우수성을 인정하여 취하는 것을 찬성하면서, '도(道)'는 동양의 유학의 도가 서교의 그것보다 우수하니 동양의 도(道, 東道)를 지키고 서도를 배척하자고 한 것은 본질적으로 '동도서기 (東道西器)'를 말한 것이라고 볼 수 있다.

즉 하빈은 1724년 경에 '동도서기'론을 설파한 것이었다. 1724년의 시기는 서양에서도 '산업혁명'이 일어나기 이전이었다. 자연과학은 크게 발전되고 있었으나 아직 산업기술·증기기관·공장제도·증기선·화차(기차)는 출현하기 이전이었다. 이 시기에 서학의 서적에 포함된 서양 과학기술을 읽고 선진성에 승복한 것이었다. 그러므로 하빈 신후담은 조선왕조의 18·19세기 조선의 동도서기론(東道西器論)의 비조라고 말할 수 있다.

하빈의 이러한 동도서기론은 일반적 '위정척사론(衛正斥邪論)'과는 다른 것이다. 위정척사론은 서양의 과학기술혁명이 산업혁명을 결과하여 19세기 전반 증기선 군함과 우수한 자본주의 상품을 싣고 도전해 와도 서양의 과학기술(西器) 모두 기기음교(奇技淫巧', 기이한 기술과 음탕한 교묘함)로 규정하여 그 선진성을 인정하지 않고 도리어 그 음탕함을 강조하여 배척해야 한다고 주장하였다. 그러므로 이것은 하빈의 서양의 기(器: 천문·역법·수학·자연과학·과학기술)의 선진성과 우수성을 일찍 인정하고 조선의 '서기(西器)의 가취(可取)'를 논술하고, 서도(西道: 서양의 가톨릭·천주교)보다 우수한 동양 유도(儒道)의 우월성을 주장하면서 유도의 수호를 주장한 동도서기(東道西器) 사상과는 다른 것이다.

(6) 하빈은 객관적으로 '도(道)'를 보아도 동도(東道)인 유학의 도(道)는 '실(實)'에 가깝고 서도(西道)인 서교의 도는 '허(虛)'에 가깝다고 유학의 우수성을 지적하여 강조하였다. 예컨대 유학은 생(生)과 사(死)를 사실 그대로 혼(魂)·백(魄)으로 설명한다. 사람이 살아있으면 혼과 백이 결합하여

활동하다가, 죽으면 백(魄)은 땅으로 돌아가서 소멸되고, 혼(魂)은 하늘에 흩어져 소멸된다. 즉 사람은 죽으면 소멸되고 후손(後孫)이 뒤를 계승하는 것이다. 이것이 실제의 사실이다. 그러나 서학의 서도는 사람이 죽어도 육체·형상만 죽지 영혼은 죽지 않고 영원히 불멸하여 영생(永生)한다고 사실과 전혀 다른 '허망한' 설명을 한다.

유학은 '하늘(天)'을 사실과 일치하게 리(理)·기(氣)와 음(陰)·양(陽)의 원리로 합리적으로 설명한다. 그러나 서학은 빈 하늘에 '천당(天堂)'이 있다고 하면서, 불교와 마찬가지로 천당·지옥설의 '허구(虛構)'를 만들어서 실재하지 않는 허망한 허구로 설명을 한다. 유학의 도(道)가 훨씬 실(實)하고 서학의 도(道)는 없는 것을 꾸며낸 허(虛)한 것이라고 하빈은 관찰하였다.

(7) 하빈에 의하면, 유학의 도(道)는 부모·형제의 가까운 곳부터 친(親)하여 이웃과 나라와 임금과 천하의 먼 곳으로 나아가면서, 실재(實在)한 것과 친(親)하여 바른 관계와 바른 길을 가려고 탐색하고 수련하는 실제생활의 도덕(道德)의 학문이다. 이에 비하여 서학은 가까운 부모·형제는 우선적 관심의 밖에 있고, 우선적 관심은 오직 자기의 '영혼'만 죽지 않고 영생하여 실재하지도 않는 허구의 천당(天堂)에 올라가서 자기 영혼만 복락을 누리려고 하는 이기심(利己心)·사리심(私利心)에 호소하는 허망한 가르침이다. 따라서 사람들의 실제생활에서 유학은 도덕(道德)을 갖도록 큰 가르침을 주는데 비하여, 서학은 도덕은 관심 밖이고 자기 영혼이 실재하지 않는 천당에 가는 것만 관심을 갖게 해서 이기심과 사리심을 배양하는 가르침이다. 하빈에 의하면, 그러므로 유학의 도(道)가 서학의 도(道)보다 훨씬 더 우수하고, 실제적이며 우월한 것이다. 하빈은 서학의 '영혼불멸'설은 의학의 '뇌낭설'에 가탁하여 허구를 지어낸 것이고, 유학의 '심성론(心性論)'이야말로 세상(사회)의 인륜·도덕을 바르게 세우는 진실한 학문이라고 재확인하였다.

(8) 하빈에 의하면, 유학은 천지만물(天地萬物)이 음·양(陰·陽)의 원리와

리·기(理·氣)의 결합원리로 생성 창조되었다는 이치로 설명하는 합리적(合理的) 학문이다. 따라서 유학은 사람이 선(善)한 행동을 함은 세상과 다른 사람들을 자신과 함께 평안하고 선(善)하게 생활하도록 도리(道理)에 합치하기 때문이라고 설명하는 사실에 맞는 도덕(道德)을 가르치는 학문이다. 즉 "유가(儒家)의 학문에는 참으로 증험(證驗)할 수 있는 실리(實理)가 있다(吾儒之學 眞有實理之可驗者)."[136]

이에 비하여 서학은 유일신인 천주(天主)가 천지만물을 창조 생성시켰다는 증험이 없는 허(虛)한 주장을 가르치는 학문이다. 따라서 서학은 사람이 선(善)한 행동을 함은, 부모·형제·이웃·세상과 도리에 합치한 도덕생활을 하기 위한 것이 아니라, 천주의 특별한 도움을 받아서 죽은 후에 자기 영혼이 천당에 올라가기 위한 사리심(私利心)에 의거하도록 하는 허망한 가르침이다.

(9) 하빈에 의하면, 유학은 가까이는 부모·형제로부터 이웃·국가·천하의 먼 곳까지 온 세상 사람들이 현실세계에서 복락(福樂)을 가져오도록 도덕(道德)을 가르치는 학문이다. 그러므로 유학을 배우고 유학의 도가 성하면 집안과 이웃과 나라와 천하가 평안해지고 복락을 누리게 된다.

이에 비하여 서학은 현실세계의 도덕과 복락은 주요 관심 밖의 버려진 문제이고, 사람들이 죽은 후에 자기 영혼이 영생(永生)하여 천당에 올라가서 자기 영혼이 복락을 누리도록 가르치는 허(虛)한 학문이다. 그러므로 서교를 배우고 서교가 성하게 되면, 실재하는 나라와 세상에는 실제 도움되는 일이 없고 교당의 세력만 크게 될 것이다.

하빈에 의하면, 우리 유학과 서양선비(선교사)들의 저술을 조목조목 비교하면서 분석하여 보니, 모든 면에서 유학의 도(道)가 서학의 도보다 실제적이고 도덕적이며 훨씬 우수하고 우월하다. 그러므로 기(器, 技: 수학·천

---

136) 『西學辨』, 『靈言蠡勺』 第四篇, 論美好之情.

문·역법·자연과학·과학기술)는 서학의 기가 더 우수·우월하므로 조선과 동양이 이를 취함도 가하지만, 도(도덕·종교·신앙)는 동양 유학의 도가 서학의 도보다 더 우수·우월하므로 유학의 도(道)를 지키고 서양의 교(敎)를 이단으로 배척하는 것도 가하다고 보았다.

(10) 여기서 주목할 것은 하빈은 도(道)와 기(器)를 준별하여 유학과 서학을 비교분석했으며, 기(器)에서는 아직 '산업혁명' 이전시기임에도 불구하고 서기(西器, 西技)의 선진성·우수성·우월성을 인지하고 인정하여 이의 도입·학습·활용을 찬성했다는 사실이다.

또한 주목할 것은 도(道)에서는 유교와 서교를 비교분석해 본 후에 유학(당시의 신유학)의 도(道)가 서학의 도(道, 가톨릭교·천주교)에 비하여 더 우수성·우월성을 확인한 다음 우수한 유학(儒學)의 도(道)를 수호하려 했다는 사실이다.

유학(동양)의 도(道)의 우월성·우수성의 근거는 '실(實)'과 '허(虛)'의 차이에 있었다. 유학은 '실연지심(實然之心, 실제로 그러한 마음: 實心)'으로 '실연지리(實然之理, 실제로 그러한 이치: 實理)'를 탐구하고 가르치는 학문이다. 『대학』의 '격물치지(格物致知)'의 가르침이나 『중용』의 '명(命)'과 '성(誠)'의 가르침이 대표적 사례이다. 그러나 서학은 실제와 실상이 없는 천당(天堂)설이나 영혼불멸(靈魂不滅)설의 허구(虛構)를 지어내서 자기 자신의 사리심(私利心)·이기심(利己心)을 충동하여 신도로 유인해서 교단 세력을 키우려는 학문이다. 양자에는 '실(實)과 허(虛)' '진(眞)과 위(僞)'의 큰 차이가 있음을 하빈은 유교와 서교의 원리·학설의 비교 분석 끝에 확인한 것이었다.[137)]

---

137) 『西學辨』, 『靈言蠡勺』 第四篇, 論美好之情, 「彼所謂至美好者, 旣是架虛之說, 而本無可驗之實, (…) 若吾儒之爲學也不然, 以實然之心, 而窮實然之理, (…) 以此推之 則吾學之與彼學, 虛實眞僞之所以不同者, 斷可知矣.」 참조.

하빈은 서학(西學)에서 서기(西器)처럼 우수하고 우월한 것은 우리가 반드시 배우고 활용해야 할 필요가 있지만, 서학의 서교(西敎)는 서양에서 들어온 것이기 때문에 맹목적으로 비판 배척하는 것이 아니라 서학의 원리와 학설을 유교의 그것과 대비해서 조목조목 비교 분석해 보니 유교보다 못한 가르침이라고 결론을 얻은 것이었다.

즉 서교와 유학을 비교 분석해 보면, 서교의 원리는 '허(虛, 허구)'하고 '위(僞, 거짓)'한데 기초하고 있는데 비하여, 유학은 '실(實, 실제)'하고 '리(理, 합리)'하고 '진(眞, 진실)'하기 때문에 그는 서교를 비판하고 유학(儒學)을 옹호한 것이었다. 그러므로 하빈의 서학 비판에는 당당한 합리성과 깊은 학술적 기반이 있었다.

하빈의 이러한 결론은 독일의 저명한 사회학자 막스 베버(Max Weber)의 종교사회학의 결론을 상기시킨다. 베버는 세계종교들을 상세히 비교 검토한 후에, 결론적으로 세계종교 가운데 양대 합리주의(合理主義)적 종교는 서양에서는 (가톨릭교가 아니라) 프로테스탄트 교파(기독교 신교)이고, 동양에서는 유교(儒敎)라고 지적하면서, 유교가 갖고 있는 합리주의를 높게 평가하였다.

하빈의 1724년의 『서학변』은 17세기~18세기초 동양문명 유학으로부터의 서양문명 당시 가톨릭 교리 비판의 세계 최고 명저(名著) 중의 하나라고 말할 수 있다.

하빈은 18세기 초에, 아직 서양에서 높은 수준의 과학기술과 증기기관 기계동력에 기초한 '산업혁명'이 시작되기 전임에도 불구하고, 독자적으로 서적을 통하여 서양문명의 자연과학과 과학기술의 선진성과 우수성을 인지하여 그 학습과 도입을 인정하였다. 그러나 그는 동시에 동양문명 유교의 도덕성과 합리주의의 서학 가운데 서교에 비한 선진성·우수성을 인지하여 당당하게 이를 설파하고 유학을 지키려고 한 참으로 선각적 대실학자(大實學者)임을 확인할 수 있다.

참고문헌

I. 자료

『康熙與羅馬使節關係文書, 乾隆英使觀見記』『居昌愼氏世譜』『高麗史』
『高麗史節要』「關東瓦注」『國朝寶鑑』『謹齋集』『紀聞編』『東國通鑑』
『東文選』『遯窩西學辨』『西學辨』『宣和奉使高麗圖經』『世宗實錄』
『疎齋集』『新增東國輿地勝覽』『圓齋集』『芝峯類說』『益齋集(益齋亂藁)』
『天學初函』『河濱先生全集』

II. 저서 및 논문

姜秉樹,『河濱 愼後聃의 학문과 사상연구』, 동국대학교 박사논문, 2001

강병수,「河濱 愼後聃의 硏究史 와 生涯 연구」,『河濱(愼後聃)의 학문과 사상』,
　　　 2013.

강병수,『하빈 신후담의 학문세계』, 다흘미디어, 2021.

강봉룡,「몽골의 침략과 고려 무인정권 및 삼별초의 '島嶼海洋戰略'」,『동양사연
　　　 구』115, 2011.

고명수,「몽골-고려 형제맹약 재검토」,『역사학보』225, 2015.

김상근,『동서문화의 교류와 예수회 선교역사』, 한들출판사, 2006.

金庠基,『高麗時代史』, 東國文化社, 1961.

김혜경,『예수회의 적응주의 선교』, 서강대학교 출판부, 2012.

김호준,「高麗 對蒙抗爭期 險山大城의 入保用山城 出現」,『선사와 고대』40,
　　　 2014.

朴龍雲,『고려의 고구려 계승에 대한 종합적』, 일지사, 2006.

박용운,『고려시대사』, 일지사, 2008.

徐鍾泰,「李瀷과 愼後聃의 西學論爭 -『遯窩西學辨』의 '紀聞編'을 중심으로-」,
　　　 『교회사연구』16, 2001.

손은석,「조선 성리학 안에서 인간 아니마(anima humana)의 자립적(per se substiens)

의미 충돌 - 신후담의 『서학변』에서 魂과 心을 중심으로-」, 『철학논집』 44, 2016.

신안식, 「고려 후기의 영토분쟁: 쌍성총관부와 동녕부를 중심으로」, 『軍史』 99, 2016.

신안식, 「고려시대 兩界의 성곽과 그 특징」, 『軍史』 66, 2008.

愼俊晟, 「河濱先生의 居昌愼氏丁巳大同譜 刊行」, 『河濱(愼後聃)의 학문과 사상』, 2013.

梁承敏, 「河濱先生全集解題-河濱遺稿의 전래과정을 중심으로」, 『河濱先生遺稿의 資料的 現況과 연구과제』, 2006.

오기승, 「공민왕 5년(1356) 여원 접경지대 분쟁과 쌍성총관부 수복」, 『숭실사학』 46, 2021.

牛村, 「高麗史解題」, 『高麗史(上)』, 아세아문화사, 1972.

尹龍爀, 『高麗對蒙抗爭史研究』, 일지사, 1991.

윤용혁, 『고려 삼별초의 대몽항쟁』, 일지사, 2000.

윤용혁, 『여몽전쟁과 강화도성 연구』, 혜안, 2011.

李基白, 『高麗兵制史研究』, 일조각, 1968.

이동희, 「서학 수용의 두 가지 반응, 신후담과 정약용」, 『정신문화연구』 36(1), 2013.

이명미, 「몽골 복속기 권력구조의 성립: 元宗代 고려-몽골 관계와 권력구조의 변화」, 『한국사연구』 162, 2013.

이미지, 「고려 무신정권기 군공자 포상제도의 운영과 특징」, 『한국중세사연구』 47, 2016.

이부현, 「조선 최초의 서학 비판서인 신후담의 『遯窩西學辨』 연구」, 『大同哲學』 70, 2015.

李元淳, 「職方外紀와 愼後聃의 서학교육론」, 『역사교육』 11·12, 1969.

이원순, 『朝鮮西學史研究』, 一志社, 1986.

이익주, 「고려-몽골 전쟁 초기(1231~1232) 강화 협상 연구」, 『한국사연구』 180, 2018.

이정신, 「쌍성총관부의 설립과 그 성격」, 『한국사학보』 18, 2004.

이진한, 『고려시대 송상왕래 연구』, 경인문화사, 2011.

정은정, 「고려말 東北面 경계의 공간분절과 多層的 권력」, 『지역과 역사』 39, 2016.

周采赫, 「쿠빌라이칸의 중앙집권화에 대한 카단宗王軍의 항전과 고려 鵂原山城 討伐戰」, 『강원인문논총』 8, 2000.

채수환, 「고려 공민왕대의 개혁과 정치적 지배세력」, 『사학연구』 55·56, 1998.

채웅석, 「고려 문종대 관료의 사회적 위상과 정치운영」, 『역사와 현실』 27, 1998.

崔東熙, 「愼後聃의 『西學辨』에 관한 연구」, 『아세아연구』 15(2), 1972.

최동희, 「河濱 愼後聃의 西學批判에 나타난 上帝와 天主」, 『아카데미論叢』 14(1), 1986.

최동희, 『愼後聃·安鼎福의 西學批判 연구』, 고려대학교 박사논문, 1976

최종석, 「1356(공민왕 5)~1369(공민왕18) 고려-몽골(원) 관계의 성격」, 『역사교육』 116, 2010.

허인욱, 「고려 高宗代 몽골 침입과 全州」, 『전북사학』 53, 2018.

洪以燮, 「實學의 理念的 一貌 - 河濱 愼後聃의 『西學辨』의 소개-」, 『人文科學』 1, 1957.

Aristotle, McKeon, Richard (ed.), 1966, *The Basic Works of Aristotle*, New York: Random House.

Attwater, Rachel, 1963. *Adam Schall: A Jesuit at the Court of China, 1592~1666*, Milwaukee: The Bruce Publishing Company.

Campbell, Thomas, 2007, *The Jesuits, 1534~1921: A History of the Society of Jesus from Its Foundation to the Present Time*, Boston: Milford House Press.

Dunne, George H., 1962, *Generation of Giants: The Story of the Jesuits in China in the Last Decade of the Ming Dynasty*. University of Notre Dame Press.

Laven, Mary, 2011, *Mission to China: Matteo Ricci and the Jesuit Encounter with East*, London: Faber and Faber.

Parker, John, 1978, *Windows into China: The Jesuit and Their Books, 1580~1730*, Boston: Public Library of the Boston.

Rickaby, Joseph, 2016, *The Jesuits*, Book Ulster.

River, Charles (ed.), 2017, *The Jesuits: The History of the Catholic Church's Society of Jesus*, CreateSpace Independent Publishing Platform.

Saint Thomas Aquinas, McDermott, Timothy (ed.), 1989, *Summa Theologial, A Concise Translation*, London: Eyre and Spottisewoode.

찾아보기

신용하 慎鏞廈

서울대학교 문리과대학 사회학과 졸업
서울대학교 대학원 경제학 석사
미국 하버드대학교 문리과대학원 역사학 및 극동언어 박사과정
(Ph. D. in History and Far Eastern Languages) 수료
서울대학교 대학원 문학(사회학) 박사
서울대학교 사회과학대학 사회학과 교수
서울대학교 사회과학대학 학장
한국사회학회 회장
한국사회사학회 회장
독도학회 독도연구보전협회 회장
한양대학교 석좌교수
이화여자대학교 이화학술원 석좌교수
울산대학교 석좌교수
현재 서울대학교 명예교수
　　　대한민국학술원 회원

고려대장군 신집평과 조선실학자 신후담
Goryeo General Shin Jipyeong and Joseon Scholar Shin Hudam

초판 1쇄 인쇄　2023년 12월 01일
초판 1쇄 발행　2023년 12월 08일

지 은 이　신용하 Shin Yong-ha

발 행 인　한정희
발 행 처　경인문화사
편 집 부　김지선 유지혜 한주연 이다빈 김윤진
마 케 팅　전병관 하재일 유인순
출 판 신 고　제406-1973-000003호
주　　　소　경기도 파주시 회동길 445-1 경인빌딩 B동 4층
대 표 전 화　031-955-9300　팩 스　031-955-9310
홈 페 이 지　http://www.kyunginp.co.kr
이 메 일　kyungin@kyunginp.co.kr

ISBN 978-89-499-6755-4 93910
값 20,000원